CODE MANUEL

DES

RÉQUISITIONS MILITAIRES

LOI DU 3 JUILLET 1877,

RÈGLEMENT D'ADMINISTRATION PUBLIQUE DU 2 AOUT 1877,

INSTRUCTION DU 1er AOUT 1879

4e ÉDITION

ANNOTÉE, MISE A JOUR ET COMPLÉTÉE PAR L'INSTRUCTION DU 23 FÉVRIER 1889
SUR LE RÈGLEMENT DES DOMMAGES CAUSÉS,
LES DIVERSES INSTRUCTIONS SUR LES MANŒUVRES, L'INSTRUCTION DU 11 JANVIER 1893
SUR L'ALIMENTATION DES TROUPES EN TEMPS DE GUERRE
ET LE DÉCRET DU 12 MARS 1890 SUR LES RÈGLES GÉNÉRALES DE RAVITAILLEMENT
DE LA POPULATION CIVILE DES PLACES FORTES

PARIS
11, Place Saint-André-des-Arts.

LIMOGES
46, Nouvelle Route d'Aixe, 46.

Henri CHARLES-LAVAUZELLE
Éditeur militaire.

1896

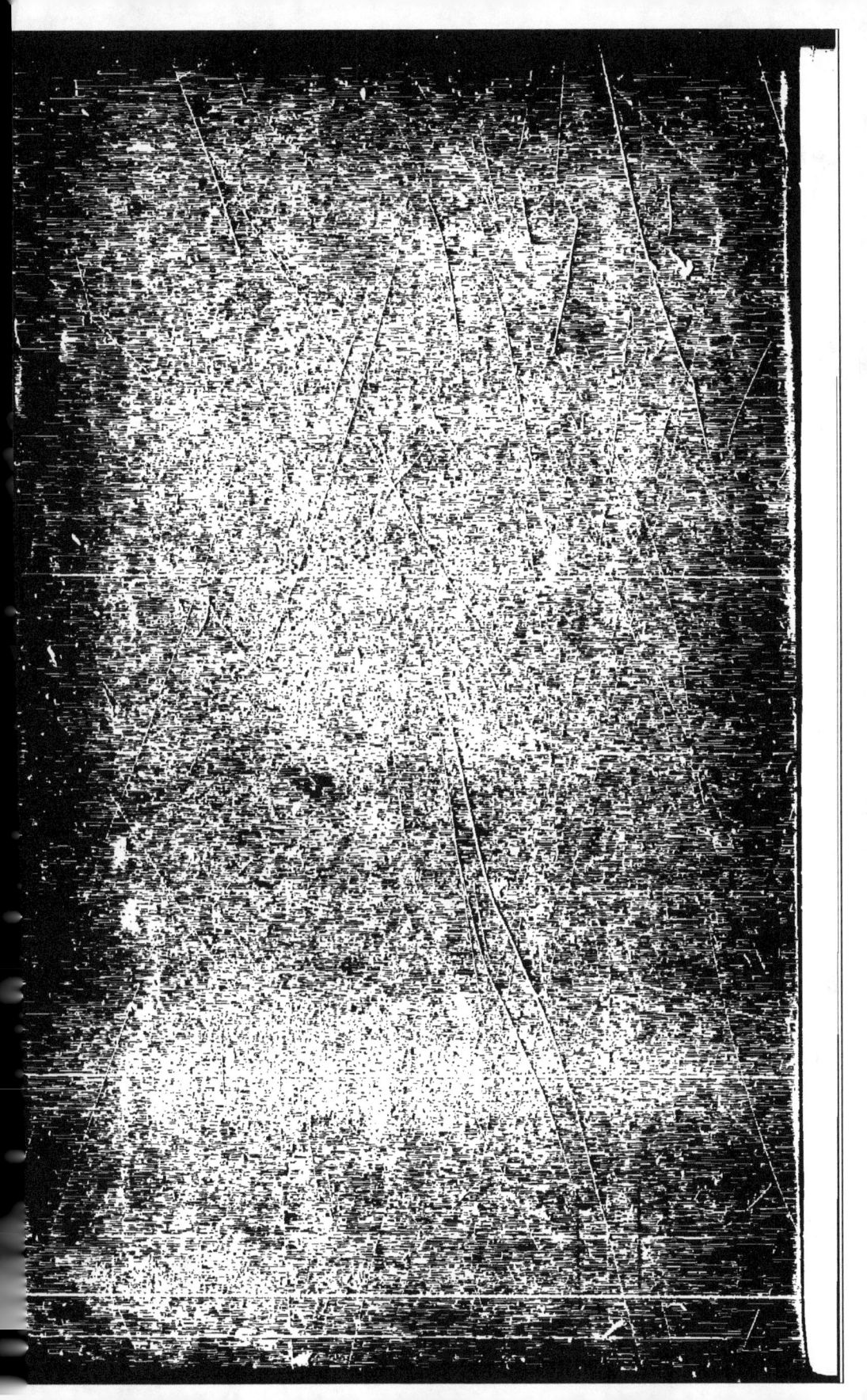

CODE MANUEL

DES

RÉQUISITIONS MILITAIRES

CODE MANUEL

DES

RÉQUISITIONS MILITAIRES

LOI DU 3 JUILLET 1877,
RÈGLEMENT D'ADMINISTRATION PUBLIQUE DU 2 AOUT 1877,
INSTRUCTION DU 1ᵉʳ AOUT 1879

4ᵉ ÉDITION

ANNOTÉE, MISE A JOUR ET COMPLÉTÉE PAR L'INSTRUCTION DU 23 FÉVRIER 1889
SUR LE RÉGLEMENT DES DOMMAGES CAUSÉS,
LES DIVERSES INSTRUCTIONS SUR LES MANŒUVRES, L'INSTRUCTION DU 11 JANVIER 1893
SUR L'ALIMENTATION DES TROUPES EN TEMPS DE GUERRE
ET LE DÉCRET DU 12 MARS 1890 SUR LES RÈGLES GÉNÉRALES DE RAVITAILLEMENT
DE LA POPULATION CIVILE DES PLACES FORTES

PARIS
41, Place Saint-André-des-Arts.

LIMOGES
46, Nouvelle Route d'Aixe, 46

Henri CHARLES-LAVAUZELLE
Éditeur militaire.

1896

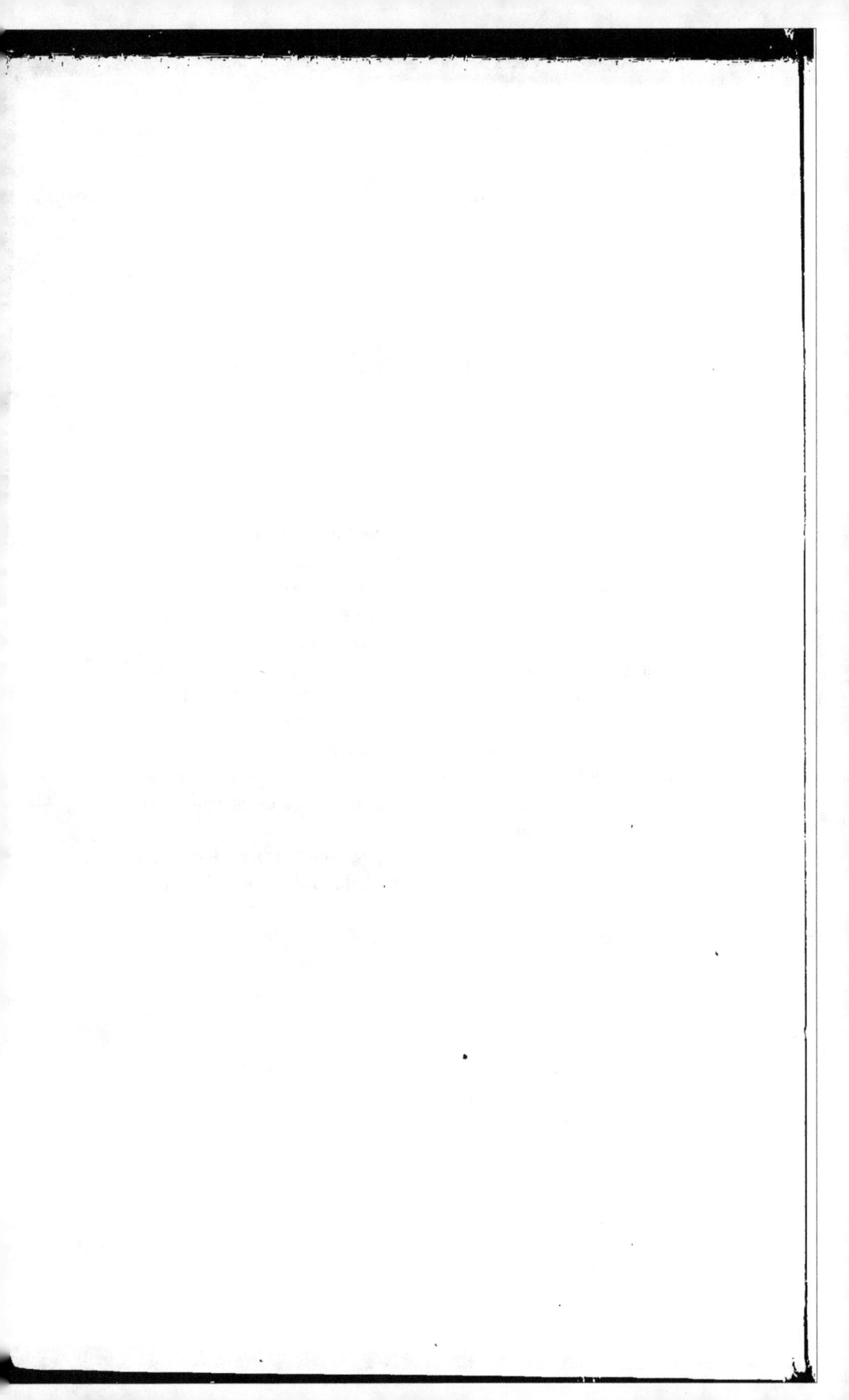

AU LECTEUR

Au nombre des questions les plus intéressantes et peut-être aussi les plus complexes qui se rattachent à la mobilisation, figure en première ligne celle des *réquisitions militaires*.

Si cet important service n'est pas solidement organisé pendant la paix; si toutes les personnes appelées à le faire fonctionner en cas de passage sur le pied de guerre ne sont pas parfaitement au courant des plus infimes détails; si même les propriétaires ne connaissent pas exactement l'étendue de leurs droits et de leurs devoirs, il arrivera fatalement que la mobilisation totale de l'armée sera, le cas échéant, entravée, gênée, retardée et, par suite, que le succès de la campagne sera compromis dès le début.

De l'avis des gens compétents, la connaissance des textes législatifs, celle des règlements d'administration publique et des instructions complémentaires qui déterminent les pouvoirs des uns, délimitent le champ d'action des autres, indiquent les voies et moyens à employer par tous pour arriver le plus sûrement et le plus rapidement au but; la connaissance, en un mot, de ce que nous pourrions appeler le *Code des réquisitions militaires*, est aussi indispensable aux autorités civiles ou militaires ayant mission d'appliquer la loi qu'aux citoyens susceptibles d'en supporter les charges.

Le gouvernement l'a bien compris ainsi, à en juger du moins par le nombre des circulaires et notes explicatives ou rectificatives que les différents ministères rédigent dans le but louable de tenir leurs agents au courant de tout ce qui peut les intéresser, faciliter leur tâche, aplanir les difficultés, assurer, pour tout dire, l'exécution stricte, complète et rapide de la loi organique du 3 juillet 1877.

Malheureusement, ces instructions, notes et circulaires, publiées au jour le jour par les organes officiels de chaque ministère ou de chaque direction, passent très souvent inaperçues, perdues, noyées qu'elles sont au milieu d'une foule d'autres documents traitant des questions les plus diverses. D'autres enfin, malgré leur prolixité, sont si peu explicites qu'elles restent lettre morte faute d'avoir été comprises.

Pour remédier à cet état de choses, préjudiciable non seulement aux intérêts des contribuables mais encore et surtout aux intérêts de la patrie française, il nous a semblé qu'il suffirait de colliger tous les textes, de les coordonner et de les réunir dans un recueil qui fût, en quelque sorte, le *vade-mecum* de tous les citoyens ayant une mission quelconque à remplir dans la mise à exécution de la loi sur les réquisitions.

Cette tâche, quelque ardue et quelque ingrate qu'elle nous ait paru tout d'abord, nous n'avons pas hésité à l'entreprendre, encouragé et soutenu que nous étions par la conviction qu'en réussissant nous rendrions un véritable service à nos concitoyens et à nos camarades de l'armée.

C'est le résultat de nos études — de nos compilations si vous préférez — que nous vous présentons aujourd'hui.

Bon nombre de lettres ministérielles et de circulaires ont été fondues dans les notes explicatives servant de commentaires ou dans l'exposé de principes placé en vedette pour tenir lieu d'introduction à cet ouvrage.

Nous avons supprimé et éliminé toutes les prescriptions abrogées ou devenues caduques, éclairci tous les points qui nous avaient été signalés comme obscurs, enfin nous n'avons rien négligé pour que ce livre remplisse le but pour lequel nous l'avons rédigé. Tel quel, il facilitera la tâche de tous ceux qui ont à intervenir soit dans la préparation de la mobilisation (édilités, gendarmerie, commissions mixtes de classement et de recensement), soit dans l'exécution proprement dite des réquisitions (généraux, chefs de corps ou de détachement, intendants, officiers d'administration et d'approvisionnement), soit dans la direction de ce service (état-major, intendance, bureau de recrutement), soit dans l'évaluation des dégâts ou des préjudices causés aux particuliers (commissions de règlement des indemnités centrale, départementale ou de corps d'armée), soit dans le paiement des dépenses engagées de ce chef (adjoints du génie, officiers comptables, receveurs particuliers), soit enfin dans le règlement des litiges soulevés par l'application de la loi du 3 juillet 1877 (juges de paix, juges des tribunaux de première instance, etc., etc.).

Dans des annexes placées à la fin du volume, MM. les préfets, maires, présidents de commissions, officiers, sous-officiers et militaires de tous grades et de toutes armes trouveront une sorte de résumé succinct de toutes les opérations qu'ils peuvent avoir à effectuer, de tous les états qu'ils sont appelés à produire, de toutes les indemnités auxquelles ils peuvent avoir droit, avec l'indication de l'article auquel ils doivent se reporter pour plus amples renseignements.

Dans la nouvelle édition de ce recueil, il a été tenu compte des modifications qui sont survenues dans la manière d'appliquer la loi sur les réquisitions.

Les documents ci-après, dont l'utilité a été reconnue, sont insérés *in extenso* :

Le décret du 8 août 1885, pour l'application en Algérie de la loi du 3 juillet 1877, sur les réquisitions militaires ;

Le décret relatif au recensement des pigeons voyageurs, du 15 septembre 1885 ;

L'instruction du 23 février 1889, pour le règlement des dommages causés par les manœuvres ;

Des extraits des diverses instructions sur les manœuvres en ce qui concerne les réquisitions ;

Un extrait de l'instruction sur l'alimentation des troupes en temps de guerre ·

Le décret du 1⁵ ⋅rs 1890, déterminant les règles générales du ravitaillement de la population civile des places fortes, etc., etc.

———

L'ouvrage est divisé en trois parties :

Dans la première, nous avons classé les deux documents dont la connaissance, indispensable à tout le monde, suffit à ceux qui n'ont pas à intervenir activement dans la mobilisation.

Dans la deuxième ont trouvé place les instructions ministérielles se rapportant plus particulièrement à la réquisition des animaux et des voitures attelées.

Dans la troisième, nous avons réuni une foule de renseignements qui, pour n'être pas d'un intérêt primordial, n'en seront pas moins d'une utilité incontestable à tous ceux qui ont à prendre une part plus ou moins active dans l'application de la loi.

L'annexe D sera consultée avec fruit par les membres des commissions spéciales diverses dont les pouvoirs et les attributions ne sont pas toujours explicitement définis par le texte législatif.

Les annexes E et F seront des guides sûrs pour le maire, dont la mission est si difficile, les fonctions si multiples, la responsabilité si lourde en cas de mobilisation.

Quant aux formules, elles rendront d'inappréciables services à ceux qui sont chargés de tenir les écritures et d'établir les états destinés soit à constater les opérations de réquisition effectuées, soit à sauvegarder les responsabilités des fonctionnaires.

Nous ne nous sommes pas borné, en effet, à une reproduction servile des modèles publiés par l'*Officiel*; nous avons fait mieux, et nous engageons les intéressés à consulter les légendes adaptées à chacune des formules. Dans ces notes, très explicites malgré leur concision, on trouvera de précieuses indications sur la manière d'opérer; en les suivant, on évitera bien des erreurs et bien des mécomptes.

Le lecteur nous saura gré, nous l'espérons, d'avoir abandonné les errements suivis par la plupart des éditeurs de *Manuels* ou soi-disant *Traités de réquisitions* parus jusqu'à ce jour et où l'on trouve seulement le texte de la loi du 3 juillet 1877 et celui du règlement du 2 août 1877.

Au risque d'être critiqué pour notre prolixité, nous nous sommes efforcé de ne rien omettre de ce qu'il pouvait être utile de connaître, convaincu que nous sommes qu'il est préférable de pécher par excès que par défaut.

La présente édition est au courant de la législation sur la matière jusqu'au 15 septembre 1895.

L'Editeur.

PRÉFACE DE LA 4º EDITION

M. l'intendant Delaperrierre, dans son *Manuel de législation et d'administration militaires*, définit ainsi la réquisition : « L'ordre donné par une autorité compétente à un particulier d'abandonner, pour un service public, la propriété ou l'usage de son bien. »

C'est, en un mot, l'application du principe d'expropriation pour cause d'utilité nationale reconnue par notre Code civil.

Le même auteur reconnaît très judicieusement qu'il existe deux sortes de réquisitions :

1º *Les réquisitions de droit public* (1), qui ne peuvent être exercées qu'en conformité des principes établis par l'article 545 du Code civil, lequel prévoit que « nul ne peut être contraint de céder sa propriété, si ce n'est pour cause d'utilité publique et moyennant une juste rétribution ». Ces réquisitions sont ordonnées par l'autorité nationale civile ou militaire ;

2º *Les réquisitions de droit des gens,* qui ne sont, en somme, que des contributions de guerre levées de vive force par l'étranger dans un pays envahi.

Ces dernières se font généralement sans conditions d'équité et sans donner lieu à indemnité. Cependant, il est de bonne politique, même en pays ennemi, de ne pas abuser de ce genre de réquisition. En pressurant des populations naturellement hostiles, une armée s'expose souvent aux plus grands dangers.

La loi du 3 juillet 1877 résume toutes les règles applicables à ces deux sortes de réquisitions.

Bien que cette loi soit de date relativement récente, le principe

---

(1) Ces sortes de réquisitions étaient désignées jadis sous la rubrique d'*Appels*, qui répondait mieux à l'idée qu'on se fait d'une assistance demandée et accordée librement plutôt qu'imposée. (Delaperrierre.)

n'en était pas moins reconnu et appliqué par nous de temps immémorial sur le territoire ennemi et même sur le territoire national.

On peut admettre, *a priori*, que toujours la guerre a nourri la guerre.

Dans les temps anciens, alors que les armées n'étaient en quelque sorte que des agglomérations de bandes armées, le droit de requérir n'était délimité par aucune autre loi que celle de la nécessité ou du bon plaisir. C'était le pillage organisé; on pourrait dire mieux : le gaspillage le plus effréné. Aussi la famine était-elle la conséquence fatale de toute invasion.

Vers la fin du siècle dernier commence seulement à réagir contre ces habitudes barbares l'adoucissement des mœurs, dû aux progrès de la civilisation et à une extension plus grande du droit des gens.

La Révolution française, il faut bien le dire, ne fut pas étrangère à ce mouvement, et la preuve, c'est que ce fut sous le ministère du girondin *Servan* que fut votée la loi du 23 mai 1792, relative au logement des troupes, et que c'est à la Convention nationale que la France est redevable des lois qui assurèrent à ses armées les ressources à l'aide desquelles elles vainquirent l'Europe coalisée : loi relative à la fourniture des chevaux, voitures et chariots pour le service de la guerre; loi relative aux réquisitions des denrées, subsistances et autres objets nécessaires aux besoins de la République.

Nos législateurs de 1877 n'ont eu, par suite, qu'à puiser dans notre propre Code pour trouver les éléments nécessaires à leur travail.

La Convention, en 1792, et le gouvernement de la Défense nationale, en 1870-1871, leur en avaient préparé les matériaux (1).

---

(1) Voici, du reste, l'intitulé des divers documents législatifs dont l'abrogation a été prononcée par l'article 56 de la loi du 3 juillet 1877. Ces textes ont été fondus dans la nouvelle loi.

1° Loi du 10 juillet 1791, concernant la conservation et le classement des places de guerre et postes militaires, la police des fortifications et autres objets y relatifs; titre V du logement des troupes.

2° Loi du 29 avril 1792, relative au transport des convois militaires.

3° Loi du 23 mai 1792, relative au logement et au casernement des troupes et fonctionnaires militaires.

4° Loi du 2 septembre 1792, relative à la fourniture des chevaux, voitures et chariots pour le service des armées.

5° Loi du 13 décembre 1792, relative aux subsistances et fournitures pour les armées.

Nonobstant, ils ont le mérite incontestable d'avoir fait une œuvre utile.

En effet, toutes les lois et décrets antérieurs, bien que non abrogés, étaient cependant tombés en désuétude, si bien que l'autorité militaire était exposée à se heurter, en cas de mobilisation, à des difficultés pour ainsi dire insurmontables.

Depuis la promulgation de la loi du 3 juillet 1877, ce danger est écarté ; les droits de chacun ont été si bien définis que nul malentendu ne peut surgir à l'avenir pour compromettre le fonctionnement régulier de la mobilisation.

La loi en vigueur sur la réquisition est aussi parfaite que possible, bien qu'elle embrasse le pied de paix et le pied de guerre (1).

Elle prévoit tous les cas, répond à tous les besoins et donne satisfaction à tous les intérêts.

Aussi a-t-elle été acceptée sans conteste, même par les populations de nos campagnes, qui ont, en somme, à en supporter tout le poids.

Du reste, le tact et l'esprit de justice qui ont présidé aux premières applications qui en ont été faites pendant les grandes manœuvres n'ont pas peu contribué à en rendre l'acclimatation facile, surtout dans les cantons qui avaient eu l'heur d'être régis, pendant l'invasion de 1870-1871, par les lois prussiennes.

L'expérience a été excellente, et s'il s'est produit des tiraillements dans certaines localités, ce n'est pas au mauvais vouloir qu'ils doivent être attribués, mais bien plutôt à l'ignorance ou à la

----

6° Loi du 19 brumaire an III, relative aux réquisitions des denrées, subsistances et autres objets nécessaires aux besoins de la République.

7° Loi du 28 juin 1815, qui autorise le gouvernement à assurer, pendant l'année 1815, par voie de réquisitions, les subsistances des armées et les transports militaires.

8° Décret du 11 novembre 1870, qui attribue au Ministre de la guerre les droits de réquisitions nécessaires pour accélérer les travaux de la défense du territoire.

9° Décret du 22 novembre 1870, déterminant les moyens à employer pour réaliser promptement la construction des batteries d'artillerie.

10° Décret du 28 novembre 1870, attribuant aux ingénieurs des ponts et chaussées et des mines, en mission pour la défense, des droits de correspondance et de réquisition.

11° Loi du 1er août 1874, relative à la circonscription des chevaux.

(1) Les Allemands ont une loi sur les appels en temps de paix et une loi sur les réquisitions en temps de guerre.

connaissance trop superficielle du texte des lois et des décrets sur la matière.

Or, ces faits ne se reproduiront plus. Depuis la promulgation de ce recueil aussi complet qu'explicite et qui, grâce à son bon marché, est à la portée de toutes les bourses, on peut dire que la lumière est faite sur les points les plus obscurs et que les questions les plus controversées sont élucidées.

Aujourd'hui, nul n'ignore plus les prescriptions de cette loi, « sauvegarde de l'armée et protection des intérêts particuliers ».

RECOMMANDATION IMPORTANTE

Comme il n'a pas été possible de faire, pour toutes les autorités civiles et militaires ayant un rôle à jouer dans la mobilisation des armées, des résumés du genre de ceux qui ont été établis, savoir :

L'un pour le président de la commission de réquisition,

L'autre pour les maires,

nous engageons le lecteur à suppléer à cette lacune de la manière suivante :

Il suffit que chacun souligne *à l'encre ou au crayon* tous les passages qui le concernent particulièrement, suivant les fonctions spéciales qu'il pourrait avoir à remplir.

En mettant beaucoup de soin à cette opération, dont l'exécution exige peu de travail, chacun possédera quelque chose de meilleur qu'un simple résumé, puisqu'il pourra, sans peine et sans temps perdu, se reporter aux dispositions qui doivent lui servir de règle dans des circonstances déterminées.

PREMIÈRE PARTIE

EXPOSÉ DES PRINCIPES

TITRE Ier

CONDITIONS GÉNÉRALES DANS LESQUELLES S'EXERCE LE DROIT DE RÉQUISITION

1° Mobilisation totale générale.

Ouverture du droit de réquisition.

L'armée ne peut être mobilisée en totalité que par un décret du chef de l'État, rendu en conseil des Ministres.

Ce décret ouvre, sur toute l'étendue du territoire français, le droit de réquisition, sans que le Ministre de la guerre ait besoin de spécifier les régions où pourra s'exercer ce droit et la durée pendant laquelle l'autorité militaire en sera investie.

Autorités militaires appelées à exercer le droit de réquisition.

Sont appelés à exercer le droit de réquisition, depuis le premier jour de la mobilisation jusqu'au jour où l'armée rentre sur le pied de paix :

DIRECTEMENT ET DE PLEIN DROIT.
- Les généraux commandant des armées.
- Les généraux commandant des corps d'armée.
- Les généraux commandant des divisions opérant isolément.
- Enfin les généraux commandant des troupes ayant une mission spéciale.

Ont encore le droit de requérir :

PAR DÉLÉGATION.
- Les fonctionnaires de l'intendance.
- Les officiers commandant des détachements.

PAR SOUS-DÉLÉGATION des fonctionnaires ou officiers compris dans le paragraphe précédent. Les officiers et les fonctionnaires sous leurs ordres pouvant être éventuellement appelés à exercer des réquisitions (1).

Les ordres de réquisitions doivent être établis sur des carnets à souche, sauf l'exception prévue par l'article 8 de l'instruction du 2 août 1877 et celle stipulée par l'article ci-après.

Dispositions spéciales à la gendarmerie.

Les officiers de gendarmerie et chefs de brigade ont le droit de requérir directement, par le fait seul de la promulgation du décret de mobilisation. Ce droit s'exerce dans les conditions spécifiées par l'instruction très confidentielle sur les devoirs de la gendarmerie, du 20 avril 1891.

Les chefs de brigade ne sont pas munis de carnets à souche, mais ils ont des feuilles isolées formant double expédition, de manière que l'une des deux tienne lieu de souche. Ces feuilles sont établies conformément aux spécimens modèle n° 1, modèle n° 1 bis et modèle n° 2 de l'instruction.

Dans le modèle n° 1, l'expédition A sert de souche et doit être transmise sans retard au commandant d'arrondissement, qui la fait parvenir à l'autorité militaire; même observation pour l'ordre de réquisition n° 2.

Dans des cas urgents et définis dans l'instruction, les gendarmes ont le droit direct de réquisition. Mais ils n'en doivent pas moins établir leur ordre de réquisition en double expédition, en se conformant aux modèles n° 1 et 1 bis. Le modèle n° 1 bis n'est établi qu'en une seule expédition.

Toutes ces prescriptions ont pour but de sauvegarder les intérêts de l'État en même temps qu'elles ouvrent au prestataire un droit à une indemnité.

2° Mobilisation partielle.

Délimitation restrictive du droit de réquisition.

Le Ministre de la guerre peut ordonner par un arrêté la mobilisation partielle. Dans ce cas, le droit de réquisition peut

(1) Pour ce qui concerne directement les officiers d'approvisionnement des corps de troupe ou des quartiers généraux, voir le *Vade-Mecum des officiers d'approvisionnement.* — Librairie Charles-Lavauzelle; prix : 5 francs, franco par la poste.

Lorsqu'il y a lieu de pourvoir, par voie de réquisition, à la formation des approvisionnements nécessaires à la subsistance des habitants d'une place de guerre, le gouverneur peut déléguer le droit de requérir aux préfets, sous-préfets, maires et ingénieurs des ponts et chaussées et des mines.

s'exercer comme au temps de mobilisation générale, sauf les restrictions suivantes :

1° Les réquisitions ne s'exercent plus de plein droit ; elles ne s'étendent qu'à certaines portions limitées du territoire français et leur durée est fixée par l'arrêté ministériel ;

2° Le droit de requérir ne peut s'exercer qu'avec des ordres et des reçus détachés d'un carnet à souche (modèles E et F);

3° Il ne s'applique plus qu'au logement des troupes, à la fourniture des vivres et des moyens de transport. (Voir, du reste, l'article 5 de la loi.)

3° Rassemblements exceptionnels de troupe.

Dispositions générales.

Les rassemblements exceptionnels de troupe sont assimilés par la loi à la mobilisation partielle; telles sont, par exemple, les grandes manœuvres.

Mais si, en dehors des grandes manœuvres, ce rassemblement de troupes est provoqué par un cas de force majeure, les mesures d'exception à prendre sur le moment sont laissées aux commandants de corps de troupe, qui, sous leur responsabilité personnelle, prennent l'initiative des mesures que comportent les circonstances, à charge pour eux de rendre compte sans délai au Ministre de la guerre.

TITRE II

DES PRESTATIONS A FOURNIR PAR VOIE DE RÉQUISITION

Le texte de la loi du 3 juillet 1877, celui du règlement du 2 août de la même année, sont si clairs et si précis en cette matière que tout commentaire est inutile.

TITRE III

DU LOGEMENT ET DU CANTONNEMENT (1).

Le logement est une charge que la municipalité d'une ville supporte journellement, soit en affectant aux troupes les locaux

---

(1) Des cantonnements en campagne. (Voir les articles 73 et suivants du règlement du 28 mai 1895 sur le service des armées en campagne.)

qu'elle a loués, soit en répartissant les officiers et la troupe chez l'habitant.

Quant au cantonnement, c'est une opération tout accidentelle, qui a pour but de maintenir un nombre plus ou moins considérable de troupes réunies sur un même point. De là, deux manières bien différentes de procéder. Dans le premier cas, on peut sans inconvénient tenir compte d'une foule de considérations de *commodo* ou d'*incommodo*, aussi bien pour le logeur que pour le logé ; dans le second cas, la raison d'urgence prime toutes les autres, et il arrive alors que tel local, une grange par exemple, qui ne présente pas les conditions satisfaisantes pour le logement, est accepté sans difficulté pour le cantonnement.

Remarquons que la loi autorise, en cas de guerre, l'envahissement du domicile des absents, tout en prescrivant de s'entourer des précautions nécessaires pour éviter l'abus.

En temps de paix, dans le cas de rassemblements de troupes, prévus ou imprévus, le domicile des absents ne peut être envahi ; la municipalité pourvoit alors au logement militaire, et le paiement de la dépense incombant à ces chefs aux particuliers est recouvré comme en matière de contributions directes.

Bien que la loi n'en parle pas au chapitre des privilégiés, nous n'en croyons pas moins légal de dispenser du cantonnement et du logement en temps de guerre ceux qui ont recueilli effectivement et soignent des blessés. Puisque cette immunité est stipulée dans l'article 5 de la Convention internationale du 22 août 1864, tout permet de supposer que cette omission est due à un simple oubli du législateur. Nous pourrions en dire autant des ouvriers immatriculés des manufactures nationales d'armes, qui sont exemptés de cette charge par l'article 28 du règlement du 20 décembre 1844.

M. Eugène Legrand, dans son *Traité des Réquisitions*, fait remarquer très judicieusement que l'état de recensement établi pour le cantonnement peut devenir un document très précieux pour l'ennemi entre les mains duquel il tomberait en cas de revers. Il importe donc de le dérober aux recherches de l'envahisseur ainsi que les états d'effectifs laissés aux maires par les commandants de troupes. C'est là un point sur lequel la gendarmerie ferait bien d'appeler l'attention des édiles, dans les communes placées sous sa surveillance.

Avant de passer au titre IV, nous croyons intéressant de fixer le lecteur sur un point litigieux du service du logement et du cantonnement en temps de paix. Nous ne pouvons mieux le faire qu'en citant les termes mêmes de la circulaire du 15 juillet 1882.

CIRCULAIRE DU 15 JUILLET 1882

(*J. M., page 46.*)

RÉPARTITION

des troupes qui ne peuvent être logées en totalité au gîte d'étape.

Depuis la promulgation de la loi du 3 juillet 1877, sur les réquisitions, des doutes se sont élevés sur la question de savoir à qui, de l'autorité civile ou militaire, lorsque l'effectif d'une troupe excède les ressources de gîte portées sur l'ordre du mouvement, il appartient de désigner les localités voisines qui doivent concourir avec lui à assurer le logement.

Dans plusieurs circonstances, le maire du gîte principal a refusé de faire cette désignation, alléguant que ce soin, qui autrefois incombait à l'autorité civile, a été confié à l'autorité militaire par l'article 3 de la loi sur les réquisitions. Comme il importait de faire cesser toute indécision à cet égard, le Ministre de la guerre, après s'être concerté avec son collègue de l'intérieur, a pris en ces termes la solution qui doit être donnée à cette question :

« Si, d'après l'article 3 de la loi du 3 juillet 1877, *le droit de requérir appartient à l'autorité militaire*, d'autre part l'article 1er spécifie que cette loi n'est applicable qu'*en cas de mobilisation partielle ou de rassemblement*, dans des conditions de temps et de lieu déterminées à l'avance par le Ministre de la guerre, et en vue des prestations nécessaires pour suppléer à l'insuffisance des moyens d'approvisionnement de l'armée.

» Quant au droit au logement des troupes de passage et des militaires isolés, en temps ordinaire, — droit que maintient formellement l'article 9 de la loi du 3 juillet 1877, — il doit continuer à s'exercer conformément aux errements suivis jusqu'à la promulgation de ladite loi (1).

» Mais, dans la pratique, il importe précisément de prévenir ces difficultés, qui entraîneraient des délais incompatibles avec la nécessité de pourvoir sans retard au logement des troupes de passage, et de prendre en temps utile toutes les dispositions nécessaires. Aussi, les instructions en vigueur, et notamment la circu-

---

(1) La fin de ce paragraphe et le paragraphe suivant sont annulés par l'instruction du 23 novembre 1886 (*J. M.*, page 1014) qui abroge la loi du 20 juillet 1821.

laire du 28 avril 1853, prescrivent-elles à l'autorité militaire qu'
met une troupe en route de faire connaître à l'avance aux préfets des départements où elle doit coucher les jours d'arrivée et
de séjour dans chaque gîte, ainsi que l'effectif à loger.

» C'est donc aux préfets, et par délégation aux sous-préfets, qu'il
appartient, comme par le passé, de désigner, s'il y a lieu, les
communes voisines du gîte principal qui doivent concourir avec
lui au logement des troupes. *On ne doit pas d'ailleurs tenir compte
des limites de départements.* Des instructions dans ce sens ont été
adressées aux préfets par M. le Ministre de l'intérieur.

» De leur côté, et pour faciliter la tâche des autorités civiles et
éviter dans l'avenir tout malentendu, les généraux ont été invités
à tenir la main à ce que les recommandations de la circulaire
précitée du 28 avril 1853 soient ponctuellement suivies, et que les
préfets soient exactement informés à l'avance de tout mouvement
de troupe les intéressant.

» Signé : BILLOT. »

TITRE IV

DE L'EXÉCUTION DES RÉQUISITIONS (1)

Énumérons d'abord les conditions principales :

1° La réquisition est adressée à la commune et non aux particuliers. Elle est notifiée au maire ou à ses suppléants légaux.
L'ordre de réquisition mentionne le délai accordé pour la livraison. Un reçu est toujours exigible du réquisitionnaire par le
livrancier ;

2° Les réquisitions faites par les détachements de troupes (dispositions particulières du titre IV de la loi) ne peuvent être comprises dans les réquisitions ordonnées pour les besoins généraux
de l'armée ;

3° Les réquisitions exercées sur une commune ne peuvent porter que sur les ressources y existant, sans pouvoir les absorber
entièrement. L'article 38 définit très explicitement ce que l'on est
en droit d'exiger, et les réserves locales non susceptibles d'être
considérées comme disponibles. Nous ne nous appesantirons donc
pas sur ce point, et nous passerons au cas grave de refus de la
part des requis.

---

(1) Pour les armées en campagne, voir les articles 103 et suivants du règlement du 28 mai 1895, sur le service des armées en campagne, et les articles
34 et suivants de l'instruction du 11 janvier 1893 (*B. O.*, 2e sem., pagination
spéciale) sur le service de l'alimentation en temps de guerre.

La répartition de la réquisition demandée est faite par le maire, assisté de deux membres du conseil municipal et de deux habitants, présents, pris parmi les plus imposés. En cas de refus d'un ou plusieurs habitants de se conformer à la répartition faite par le maire, ce dernier se fait assister par la force armée, et, dans ce cas, les denrées ou objets requis sont saisis, et les opposants, traduits devant les tribunaux compétents, sont passibles d'une amende qui peut s'élever au double de la valeur de la prestation requise. En temps de paix, une amende de 16 à 50 francs peut être prononcée par le procureur de la République contre tout citoyen qui s'est refusé d'exécuter un travail quelconque pour lequel il avait été requis.

En temps de guerre, l'habitant qui se sera soustrait à des obligations de ce genre tombera sous le coup de l'article 62 du Code de justice militaire, ainsi conçu :

« Sont justiciables des conseils de guerre aux armées pour tout crime ou délit :

» 1° Les justiciables des conseils de guerre dans les circonscriptions territoriales en état de paix ;

» 2° Les individus employés, à quelque titre que ce soit, dans les états-majors et dans les administrations et services qui dépendent de l'armée ;

» 3° Les vivandiers et vivandières, cantiniers et cantinières, les blanchisseuses, les marchands, les domestiques et autres individus à la suite de l'armée en *vertu de permissions.* »

La peine dont il est passible varie entre six jours et cinq années d'emprisonnement.

TITRE V

DU RÉGLEMENT DES INDEMNITÉS

La loi et l'instruction ministérielle ont traité cette question avec un tel soin, qu'il ne semble pas possible d'y ajouter aucun commentaire. Nous nous bornons donc à reproduire ici l'article 75 de l'instruction du 18 février 1895, relative à l'exécution des manœuvres d'automne, qui a pour but de régler la procédure à suivre dans le cas de perte ou de détérioration d'animaux requis ou loués pour le service des transports pendant la période des grandes manœuvres. L'évaluation des indemnités dues de ce chef ne rentre pas dans les attributions de la commission spéciale instituée par l'article 84. Pour ce cas particulier, l'intendance établit le procès-verbal de perte ou de détérioration, et c'est aux généraux à statuer.

Mode de payement des indemnités dues pour pertes et dépréciations de chevaux loués ou requis.

Les généraux commandant les corps d'armée sont autorisés à statuer sur les conclusions des procès-verbaux de perte ou dépréciation de chevaux loués ou requis pour le service des transports aux grandes manœuvres.

A cet effet, ils se font représenter le tableau dressé par la commission de réception des animaux sur lequel sont mentionnés le signalement, l'état et la valeur estimative de l'animal au moment où il a été remis à l'autorité militaire.

En cas d'acceptation de la décision du commandement, les particuliers sont immédiatement désintéressés, au moyen d'un mandat sur le Trésor délivré par le fonctionnaire de l'intendance militaire, des sommes qui leur auront été allouées comme réparation du préjudice éprouvé.

En cas de désaccord, la question est soumise au Ministre, qui prend une décision définitive.

TITRE VI

DES RÉQUISITIONS RELATIVES AUX CHEMINS DE FER

Pour bien comprendre le *modus agendi* établi par les articles 29 à 34, il faut se rendre un compte exact de l'importance du rôle que sont appelés à jouer les chemins de fer en cas de guerre et connaître quelle est l'organisation spéciale du personnel directeur avec lequel il s'agira de traiter et qui sera chargé de l'exécution des réquisitions de ce genre.

Disons d'abord qu'en vertu de l'article 26 de la loi du 28 décembre 1888 (*B. O.*, p. 1328) modifiant la loi du 24 juillet 1873, les compagnies sont tenues, en cas de mobilisation ou de guerre, de mettre à la disposition de l'armée *tous* les moyens nécessaires pour les mouvements et la concentration des troupes et du matériel. Pour assurer cet important service, les législateurs ont fait appel au concours simultané des personnages civils et militaires les plus compétents et les plus à même d'organiser cette partie de la mobilisation.

Voici, du reste, quelles sont les dispositions législatives en vigueur :

Art. 22. En temps de guerre, le service des chemins de fer relève tout entier de l'autorité militaire.

Art. 23. Le Ministre de la guerre dispose des chemins de fer dans toute l'étendue du territoire national non occupé par les armées d'opérations.

Le commandant en chef de chaque groupe d'armées ou armée

opérant isolément dispose des chemins de fer dans la partie du territoire assignée à ses opérations.

Le Ministre de la guerre fixe la date à laquelle cette délégation aux commandants en chef commence pour chaque armée et pour chaque ligne; il détermine le point de démarcation entre les diverses zones.

Art. 24. Les commandants en chef des armées ont, en outre, sous leurs ordres un personnel spécial comprenant :

1° Des sections de chemins de fer de campagne, organisées en tout temps avec le personnel des grandes compagnies de chemins de fer et du réseau de l'État ;

2° Des troupes de sapeurs de chemins de fer.

Art. 25. Chaque administration de chemins de fer est représentée en tout temps auprès du Ministre de la guerre par un agent agréé par lui et chargé :

1° En temps de paix, d'assurer, d'après les instructions du Ministre, la préparation complète des transports en temps de guerre ;

2° En temps de guerre, de recevoir les ordres du Ministre et d'en assurer l'exécution.

Chaque administration de chemins de fer pourra être tenue de désigner, dès le temps de paix, un agent, agréé par le Ministre, qui la représentera éventuellement auprès du commandant en chef opérant sur son réseau, et qui sera chargé de recevoir ses ordres et d'en assurer l'exécution sur la partie du réseau comprise dans ses opérations.

Art. 26. Une commission militaire supérieure des chemins de fer est instituée dès le temps de paix auprès du Ministre de la guerre.

Cette commission, nommée par décret, sur la proposition du Ministre de la guerre, comprend des représentants du ministère de la guerre, du ministère de la marine et du ministère des travaux publics, ainsi que des compagnies de chemins de fer. Elle est chargée de donner son avis sur toutes les questions relatives à l'emploi des chemins de fer pour les besoins de l'armée.

Dans chaque corps d'armée, un officier du service d'état-major est spécialement chargé de toutes les relations du commandement avec l'administration des chemins de fer de la région (1).

Les réquisitions doivent être adressées aux commissions de réseau, simultanément par la Commission supérieure et par les soins de l'administration, afin d'éviter des tiraillements.

---

(1) Article 7 du décret du 18 novembre 1880, portant règlement sur les transports ordinaires. Brochure in-8° de 58 pages, prix 50 centimes. H. Charles-Lavauzelle, éditeur.

Mais, en principe, les chefs de gare n'ont qu'à se soumettre à toutes les réquisitions régulières qui leur sont faites et auxquelles ils peuvent donner satisfaction dans les mesures du possible, tout en tenant compte des mouvements prévus par les graphiques de marche.

Dans ces graphiques, il est laissé, du reste, de la marge pour deux trains par jour.

Nous ne nous étendrons pas davantage sur cette question, et nous renvoyons le lecteur à l'ouvrage intitulé : *Les chemins de fer considérés comme machines de guerre* (1).

TITRE VII

DES RÉQUISITIONS DE L'AUTORITÉ MARITIME

Les règles posées pour l'armée de terre sont applicables aux besoins de l'armée de mer, sauf les distinctions ci-après :

Le Ministre de la marine, les vice-amiraux commandant en chef, préfets maritimes, ont seuls le droit de réquisition.

Ils ont la faculté de déléguer ce droit aux officiers ou aux commissaires de la marine sous leurs ordres.

Un officier de marine commandant une force navale, un bâtiment isolé ou un détachement à terre peut, *exceptionnellement*, faire des réquisitions sans être muni d'un carnet à souche.

En ce qui touche les compagnies maritimes qui sont fermières des services postaux ou possèdent des traités avec l'État, les conventions font loi entre les contractants.

TITRE VIII

DISPOSITIONS RELATIVES AUX CHEVAUX, MULETS ET VOITURES NÉCESSAIRES A LA MOBILISATION.

La gendarmerie intervient d'une façon très active dans les opérations comprises dans ce titre ; aussi croyons-nous utile d'énumérer brièvement toutes les prescriptions qui concernent les chevaux, mulets ou voitures attelées nécessaires lors de la mobilisation de l'armée.

Recensement annuel et classement des animaux :

1° En ce qui concerne l'administration civile seule :

---

(1) Publication de la *Petite Bibliothèque de l'Armée française*. Librairie H. Charles-Lavauzelle.

Recensement annuel dans chaque commune avant le 16 janvier, des animaux susceptibles d'être requis ;

Tous les trois ans et à la même époque, recensement des voitures attelées de chevaux ou mulets.

2° En ce qui concerne l'action combinée de l'autorité civile et de l'autorité militaire :

La constatation du nombre d'animaux existant et ayant l'âge fixé par la loi, leur reconnaissance, classement et inscription.

3° En ce qui concerne l'autorité militaire :

La répartition préalable dans le corps d'armée du contingent disponible en animaux et voitures :

Pour la période qui suit l'ordre de mobilisation et pour l'exécution de la réquisition.

4° Dispositions communes aux deux autorités, l'une civile, l'autre militaire :

Avis de l'ordre de mobilisation à donner par l'autorité militaire aux maires ;

Avis à donner aux propriétaires par les maires ;

Présentation à l'autorité militaire des animaux et voitures réquisitionnés, leur réception, leur paiement.

5° Dispositions pénales, etc., etc.

L'instruction du 1er août 1879 (1) règle dans tous ses détails l'application de la loi et indique bien nettement leurs devoirs à chacun des membres de la commission de réquisition.

En outre, l'instruction sur les devoirs de la gendarmerie, du 20 avril 1894 (dont nous ne pouvons donner ici le texte à cause de son caractère *très confidentiel*), contient des prescriptions essentielles que la gendarmerie ne doit pas perdre de vue.

Nous y renvoyons les intéressés.

TITRE IX

DISPOSITIONS SPÉCIALES AUX GRANDES MANŒUVRES (2)

La commission mixte, dont la composition est donnée à l'article 108 doit être constituée au moins quinze jours avant le commencement de la période de manœuvres.

Cette commission suit les opérations des troupes. Elle a le droit, nous dirions mieux *le devoir*, de reconnaître à l'avance le terrain et de prendre, dès lors, toutes les mesures de précaution que commande la prudence dans l'intérêt non seulement des particuliers, mais encore dans l'intérêt du Trésor. Le maire de chaque

_____

(1) Voir IIe partie, pages 75 et suivantes.

(2) Voir l'instruction du 23 février 1889, pour le règlement des dommages causés aux propriétés par les corps de troupe. (IIIe partie).

commune est prévenu à l'avance de son passage. Les indemnités sont payées séance tenante par un officier comptable accompagnant la commission, à moins de contestations ou de désaccord (1).

La loi ne s'est pas prononcée sur la question des réquisitions proprement dites faites exceptionnellement pendant les grandes manœuvres. Nous n'hésitons pas à nous ranger à l'avis de M. Eugène Legrand, en demandant que la commission chargée d'évaluer les dégâts ait dans sa compétence le règlement des réquisitions de toute nature.

Application de la loi du 3 juillet 1877 et du décret du 2 août 1877 en Algérie.

Voir le décret du 8 août 1885, inséré page 66.

Observation importante.

Pour tous les cas litigieux qui n'auraient pas été suffisamment élucidés, nous renvoyons le lecteur à l'ouvrage publié par l'éditeur Henri Charles-Lavauzelle, sous le titre de : *Vade-Mecum de l'officier d'approvisionnement* (2).

---

(1) Il est à remarquer que, même en matière d'indemnités pour dommages causés aux particuliers par les manœuvres, la commission n'a pas toujours à intervenir.

Ainsi, lorsqu'il s'agit de pertes ou de dépréciation d'animaux loués ou requis, c'est à l'autorité militaire qu'incombe directement le soin de traiter avec les particuliers.

(2) *Vade-Mecum de l'officier d'approvisionnement*, 1 vol. de 432 pages avec l'appendice, mis à jour. — Prix : 5 francs.

LOI DU 3 JUILLET 1877 [1]

RÈGLEMENT D'ADMINISTRATION PUBLIQUE DU 2 AOUT 1877 [2]

TITRE Ier DE LA LOI

CONDITIONS GÉNÉRALES DANS LESQUELLES S'EXERCE LE DROIT DE RÉQUISITION

Art. 1er. En cas de mobilisation partielle ou totale de l'armée, ou de rassemblement de troupes, le Ministre de la guerre détermine l'époque où commence, sur tout ou partie du territoire français, l'obligation de fournir les prestations nécessaires pour suppléer à l'insuffisance des moyens ordinaires d'approvisionnement de l'armée.

Art. 2. Toutes les prestations donnent droit à des indemnités représentatives de leur valeur, sauf dans les cas spécialement déterminés par l'article 15 de la présente loi.

Art. 3. Le droit de requérir appartient à l'autorité militaire.

Les réquisitions sont toujours formulées par écrit et signées.

Elles mentionnent l'espèce et la quantité des prestations imposées et, autant que possible, leur durée.

Il est toujours délivré un reçu des prestations fournies.

Art. 4. Un règlement d'administration publique déterminera les conditions d'exécution de la présente loi, en ce qui concerne la désignation des autorités ayant qualité pour ordonner ou exercer les réquisitions, la forme de ces réquisitions et les limites dans lesquelles elles pourront être faites.

---

(1) La loi du 3 juillet 1877 et le décret du 2 août 1877 sont applicables en Algérie. (Décret du 8 août 1885, *J. M.*, p. 115.)

(2) Les articles du règlement d'administration publique du 2 août 1877 sont imprimés en petits caractères et placés à la suite des titres correspondants de la loi du 3 juillet 1877.

Les modifications à la loi du 3 juillet 1877 résultant du projet de loi déposé le 15 janvier 1894 à la Chambre des députés par le Ministre de la guerre ont été reproduites en notes à titre de renseignement.

TITRE Ier DU RÈGLEMENT

CONDITIONS GÉNÉRALES DANS LESQUELLES S'EXERCE LE DROIT
DE RÉQUISITION

Art. 1er. En cas de mobilisation totale de l'armée, l'autorité militaire peut user du droit de requérir les prestations nécessaires à l'armée, depuis le jour de la mobilisation jusqu'au moment où l'armée est remise sur le pied de paix.

Art. 2. En cas de mobilisation partielle ou de rassemblement de troupes, pour quelque cause que ce soit, des arrêtés du Ministre de la guerre déterminent l'époque où pourra commencer et celle où devra se terminer l'exercice du droit de réquisition, ainsi que les portions de territoire où le droit de réquisition pourra être exercé.

Ces arrêtés sont publiés dans les communes.

Art. 3. Lorsque la mobilisation totale est ordonnée, les généraux commandant des armées, des corps d'armée, des divisions ou des troupes ayant une mission spéciale, peuvent *de plein droit* exercer des *réquisitions*.

Ils peuvent déléguer le droit de requérir aux fonctionnaires de l'intendance ou aux officiers commandant des détachements.

Art. 4. En cas de mobilisation partielle ou de rassemblement de troupes, la faculté d'exercer des réquisitions, dans les limites prévues à l'article 2 du présent décret, n'appartient de plein droit qu'aux généraux commandant les corps d'armée mobilisés ou les rassemblements de troupe.

Le droit de requérir peut être délégué par eux aux fonctionnaires de l'intendance ou aux officiers commandant des détachements.

Art. 5. Les ordres de réquisition sont détachés d'un carnet à souche qui est remis à cet effet entre les mains des officiers appelés à exercer des réquisitions.

Art. 6. Les généraux désignés dans les articles 3 et 4 du présent décret peuvent remettre aux chefs de corps ou de service des carnets à souche d'ordres de réquisition contenant délégation du droit de requérir, pour être délivrés par ces chefs de corps ou de service aux officiers sous leurs ordres qui pourraient éventuellement être appelés à exercer des réquisitions.

Art. 7. Les reçus délivrés par les officiers chargés de la réception des prestations fournies sont extraits d'un carnet à souche qui est fourni par l'autorité militaire comme les carnets d'ordres de réquisition.

Art. 8. Exceptionnellement, et seulement en temps de guerre, tout commandant de troupe ou chef de détachement opérant isolément peut, même sans être porteur d'un carnet de réquisitions, requérir, sous sa responsabilité personnelle, les prestations nécessaires aux besoins journaliers des hommes et des chevaux placés sous ses ordres.

Art. 9. Les réquisitions ainsi exercées sont toujours faites par écrit et signées (1); elles sont établies en double expédition, dont l'une reste entre

_____

(1) Voir les modèles 1 A, 1 B, 2 A et 2 B, qui, bien que spéciaux à la gendarmerie, sont utilisés dans ce cas par les officiers de toutes armes, pages 70 et suivantes.

les mains du maire et l'autre est adressée immédiatement, par la voie hiérarchique, au général commandant le corps d'armée.

Il est donné reçu des prestations fournies (1).

Art. 10 (2). Lorsque, par application des dispositions contenues dans l'article 7 de la loi du 3 juillet 1877, modifié par la loi du 5 mars 1890, il y a lieu de pourvoir, par voie de réquisition, à la formation des approvisionnements nécessaires à la subsistance des habitants d'une place de guerre, le gouverneur peut déléguer le droit de requérir les prestations destinées à la constitution de ces approvisionnements aux préfets, sous-préfets et maires, appelés à participer aux opérations du ravitaillement.

La même délégation peut être donnée pour le même objet aux ingénieurs des corps des ponts et chaussées et des mines.

Il est délivré, par l'intermédiaire des préfets, aux autorités civiles investies du droit de requérir, des carnets à souche d'ordres de réquisition et de reçus.

Le gouverneur devra indiquer d'une manière spéciale, dans la délégation, la nature et l'importance des prestations qui feront l'objet des réquisitions.

L'officier qui a reçu délégation du droit de requérir doit, après avoir terminé la mission pour laquelle il a reçu cette délégation, remettre immédiatement son carnet d'ordres de réquisition à son chef de corps ou de service, qui le fait parvenir à la commission chargée du règlement des indemnités.

Le fonctionnaire investi du droit de requérir doit, dans les mêmes conditions, remettre sans délai son carnet d'ordres de réquisition au préfet du département, qui fait également parvenir ce carnet à la commission chargée du règlement des indemnités.

Les conditions et les formes dans lesquelles les autorités civiles et administratives exercent le droit de réquisition qui leur a été délégué sont les mêmes que celles déterminées par le présent décret pour les officiers.

TITRE II DE LA LOI

DES PRESTATIONS A FOURNIR PAR VOIE DE RÉQUISITION

Art. 5. Est exigible par voie de réquisition la fourniture des prestations nécessaires à l'armée et qui comprennent notamment :

1° Le logement chez l'habitant et le cantonnement pour les hommes et pour les chevaux, mulets et bestiaux, dans les locaux disponibles, ainsi que les bâtiments nécessaires pour le personnel et le matériel des services de toute nature qui dépendent de l'armée ;

---

(1) Voir le modèle 1 bis, dans le même cas.

(2) Modifié par le décret du 3 juin 1890. (B. O., p. 1522.)

2° La nourriture journalière des officiers et soldats logés chez l'habitant, conformément à l'usage du pays (1);

3° Les vivres et le chauffage pour l'armée, les fourrages pour les chevaux, mulets et bestiaux; la paille de couchage pour les troupes campées ou cantonnées;

4° Les moyens d'attelage et de transport de toute nature, y compris le personnel;

5° Les bateaux ou embarcations qui se trouvent sur les fleuves, rivières, lacs et canaux;

6° Les moulins et les fours;

7° Les matériaux, outils, machines et appareils nécessaires pour la construction ou la réparation des voies de communication, et, en général, pour l'exécution de tous les travaux militaires;

8° Les guides, les messagers, les conducteurs, ainsi que les ouvriers pour tous les travaux que les différents services de l'armée ont à exécuter;

9° Le traitement des malades ou blessés chez l'habitant;

10° Les objets d'habillement, d'équipement, de campement, de harnachement, d'armement et de couchage, les médicaments et les moyens de pansement;

11° Tous les autres objets et services dont la fourniture est nécessitée par l'intérêt militaire.

Hors le cas de mobilisation, il ne pourra être fait réquisition que des prestations énumérées aux cinq premiers paragraphes du présent article. Les moyens d'attelage et de transport, bateaux et embarcations dont il est question aux paragraphes 4 et 5, ne pourront également être requis chaque fois, hors le cas de mobilisation, que pour une durée maximum de vingt-quatre heures.

Art. 6. Les réquisitions relatives à l'emploi d'établissements industriels pour la fourniture des produits autres que ceux qui résultent de leur fabrication normale, ne pourront être exercées que sur un ordre du Ministre de la guerre ou d'un commandant d'armée ou de corps d'armée.

Art. 7 (2). En cas d'urgence, sur l'ordre du Ministre de la guerre ou de l'autorité militaire supérieure chargée de la défense de la place, il peut être pourvu, par voie de réquisition, à la formation

---

(1) Voir l'article 31 de l'instruction du 11 janvier 1893 sur le service de l'alimentation en temps de guerre.

Voir également l'article 124 du décret du 29 mai 1890 sur la solde et les revues.

(2) Nouvelle rédaction : loi du 5 mars 1890. B. O. page 318.

des approvisionnements nécessaires à la subsistance des habitants des places de guerre.

Les réquisitions à exercer en vue de la constitution de ces approvisionnements pourront être faites par les autorités administratives en vertu d'une délégation spéciale du gouverneur de la place.

Un règlement d'administration publique désignera les autorités civiles auxquelles le droit de requérir pourra être délégué et déterminera les conditions et les formes dans lesquelles ce droit s'exercera.

TITRE II DU RÈGLEMENT

DES PRESTATIONS A FOURNIR PAR VOIE DE RÉQUISITION

Art. 11. Les officiers qui peuvent être appelés à requérir le logement chez l'habitant, ou le cantonnement de troupes sous leurs ordres, doivent consulter les états dressés en exécution de l'article 19 de la loi du 3 juillet 1877, et des articles 23 et suivants du présent décret, et ne réclamer dans chaque commune le logement que pour un nombre d'hommes et de chevaux inférieur ou au plus égal à celui qui est indiqué par lesdits tableaux.

Art. 12 Lorsque des troupes sont logées chez l'habitant et que celui-ci est requis de leur fournir la nourriture, il ne peut être exigé une nourriture supérieure à l'ordinaire de l'individu requis.

Art. 13. L'officier commandant un détachement qui réquisitionne dans une commune des fournitures en vivres, denrées ou fourrages pour la nourriture des troupes ou des chevaux sous ses ordres, doit mentionner sur la réquisition la quantité de rations requises et la quotité de la ration réglementaire.

Art. 14. Quand il y a lieu de requérir des chevaux, voitures ou harnais pour des transports qui doivent amener un déplacement de plus de cinq jours avant le retour des chevaux et voitures, il est procédé, avant la prise de possession, à une estimation contradictoire faite par l'officier requérant et le maire.

Art. 15. Si des chevaux ou voitures, requis pour accompagner un détachement ou convoi, sont perdus ou endommagés, le chef du détachement ou convoi doit délivrer au conducteur un certificat constatant le fait.

Il y joint son appréciation des causes du dommage, et, si l'estimation préalable n'a pas eu lieu, une évaluation de la perte subie.

Art. 16. En cas de refus de l'officier du détachement ou du convoi de délivrer les pièces mentionnées à l'article précédent, le conducteur des chevaux et voitures endommagés devra s'adresser immédiatement au juge de paix, ou, à défaut du juge de paix, au maire de la commune où s'est produit le dommage, pour en faire constater les causes et la valeur.

Art 17. Toutes les fois qu'il est fait une réquisition d'outils, matériaux, machines, bateaux, embarcations en dehors des eaux maritimes, etc., pour une durée de plus de huit jours, il est procédé, avant l'enlèvement desdits objets, à une estimation faite contradictoirement par l'officier requérant et le maire de la commune.

S'il est, plus tard, restitué tout ou partie desdits objets, procès-verbal est dressé de cette restitution, ainsi que des détériorations subies, et mention en est faite sur le reçu primitivement délivré, auquel le procès-verbal est annexé.

Art. 18. Si la réquisition de moulins a pour objet d'en attribuer temporairement à l'autorité militaire l'usage exclusif, il est procédé avant et après la prise de possession à une constatation sommaire par l'officier requérant et le maire de la commune.

Art. 19. Les chefs de détachement qui requièrent des guides ou conducteurs pour accompagner les troupes doivent pourvoir à leur nourriture, ainsi qu'à celle des chevaux, comme s'ils faisaient partie de leur détachement, pendant toute la durée de la réquisition.

Art. 20. Les guides, les messagers, les conducteurs et les ouvriers qui sont l'objet de réquisitions reçoivent, à l'expiration de leur mission, un certificat qui en constate l'exécution et qui est délivré : pour les guides, par les commandants de détachement; pour les messagers, par les destinataires; pour les conducteurs, par les chefs de convois, et, pour les ouvriers, par les chefs de service compétents.

Art. 21. Lorsqu'il a lieu de requérir le traitement de malades ou blessés, les maires fournissent des locaux spéciaux pour le traitement desdits malades ou blessés et, à défaut de locaux spéciaux, les répartissent chez les habitants; s'il s'agit de maladies contagieuses, ils doivent pourvoir aux soins à donner dans des bâtiments où les malades puissent être séparés de la population et qui, au besoin, sont requis à cet effet.

En cas d'extrême urgence, et seulement sur des points éloignés du centre de la commune, l'autorité militaire peut requérir directement des habitants le soin des malades ou blessés; mais cette réquisition, faite directement, ne peut jamais s'appliquer à des malades atteints de maladies contagieuses.

Art. 22. Si des communes ou des habitants sont requis de recevoir des malades ou des blessés, et si ces derniers ne peuvent pas être soignés par des médecins de l'armée, les visites des médecins civils peuvent donner droit à une indemnité spéciale.

Cette indemnité est fixée par la commission d'évaluation sur la note du médecin, certifiée par l'habitant qui a logé le malade ou le blessé ou, si faire se peut, par ce dernier lui-même, et visée par le maire de la commune.

TITRE III DE LA LOI.

DU LOGEMENT ET DU CANTONNEMENT (1).

Art. 8. Le logement des troupes en station ou en marche chez l'habitant est l'installation, faute de casernement spécial, des hommes, des animaux et du matériel dans les parties des maisons, écuries, remises ou abris des particuliers, reconnues, à la suite d'un recensement, comme pouvant être affectées à cet usage et fixées en proportion des ressources de chaque particulier; les conditions d'installation afférentes aux militaires de

(1) Voir pour le droit au logement chez l'habitant les circulaires explicatives insérées pages 161 et 162.

chaque grade, aux animaux et au matériel étant, d'ailleurs, déterminées par les règlements en vigueur.

Le cantonnement des troupes, en station ou en marche, est l'installation des hommes, des animaux et du matériel dans les maisons, établissements, écuries, bâtiments ou abris de toute nature appartenant soit aux particuliers, soit aux communes ou aux départements, soit à l'État, sans qu'il soit tenu compte des conditions d'installation attribuée, en ce qui concerne le logement défini ci-dessus, aux militaires de chaque grade, aux animaux et au matériel; mais en utilisant, dans la mesure du nécessaire, la contenance des locaux, sous la réserve toutefois que les propriétaires ou détenteurs conservent toujours le logement qui leur est indispensable.

Art. 9. Aux termes de l'article 5 ci-dessus et en cas d'insuffisance des bâtiments militaires destinés au logement des troupes dans les places de guerre ou les villes de garnison, il y est suppléé au moyen de maisons ou d'établissements loués par les municipalités, reconnus et acceptés par l'autorité militaire, ou au moyen du logement des officiers et des hommes de troupe chez l'habitant. Cette disposition est également applicable à la fourniture des magasins et des écuries.

Le logement est fourni de la même manière, à défaut de bâtiments militaires, dans les villes, villages, hameaux et maisons isolées, aux troupes détachées ou cantonnées, ainsi qu'aux troupes de passage et aux militaires isolés.

Art. 10. Il sera fait par les municipalités un recensement de tous les logements, établissements et écuries que les habitants peuvent fournir pour le logement ou le cantonnement des troupes, dans les circonstances spécifiées à l'article 9.

Ce recensement sera communiqué à l'autorité militaire.

Il pourra être revisé en tout ou en partie dans les localités et aux époques fixées par le Ministre de la guerre.

Art. 11. Dans tous les cas où les troupes devront être logées ou cantonnées chez l'habitant, l'autorité militaire informera les municipalités du jour de leur arrivée (1).

Les municipalités délivreront ensuite, sur la présentation des ordres de route, les billets de logement, en observant de réunir, autant que possible, dans le même quartier, les hommes et les chevaux appartenant aux mêmes unités constituées, afin d'en faciliter le rassemblement.

---

(1) Cette disposition n'est pas toujours applicable; elle est même contraire au principe d'après lequel le cantonnement est considéré comme une chose purement accidentelle, c'est-à-dire subordonnée à des considérations d'un ordre supérieur. Des circulaires ministérielles, entre autres celle du 10 juin 1882, donnent à cet égard la marche à suivre; s'y reporter. (Voir à l'annexe F, logement et cantonnement, IIe partie page 169.)

Art. 12. Dans l'établissement du logement et du cantonnement chez l'habitant, les municipalités ne feront aucune distinction de personnes, quelles que soient leurs fonctions ou qualités. Seront néanmoins dispensés de fournir le logement dans leur domicile les détenteurs de caisses publiques déposées dans ledit domicile, les veuves et filles vivant seules et les communautés religieuses de femmes.

Mais les uns et les autres sont tenus d'y suppléer en fournissant le logement en nature chez d'autres habitants, avec lesquels ils prendront des arrangements à cet effet; à défaut de quoi, il y sera pourvu à leurs frais par les soins de la municipalité.

Les officiers et les fonctionnaires militaires dans leur garnison ou résidence, ne logeront pas les troupes dans le logement militaire qui leur sera fourni en nature, et lorsqu'ils seront logés en dehors des bâtiments militaires, ils ne seront tenus de fournir le logement aux troupes qu'autant que celui qu'ils occuperont excédera la proportion affectée à leur grade ou emploi.

Les officiers en garnison dans le lieu de leur habitation ordinaire seront tenus de fournir le logement dans leur domicile propre, comme les autres habitants.

Art. 13. Les municipalités veilleront à ce que la charge du logement ou du cantonnement soit répartie avec équité sur tous les habitants.

Les habitants ne seront jamais délogés de la chambre et du lit où ils ont l'habitude de coucher; ils ne pourront néanmoins, sous ce prétexte, se soustraire à la charge du logement selon leurs facultés.

Hors le cas de mobilisation, le maire ne pourra envahir le domicile des absents; il devra loger ailleurs, à leurs frais.

Les établissements publics ou particuliers requis préalablement par l'autorité militaire et effectivement utilisés par elle ne seront pas compris dans la répartition du logement ou du cantonnement.

Art. 14. Les troupes seront responsables des dégâts et dommages occasionnés par elles dans leurs logements ou cantonnements. Les habitants qui auront à se plaindre à cet égard adresseront leurs réclamations, par l'intermédiaire de la municipalité, au commandant de la troupe, afin qu'il y soit fait droit, si elles sont fondées.

Lesdites réclamations devront être adressées et les dégâts constatés, à peine de déchéance, avant le départ de la troupe, ou, en temps de paix, trois heures après, au plus tard; un officier sera laissé, à cet effet, par le commandant de la troupe.

Art. 15. Le logement des troupes, en cas de passage, de rassemblement, de détachement ou de cantonnement, donnera droit à l'indemnité, conformément à l'article 2 ci-dessus, sauf les exceptions suivantes :

1° Le logement des troupes de passage chez l'habitant ou leur cantonnement pour une durée maximum de trois nuits dans chaque mois, ladite durée s'appliquant indistinctement au séjour d'un seul corps ou de corps différents chez les mêmes habitants ;

2° Le cantonnement des troupes qui manœuvrent ;

3° Le logement chez l'habitant ou le cantonnement des troupes rassemblées dans les lieux de mobilisation et leurs dépendances pendant la période de mobilisation, dont un décret fixe la durée.

Art. 16. En toutes circonstances, les troupes auront droit, chez l'habitant, au feu et à la chandelle.

Art. 17. Dans tous les cas où les troupes seront gratuitement logées chez l'habitant, ou cantonnées, le fumier provenant des animaux appartiendra à l'habitant. Dans tous les cas où le logement chez l'habitant et le cantonnement donneront droit à une indemnité, le fumier restera la propriété de l'État, et son prix pourra être déduit du montant de ladite indemnité, avec le consentement de l'habitant.

Art. 18. Un règlement d'administration publique fixera les détails d'exécution du logement des troupes en dehors des bâtiments militaires, notamment les conditions du logement attribué aux militaires de chaque grade.

Il déterminera, en outre, le prix de la journée de logement ou de cantonnement pour les hommes ou les animaux, et le prix de la journée de fumier.

TITRE III DU RÈGLEMENT

DU LOGEMENT ET DU CANTONNEMENT

Art. 23 (1). Les maires dressent, tous les trois ans, en double expédition, sur les modèles qui leur sont transmis par les commandants de région, un état des ressources que peut offrir leur commune pour le logement et le cantonnement des troupes.

Cet état doit distinguer l'agglomération principale et les hameaux détachés; il doit indiquer approximativement :

1° Le nombre de chambres et de lits qui peuvent être affectés au logement des officiers et le nombre d'hommes de troupe qui peuvent être logés chez l'habitant, à raison d'un lit par sous-officier et d'un lit ou au moins d'un matelas et d'une couverture pour deux soldats;

Le nombre de chevaux, mulets, bestiaux et voitures qui peuvent être installés dans les écuries, étables ou remises;

2° Le nombre d'hommes qui peuvent être cantonnés dans les maisons.

---

(1) Voir l'instruction du 23 novembre 1886 explicative des modifications apportées à cet article par le décret du 23 novembre 1886, II° partie, page 145.

établissements, écuries, bâtiments ou abris de toute nature appartenant soit aux particuliers, soit aux communes ou aux départements, soit à l'Etat, sous la seule réserve que les propriétaires ou détenteurs conserveront toujours les locaux qui leur sont indispensables pour leur logement et celui de leurs animaux, denrées et marchandises (1).

Les officiers et les fonctionnaires militaires, qui sont logés à leurs frais, dans leur garnison ou résidence, ne sont tenus de fournir le logement aux troupes qu'autant que le logement qu'ils occupent excède, quant au nombre de pièces, celui qui serait affecté à leur grade ou à leur emploi, dans les bâtiments de l'Etat.

Sur l'état des ressources, les maires ne tiennent compte que de la partie du logement qu'excède le nombre de pièces affecté au grade ou à l'emploi d'après les règlements militaires.

Les détenteurs de caisses publiques déposées dans leur domicile, les veuves et filles vivant seules et les communautés religieuses de femmes, les officiers et fonctionnaires militaires logés, à leurs frais, dans leur garnison ou résidence, ne sont tenus de fournir le cantonnement que dans les dépendances de leur domicile qui peuvent être complètement séparées des locaux occupés par l'habitation.

Sur l'état des ressources pour le cantonnement, les maires ne tiennent compte que de ces dépendances (1).

Art. 24. Les états dressés en exécution de l'article précédent sont adressés aux commandants de région par l'intermédiaire du préfet.

Lorsque le Ministre de la guerre veut faire opérer la revision de ces états, il charge de cette mission des officiers qui se transportent successivement dans chaque commune. Il est donné avis aux maires de la mission confiée à ces officiers et de l'époque de leur arrivée dans les communes.

Art. 25. Après la revision, des tableaux récapitulatifs sont imprimés ou autographiés par les soins de l'autorité militaire et tenus à la disposition des officiers généraux ainsi que des intendants militaires et des commissions de règlement des indemnités. Un extrait est envoyé par les commandants de régions aux maires des communes intéressées.

Art. 26. Lorsque les maires ont reçu l'extrait mentionné à l'article précédent, ils dressent, avec le concours des conseillers municipaux, un état indicatif des ressources de chaque maison pour le logement ou le cantonnement des troupes, d'après le nombre fixé par le tableau indiqué à l'article précédent.

Lorsqu'ils sont requis de loger ou de cantonner des militaires, ils suivent le plus exactement possible l'ordre de cet état indicatif.

Art. 27. Toutes les fois qu'un maire est obligé, par application du deuxième paragraphe de l'article 12 de la loi du 3 juillet 1877, de loger des militaires aux frais et pour le compte de tiers, il prend à cet égard un arrêté motivé, qui est notifié aussitôt que possible à la personne intéressée

(1) Nouvelle rédaction : décret du 23 novembre 1886 (*J. M.*, page 1011).
Voir l'instruction du 23 novembre 1886, même année (*J. M.*, page 1014), insérée IIIe partie, page 115.
Tout établissement occupé par des femmes ou des filles vivant seules doit être considéré comme non soumis à la charge du logement en nature, et comme ne devant fournir le cantonnement que dans les bâtiments qui peuvent être complétement séparés des locaux occupés par l'habitation. (Dépêche ministre, du 31 mai 1887, n° 4585.)

et qui fixe la somme à payer. Le payement en est recouvré comme en matière de contributions directes.

Art. 28. S'il est reconnu que des dégâts ont été commis chez un ou plusieurs habitants par des soldats qui y étaient logés ou cantonnés, procès-verbal en est dressé contradictoirement par le maire de la commune et par l'officier chargé d'examiner la réclamation.

S'il s'agit de passage de troupes en temps de paix, le procès-verbal est remis à l'habitant, qui adresse sa réclamation à l'autorité militaire. En cas de mobilisation, le procès-verbal sert à l'intéressé comme une réquisition ordinaire, et l'indemnité à allouer est réglée comme en matière de réquisition.

Art. 29. En temps de guerre et en cas de départ inopiné des troupes logées chez l'habitant, si aucun officier n'a été laissé en arrière pour recevoir les réclamations, tout individu qui croit avoir à se plaindre de dégâts commis par des soldats logés chez lui et qui n'a pu faire sa réclamation avant le départ de la troupe, porte sa plainte au juge de paix, ou à défaut du juge de paix, au maire de la commune.

Cette plainte doit être remise moins de trois heures après le départ de la troupe.

Le juge de paix ou le maire se transporte immédiatement sur les lieux, fait une enquête et dresse un procès-verbal qui est remis à la personne intéressée, pour faire valoir ses droits comme en matière de réquisition.

Art. 30 (1). Toutes les fois qu'une troupe est logée ou cantonnée dans une commune, l'officier qui la commande remet au maire, le dernier jour de chaque mois, ainsi que le jour où la troupe quitte la commune, un état en double expédition, indiquant l'effectif en officiers, sous-officiers, soldats, chevaux et mulets, ainsi que la date de l'arrivée et celle du départ.

Il n'y a pas lieu de fournir cet état lorsqu'il s'agit de cantonnement de troupes qui manœuvrent, ou du logement ou cantonnement de militaires pendant la période de mobilisation.

Art. 31 (1). Dans tous les cas où il y a lieu à indemnité pour le logement ou le cantonnement des militaires, cette indemnité n'est due qu'autant que le nombre de lits ou places occupés dans le courant d'un même mois excède le triple du nombre des lits ou places portés sur l'extrait des tableaux dont il est fait mention à l'article 25 ci-dessus. L'excédent seul ouvre droit à l'indemnité.

Art. 32 (1). Le Maire justifie toute demande d'indemnité au moyen d'un état récapitulatif appuyé des états d'effectif dressés en exécution de l'article 30.

Dans le cas où la somme demandée excéderait celle qui est due d'après le principe posé à l'article 31, le maire indiquerait les motifs de la différence.

L'état récapitulatif est adressé, en double expédition, au sous-intendant militaire de la subdivision de région, qui le vérifie, l'arrête et ordonnance, s'il y a lieu, un mandat de la somme réclamée, au nom du receveur municipal de la commune chargé de payer les intéressés.

Les contestations qui pourraient s'élever au sujet du règlement de l'indemnité seront jugées conformément aux dispositions des articles 26 de la loi du 3 juillet 1877 et 56 du présent décret.

Art. 33 (1). Lorsqu'il y a lieu d'accorder une indemnité pour logement

(1) Nouvelle rédaction : décret du 23 novembre 1886, J. M., page 1011.

on cantonnement de troupes, dans les conditions spécifiées par les articles 15, 17 et 18 de la loi sur les réquisitions et 30, 31 et 32 du présent décret, le taux de l'indemnité est fixé d'après les bases ci-après :

1° Logement.

Par lit d'officier et par nuit............................. 1 »
Par lit de sous-officier ou soldat et par nuit............. » 20
Par place de cheval ou mulet et par nuit (plus le fumier). » 05

2° Cantonnement.

Par homme et par nuit..................................... » 05
Par cheval ou mulet....................................... Le fumier.

TITRE IV DE LA LOI

DE L'EXÉCUTION DES RÉQUISITIONS

Art. 19. Toute réquisition doit être adressée à la commune; elle est notifiée au maire (1). Toutefois, si aucun membre de la municipalité ne se trouve au siège de la commune, ou si une réquisition urgente est nécessaire sur un point éloigné du siège de la commune et qu'il soit impossible de la notifier régulièrement, la réquisition peut être adressée directement par l'autorité militaire aux habitants.

Les réquisitions exercées sur une commune ne doivent porter que sur les ressources qui y existent, sans pouvoir les absorber complètement.

Art. 20. Le Maire, assisté, sauf le cas de force majeure ou d'extrême urgence, des deux membres du conseil municipal appelés dans l'ordre du tableau et de deux des habitants les plus imposés de la commune, répartit les prestations exigées entre les habitants et les contribuables, alors même que ceux-ci n'habitent pas la commune et n'y sont pas représentés.

Cette répartition est obligatoire pour tous ceux qui y sont compris.

Il est délivré par le Maire, à chacun d'eux, un reçu des prestations fournies.

Le maire prendra les mesures nécessitées par les circonstances, pour que, dans le cas d'absence de tout habitant ou contribuable, la répartition, en ce qui le concerne, soit effective.

Au lieu de procéder par voie de répartition, le maire, assisté comme il est dit ci-dessus, peut, au compte de la commune, pourvoir directement à la fourniture et à la livraison des prestations requises; les dépenses qu'entraîne cette opération sont imputées

---

(1) Voir la lettre col. du 10 juin 1882 (*J. M.*, page 324) au sujet de l'avis à donner aux municipalités, reproduite à la IIe partie, page 160.

sur les ressources générales du budget municipal, sans qu'il soit besoin d'autorisation spéciale.

Dans les cas prévus par le premier paragraphe de l'article 19, ou lorsque les prestations requises ne sont pas fournies dans les délais prescrits, l'autorité militaire fait d'office la répartition entre les habitants.

Art. 21. Dans le cas de refus de la municipalité, le maire, ou celui qui en fait fonctions, peut être condamné à une amende de 25 francs à 500 francs (vingt-cinq à cinq cents francs) ; si le fait provient du mauvais vouloir des habitants, le recouvrement des prestations est assuré, au besoin, par la force ; en outre, les habitants qui n'obtempèrent pas aux ordres de réquisition sont passibles d'une amende qui peut s'élever au double de la valeur de la prestation requise.

En temps de paix, quiconque abandonne le service pour lequel il est requis personnellement est passible d'une amende de 16 francs à 50 francs (seize francs à cinquante francs.)

En temps de guerre, et par application des dispositions portées à l'article 62 du Code de justice militaire (1), il est traduit devant le conseil de guerre et peut être condamné à la peine de l'emprisonnement de six jours à cinq ans, dans les termes de l'article 194 du même Code.

Art. 22. Tout militaire qui, en matière de réquisition, abuse des pouvoirs qui lui sont conférés, ou qui refuse de donner reçu des quantités fournies, est puni de la peine de l'emprisonnement dans les termes de l'article 194 (2) du Code de justice militaire ; tout militaire qui exerce des réquisitions sans avoir qualité pour le faire est puni, si ces réquisitions sont faites sans violence, conformément au cinquième paragraphe de l'article 248 du Code de justice militaire (3). Si ces réquisitions sont exercées avec violence, il est puni conformément à l'article 250 du même Code (4) ; le tout sans préjudice des restitutions auxquelles il peut être condamné.

---

(1) Voir l'article 62 du Code de justice militaire, reproduit page 23.

(2) La durée de l'emprisonnement est de six jours au moins et de cinq ans au plus. (Art. 194 du Code.)

(3) Est puni de la peine de la réclusion, et, en cas de circonstances atténuantes, d'un emprisonnement d'un an à cinq ans, tout militaire qui commet un vol au préjudice de l'habitant chez lequel il est logé. (Art. 248 du Code, paragraphe 5).

(4) Est puni de mort, avec dégradation militaire, tout pillage ou dégât de denrées, marchandises ou effets, commis par des militaires en bande, soit avec armes ou à force ouverte, soit avec bris de portes et clôtures extérieures, soit avec violences envers les personnes. Le pillage en bande est puni de la réclusion dans tous les autres cas.

Néanmoins, si, dans les cas prévus par le premier paragraphe, il existe parmi les coupables un ou plusieurs instigateurs, un ou plusieurs militaires pourvus de grades, la peine de mort n'est infligée qu'aux instigateurs et aux

Art. 23. Dans les eaux maritimes, les propriétaires, capitaines ou patrons de navires, bateaux ou embarcations de toute nature sont tenus, sur réquisition, de mettre ces navires, bateaux ou embarcations à la disposition de l'autorité militaire, qui a le droit d'en disposer dans l'intérêt de son service et qui peut également requérir le personnel en tout ou en partie.

Ces réquisitions se font par l'intermédiaire de l'administration de la marine, sur les points du littoral où elle est représentée.

(Voir, troisième partie, page 294, la circulaire du Ministre de la marine, relative aux réquisitions dans les eaux maritimes.)

TITRE IV DU RÉGLEMENT (1)

DE L'EXÉCUTION DES RÉQUISITIONS

Art. 34 (2). Lorsque des détachements de différents corps ou des troupes de différentes armes se trouvent à la fois dans une commune, les réquisitions ne peuvent être ordonnées que par l'officier auquel le commandement appartient en vertu des règlements militaires (3). Cette disposition ne s'applique pas aux réquisitions qui peuvent être ordonnées pour les besoins généraux de l'armée ou pour la constitution des approvisionnements de la population des places de guerre, par les officiers généraux, par les fonctionnaires de l'intendance ou par les autorités civiles désignées à l'article 10 ci-dessus et déléguées spécialement à cet effet par les gouverneurs de ces places.

Art. 35 (2). Les réquisitions sont toujours adressées au maire de chaque commune, ou, en son absence, à son suppléant légal, sauf dans les cas prévus au paragraphe 1er de l'article 19 de la loi du 3 juillet 1877, et sous réserve des peines édictées à l'article 21 de ladite loi. Dans le cas où, par application des dispositions de l'article 10 ci-dessus, les réquisitions sont ordonnées par le maire, en vertu d'une délégation spéciale de l'autorité militaire, il les adresse, dans la commune dont il est maire, à son suppléant légal.

Art. 36. Lorsqu'un officier ne trouve aucun membre de la municipalité au siège de la commune, ou lorsqu'il est obligé d'exercer une réquisition urgente dans un hameau éloigné et qu'il n'a pas le temps de prévenir le

---

militaires les plus élevés en grade. Les autres coupables sont punis de la peine des travaux forcés à temps.

S'il existe des circonstances atténuantes, la peine de mort est réduite à celle des travaux forcés à temps, la peine des travaux forcés à temps à celle de la réclusion, et la peine de la réclusion à celle d'un emprisonnement d'un un à cinq ans.

En cas de condamnation à l'emprisonnement, l'officier coupable est, en outre, puni de la destitution. (Art. 250 du Code).

(1) Voir le renvoi 1 de l'article 43 du règlement, page 44.

(2) Nouvelle rédaction : décret du 3 juin 1890, *B. O.*, page 1522.

(3) Voir la circulaire du 10 juin 1882, au sujet de l'avis à donner aux municipalités, IIe partie, page 169.

maire, il s'adresse, autant que possible, à un conseiller municipal, ou, à son défaut, à un habitant, pour se faire aider dans la répartition des prestations à fournir.

Art. 37. Si le maire déclare que les quantités requises excèdent les ressources de sa commune, il doit d'abord livrer toutes les prestations qu'il lui est possible de fournir. L'autorité militaire peut toujours, dans ce cas, faire procéder à des vérifications. Lorsque celle-ci trouve des denrées qui ont été indûment refusées, elle s'en empare, même par la force, et signale le fait à l'autorité judiciaire.

Art. 38. Ne sont pas considérés comme prestations disponibles ou comme fournitures succeptibles d'être réquisitionnées :

1° Les vivres destinés à l'alimentation d'une famille et ne dépassant pas sa consommation pendant trois jours ;

2° Les grains ou autres denrées alimentaires qui se trouvent dans un établissement agricole, industriel ou autre, et ne dépassant pas la consommation de huit jours ;

3° Les fourrages qui se trouvent chez un cultivateur et ne dépassant pas la consommation de ses bestiaux pendant quinze jours.

Art. 39. Lorsque le maire reçoit une réquisition, il convoque, sauf le cas d'extrême urgence, deux des membres du conseil municipal et deux des plus imposés dans l'ordre du tableau, en laissant de côté ceux qui habitent loin du centre de la commune.

Quel que soit le nombre des personnes qui répondent à la convocation du maire, celui-ci procède seul, ou avec les membres présents, à la répartition des réquisitions, et ses décisions sont exécutoires sans appel.

Art. 40. S'il y a lieu de requérir la prestation d'un habitant absent et non représenté, le maire peut, au besoin, faire ouvrir la porte de vive force et faire procéder d'office à la livraison des fournitures requises. Dans ce cas, il requiert deux témoins d'assister à l'ouverture et à la fermeture des locaux ainsi qu'à l'enlèvement des objets ; il dresse un procès-verbal de ces opérations.

Art. 41. Le maire fait procéder, en sa présence ou en présence d'un délégué, à la remise aux parties prenantes des fournitures requises et s'en fait donner un reçu.

Il tient registre des prestations fournies par chaque habitant, soit en vertu de la répartition par lui faite, soit en vertu de réquisitions directes, et mentionne les quantités fournies et les prix réclamés ; il délivre des reçus aux prestataires.

Les habitants qui sont l'objet de réquisitions directes portent à la mairie les reçus qu'ils ont obtenus de l'autorité militaire et les changent contre des reçus de l'autorité municipale.

Il en est de même des certificats qui sont délivrés aux habitants pour constater l'accomplissement d'un service requis.

Art. 42. Si une personne requise d'un service personnel abandonne son poste, l'officier qui constate cet abandon prévient immédiatement le procureur de la République du domicile du délinquant, en lui faisant connaître le nom de ce dernier et son domicile.

Dans le cas prévu par le dernier paragraphe de l'article 21 de la loi du 8 juillet 1877, la plainte est adressée à l'autorité militaire compétente.

Art. 43. Dans les eaux maritimes, toute réquisition de l'autorité militaire relative à l'emploi temporaire de navires, bateaux ou embarcations de commerce, et de tout ou partie de leurs équipages, est adressée au représentant de la marine, s'il y en a un dans la localité (1).

Le personnel requis reste soumis aux appels pour le service de la flotte. Les indemnités relatives à ces réquisitions sont réglées suivant les conditions prescrites par les articles 71 et 72 du présent décret.

Il est procédé, s'il y a lieu, à l'estimation préalable des objets requis. Cette estimation est faite par un expert que désigne le représentant de la marine.

TITRE V DE LA LOI

DU RÈGLEMENT DES INDEMNITÉS (2)

Art. 24. Lorsqu'il y a lieu, par application de l'article 1er de la présente loi, de requérir des prestations pour les besoins de l'armée, le Ministre de la guerre nomme, dans chaque département où peuvent être exercées des réquisitions, une commission chargée d'évaluer les indemnités dues aux personnes et aux communes qui ont fourni des prestations.

Un règlement d'administration publique déterminera la composition et le fonctionnement de cette commission, qui devra comprendre des membres civils et des membres militaires, en assurant la majorité à l'élément civil.

Art. 25. Le maire de chacune des communes où il a été exercé des réquisitions adresse, dans le plus bref délai, à la commission, avec une copie de l'ordre de réquisition, un état nominatif contenant l'indication de toutes les personnes qui ont fourni des prestations, avec la mention des quantités livrées, des prix réclamés par chacune d'elles et de la date des réquisitions.

L'autorité militaire fixe, sur la proposition de la commission, l'indemnité qui est allouée à chacun des intéressés.

Art. 26. Dans les trois jours de la proposition de la commission, les décisions de l'autorité militaire sont adressées au maire et notifiées administrativement par lui à chacun des intéressés ou à leur résidence habituelle, dans les vingt-quatre heures de la réception.

Dans un délai de quinze jours à partir de cette notification,

(1) En dehors des chefs-lieux de quartier, les syndics des gens de mer sont les représentants de la marine et se trouvent en conséquence substitués aux maires pour les réquisitions de l'espèce, à titre de suppléants des commissaires de l'inscription maritime. C'est donc aux syndics des gens de mer que doivent, dans ce cas, être adressées les réquisitions militaires. (Note du 25 juin 1885 (J. M., page 1302), reproduite à la IIIe partie, page 304).

(2) Voir l'instruction du 28 février 1889, IIIe partie, page 201

ceux-ci doivent faire connaître au maire s'ils acceptent ou refusent l'allocation qui leur est faite.

Faute par eux d'avoir fait connaître leur refus dans ce délai, les allocations sont considérées comme définitives.

Le refus sera motivé et indiquera la somme réclamée.

Il est transmis par le Maire au juge de paix du canton, qui en donne connaissance à l'autorité militaire et envoie de simples avertissements, sans frais, pour une date aussi prochaine que possible, à l'autorité militaire et au réclamant.

En cas de non conciliation, il peut prononcer immédiatement ou ajourner les parties pour être jugées dans le plus bref délai.

Il statue en dernier ressort jusqu'à une valeur de deux cents francs (200 francs) inclusivement, et en premier ressort jusqu'à quinze cents francs (1,500 francs) inclusivement. Au-dessus de ce chiffre, l'affaire sera portée devant le tribunal de première instance.

Dans tous les cas, le jugement sera rendu comme en matière sommaire.

Art. 27. Après l'expiration du délai fixé par le deuxième paragraphe de l'article précédent, le maire adresse l'état des allocations devenues définitives par l'acceptation ou le silence des intéressés.

Le montant des allocations portées sur ce tableau est mandaté collectivement, au nom de la commune, par les soins de l'intendance.

Le mandat doit être payé comptant.

En temps de guerre, le paiement peut être fait en bons du Trésor, portant intérêt à 5 pour 100 du jour de la livraison.

Art. 28. Aussitôt après le paiement du mandat ou l'échéance du bon du Trésor, le maire est tenu de mandater, et le receveur municipal est tenu de payer à chaque indemnitaire la somme qui lui revient.

TITRE V DU RÈGLEMENT.

DU RÈGLEMENT DES INDEMNITÉS.

Art. 44. En cas de mobilisation totale, le ministre de la guerre nomme une commission centrale qui est chargée de correspondre avec des commissions départementales d'évaluation, d'assurer l'uniformité et la régularité des liquidations, et d'émettre son avis sur toutes les difficultés auxquelles peut donner lieu le règlement des indemnités (1).

Art. 45. Les commissions départementales d'évaluation sont composées de trois, cinq ou sept membres, selon l'importance des réquisitions à exercer.

Le ministre de la guerre fixe ce nombre et peut déléguer au général commandant la région le soin de nommer les membres de ces commissions

(1) V. page 199 l'instruction ministérielle relative à la constitution et au fonctionnement de ces commissions.

Art. 46. Le nombre des membres civils est de deux dans les commissions composées de trois personnes, de trois dans celles composées de cinq personnes et de quatre dans celles de sept membres. Les membres civils sont nommés sur la désignation du préfet (1).

L'arrêté qui nomme les commissions départementales désigne en même temps le président et le secrétaire, qui peuvent être choisis parmi les membres militaires ou parmi les membres civils.

Art. 47. La commission ne peut délibérer que s'il y a au moins trois membres présents dans les commissions composées de trois membres ou cinq membres, et cinq dans celles qui sont composées de sept membres.

Les commissions d'évaluation peuvent s'adjoindre, avec voix consultative, des notables commerçants pour l'établissement des tarifs; elles peuvent aussi désigner des experts pour l'estimation des dommages. Les frais d'expertise sont à la charge de l'administration.

Art. 48. Les commissions d'évaluation établissent, pour les différents objets susceptibles d'être réquisitionnés, des tarifs qui sont arrêtés par le ministre de la guerre.

Art. 49. Au moyen du registre tenu en vertu de l'article 41 du présent décret, le maire, pour faire régler les indemnités qui peuvent être dues dans sa commune, dresse suivant les objets fournis, et par service administratif, en double expédition, l'état nominatif (modèle A et A *bis*) de tous les habitants qui ont fourni des prestations; il indique sur cet état la nature et l'importance des prestations fournies, la date de la réquisition et les prix réclamés. Il y joint son avis. L'état nominatif ainsi dressé est envoyé à la commission d'évaluation par l'intermédiaire du préfet.

Le maire y joint les ordres de réquisition et les reçus de l'autorité militaire, ainsi que les certificats d'exécution de service requis et les procès-verbaux de dégâts et d'estimation, s'il y a lieu.

Les pièces justificatives sont récapitulées dans un bordereau en double expédition, dont une est renvoyée à la commune à titre de récépissé, après avoir été visée par la commission.

Art. 50. La commission d'évaluation donne son avis sur les prix de chaque prestation et sur les différences qui peuvent se produire entre les quantités réclamées et celles qui résultent des reçus. Elle transmet son avis au fonctionnaire de l'intendance chargé par le ministre de la guerre de fixer l'indemnité.

Art. 51. Dans les délais prévus par l'article 26 de la loi du 3 juillet 1877, le fonctionnaire de l'intendance notifie au maire, et celui-ci aux intéressés, le chiffre des indemnités allouées.

Le maire leur fait connaître en même temps qu'ils doivent adresser à la mairie, dans un délai de quinze jours, leur acceptation ou leur refus.

Le fonctionnaire de l'intendance joint à sa notification les états mentionnés à l'article 49 du présent décret, revêtus de son visa.

Le maire inscrit sur ces états la date de la notification faite aux divers intéressés, y mentionne les réponses qu'il reçoit, et, à l'expiration du délai de quinze jours, arrête les états et en certifie l'exactitude. Un de ces états reste à la mairie.

Art. 52. Le maire dresse ensuite en triple expédition, et par service administratif, un nouvel état (modèle B) des allocations acceptées et de

(1) Ces commissions sont uniformément composées de cinq membres (trois civils et deux militaires.) V. page 202.

celles pour lesquelles les intéressés n'ont pas fait de réponse. Ces trois expéditions sont envoyées, avec l'original de l'état indiqué à l'article précédent, au fonctionnaire de l'intendance chargé du règlement des indemnités.

Art. 53. Lorsque le fonctionnaire de l'intendance a reçu l'état des allocations acceptées dans une commune, il doit, après vérification et dans un délai maximum de huit jours, délivrer le mandat de paiement dans les conditions prévues par l'article 27 de la loi sur les réquisitions. Le mandat est délivré au nom du receveur municipal de la commune, et il est adressé à ce fonctionnaire avec une expédition de l'état nominatif mentionné à l'article précédent et visé par l'ordonnateur.

Art. 54. Quand le paiement est fait au comptant, le receveur municipal, aussitôt après avoir touché le mandat, effectue le paiement à chaque intéressé qui émarge l'état nominatif.

Art. 55. Si, par application du dernier paragraphe de l'article 27 de la loi du 3 juillet 1877, le paiement a lieu en bons du Trésor, le receveur municipal encaisse le montant de ces bons à leur échéance et il fait, de concert avec le maire, la répartition des intérêts au prorata des indemnités ; il porte cette répartition sur l'état nominatif et effectue les paiements comme il est indiqué à l'article précédent.

Art. 56. Les refus d'acceptation du chiffre de l'indemnité allouée, qui sont remis aux maires dans les conditions prévues par l'article 26 de la loi du 3 juillet 1877, sont transmis par ceux-ci aux juges de paix aussitôt après l'expiration du délai de quinzaine.

Les juges de paix appellent en conciliation le fonctionnaire de l'intendance désigné à l'article 50 du présent décret et les réclamants.

Les procès-verbaux de non-conciliation pour les réclamations supérieures à 1,500 francs sont remis directement aux intéressés.

TITRE VI (1)

DES RÉQUISITIONS RELATIVES AUX CHEMINS DE FER

Art. 29. Dans les cas prévus par l'article 1er de la présente loi, les compagnies de chemins de fer sont tenues de mettre à la disposition du Ministre de la guerre toutes les ressources en personnel et matériel qu'il juge nécessaires pour assurer les transports militaires. Le personnel et le matériel ainsi requis peuvent être indifféremment employés, sans distinction de réseau, sur toutes les lignes dont il peut être utile de se servir, tant en deçà qu'au delà de la base d'opérations.

Art. 30. L'autorité militaire peut aussi se faire livrer par les compagnies, sur réquisition et au prix de revient, le combustible, les matières grasses et autres objets qui seront nécessaires pour le service des chemins de fer en campagne.

(1) Voir page 24 l'Exposé des principes.

Art. 31. Les dépendances des gares et de la voie, y compris les bureaux et fils télégraphiques des compagnies, qui peuvent être nécessaires à l'administration de la guerre, doivent également être mis, sur réquisition, à la disposition de l'autorité militaire.

Les réquisitions seront adressées par l'autorité militaire aux chefs de gare.

Art. 32. Les réquisitions prévues par les articles 29, 30 et 31 de la présente loi sont exercées conformément aux articles 22 et suivants de la loi du 13 mars 1875 (1) et donnent lieu à des indemnités qui seront déterminées par un règlement d'administration publique.

Art. 33. En temps de guerre, les transports commerciaux cessent de plein droit sur les lignes ferrées situées au delà de la station de transition fixée sur la base d'opérations.

Cette suppression ne donne lieu à aucune indemnité.

Art. 34. Les communes ne peuvent comprendre dans la répartition des prestations qu'elles sont requises de fournir, aucun objet appartenant aux compagnies de chemins de fer.

TITRE VI DU RÈGLEMENT

DES RÉQUISITIONS RELATIVES AUX CHEMINS DE FER

Art. 57. Lorsqu'il y a lieu, par application de l'article 29 de la loi du 3 juillet 1877, de requérir la totalité des moyens de transport dont disposent une ou plusieurs compagnies de chemins de fer, cette réquisition est notifiée à chaque compagnie par un arrêté spécial du Ministre des travaux publics. Son retrait lui est notifié de la même manière.

Art. 58. En temps de guerre, les transports en deçà de la base d'opérations sont ordonnés par le Ministre de la guerre et exécutés par les compagnies sous la direction de la commission militaire supérieure des chemins de fer. Les transports au delà de la base d'opérations sont ordonnés par le général en chef et sont exécutés par les soins de la direction militaire des chemins de fer de campagne, à l'aide d'un personnel spécial organisé militairement et d'un matériel fourni par les compagnies.

Art. 59. En cas de réquisition totale, le prix des transports militaires effectués en deçà de la base d'opérations sera payé conformément aux stipulations du cahier des charges; s'il n'existe aucune stipulation à ce sujet, le prix est fixé à la moitié du tarif normal.

La réquisition totale donne soit au Ministre de la guerre et de la commission militaire, soit au général en chef et à la direction militaire des chemins de fer de campagne, le droit d'utiliser, pour les besoins de l'armée, les dépendances des gares et de la voie et les fils télégraphiques des com-

(1) Modifiée le 28 décembre 1888. (Voir page 24.)

pagnies, sans que cet emploi puisse donner lieu à aucune indemnité nouvelle.

Art. 60. Les dépendances des gares et de la voie ne peuvent être réquisitionnées, en deçà de la base d'opérations, que par le Ministre de la guerre, sur l'avis de la commission militaire supérieure des chemins de fer, et, au delà de la base d'opérations, par le général en chef, sur l'avis de la direction militaire des chemins de fer de campagne.

Art. 61. Au delà de la base d'opérations, il n'est dû aux compagnies, pour les transports effectués sur leurs réseaux, que la taxe   éage fixée conformément au cahier des charges qui régit chacune d'elles.

Art. 62. L'emploi des machines, voitures et wagons provenant des compagnies dont la direction militaire des chemins de fer de campagne peut avoir besoin, donne lieu à une indemnité de location réglée conformément à un tarif qui sera établi par un décret rendu en Conseil d'Etat.

Art. 63. Le matériel affecté au service de la direction militaire des chemins de fer de campagne sera préalablement inventorié. L'estimation portée à l'inventaire servira de base à l'indemnité à allouer en cas de perte, de destruction ou d'avarie.

Art. 64. En cas de réquisition de combustibles, matières grasses et autres objets, par application de l'article 30 de la loi du 3 juillet 1877, les prix à percevoir par chaque compagnie appelée à fournir ces objets se composent: 1° du prix d'achat de ces matières; 2° des frais de transport sur les voies étrangères à la compagnie qui les a fournies; 3° des frais de transport sur le réseau exploité par ladite compagnie, calculés sur le pied de 3 centimes par tonne et par kilomètre.

TITRE VII DE LA LOI

DES RÉQUISITIONS DE L'AUTORITÉ MARITIME

Art. 35. Les dispositions de la présente loi sont applicables aux réquisitions exercées pour les besoins de l'armée de mer. Un règlement d'administration publique déterminera les attributions de l'autorité maritime, en ce qui concerne le droit de requérir et les conditions d'exécution des réquisitions.

TITRE VII DU RÈGLEMENT

DES RÉQUISITIONS DE L'AUTORITÉ MARITIME

Art. 65. L'autorité maritime peut exercer des réquisitions, en cas de mobilisation totale ou partielle, comme l'autorité militaire. En cas de mobilisation partielle, des arrêtés du Ministre de la marine déterminent l'époque où pourra commencer, celle où devra se terminer l'exercice du droit de réquisition.

Art. 66. Les vice-amiraux commandant en chef, préfets maritimes, peuvent seuls exercer de plein droit des réquisitions.

Ils peuvent déléguer le droit de requérir aux officiers des corps de la marine investis d'un commandement ou aux officiers du commissariat de la marine.

Les réquisitions de l'autorité maritime, comme celles de l'autorité militaire, sont extraites d'un carnet à souche.

Art. 67. Exceptionnellement, tout officier de marine commandant une force navale, un bâtiment isolé ou un détachement à terre peut, même sans être porteur d'un carnet de réquisition, requérir, sous sa responsabilité personnelle, les prestations nécessaires aux navires et aux hommes qu'il commande.

Art. 68. Les réquisitions de l'autorité maritime qui portent sur les objets énumérés dans l'article 5 de la loi du 3 juillet 1877 sont adressées aux maires comme les réquisitions de l'autorité militaire.

Les réquisitions de navires, embarcations, matériel naval et équipages de ces bâtiments sont adressées au représentant de la marine, qui, en cette circonstance, a les mêmes droits et les mêmes devoirs que le maire. Lorsqu'il n'y a pas de représentant de la marine, les réquisitions mentionnées au paragraphe précédent sont adressées directement au capitaine du navire.

Art. 69. Les réquisitions de l'autorité maritime sont ordonnées et exécutées suivant les règles établies par les articles composant les titres II, III et IV du présent décret.

Art. 70. Lorsque les troupes de l'armée de terre prennent part à une opération maritime dirigée par un officier de marine, les réquisitions relatives à ces troupes sont ordonnées au nom et pour le compte de l'autorité maritime.

Lorsque des marins ou des troupes de l'armée de mer sont employés à terre à des opérations de l'armée de terre, les réquisitions relatives à ces troupes sont exercées au nom et pour le compte de l'autorité militaire.

Art. 71. Dans les arrondissements ou sous-arrondissements maritimes où il est exercé soit des réquisitions de l'autorité maritime, soit des réquisitions de l'autorité militaire relatives à des navires, embarcations et à leurs équipages, il est créé une commission mixte d'évaluation composée de trois, cinq ou sept membres, selon l'importance des réquisitions.

Le Ministre de la marine fixe ce nombre et peut déléguer au préfet maritime le soin de nommer les membres de ces commissions.

Les articles 46 et 47 du présent décret sont applicables auxdites commissions.

Art. 72. Toutes les fois qu'il y a lieu d'évaluer les indemnités qui peuvent être dues pour des réquisitions exercées par l'autorité militaire, par application de l'article 23 de la loi du 3 juillet 1877, cette évaluation est faite par la commission indiquée dans l'article précédent, complétée par l'adjonction d'un fonctionnaire de l'intendance nommé par le Ministre de la guerre, ou, sur sa délégation, par le commandant de la région.

En cas de partage des voix, la voix du président est prépondérante.

Art. 73. Le règlement et la liquidation des indemnités relatives aux réquisitions de l'autorité maritime s'effectuent suivant les règles établies pour les réquisitions de l'autorité militaire, sans préjudice des conventions conclues entre l'État et les compagnies propriétaires de navires.

TITRE VIII (1) DE LA LOI

DISPOSITIONS RELATIVES AUX CHEVAUX, MULETS ET VOITURES NÉCESSAIRES A LA MOBILISATION

Art. 36 (2). L'autorité militaire a le droit d'acquérir, par voie de réquisition, pour compléter et entretenir l'armée au pied de guerre, des chevaux, juments, mules et mulets et des voitures attelées.

Art. 37 (2). Tous les ans, avant le 16 janvier, a lieu dans chaque commune, sur la déclaration obligatoire des propriétaires, et, au besoin d'office, par les soins du maire, le recensement des chevaux, juments, mules et mulets susceptibles d'être requis en raison de l'âge qu'ils ont eu au 1er janvier, c'est-à-dire 6 ans et au-dessus pour les chevaux et juments, 4 ans et au-dessus pour les mules et mulets.

L'âge se compte à partir du 1er janvier de l'année de la naissance.

Tous les trois ans, avant le 16 janvier, a lieu dans chaque commune, et de la même manière que ci-dessus, le recensement des

---

(1) Ce titre tient lieu de la loi du 1er août 1874, abrogée. (Conscription des chevaux.)

Voir l'instruction du 1er août 1879, qui règle dans tous ses détails l'application de la loi en cas de mobilisation. (IIe partie, page 75.)

(2) Projet de loi déposé à la Chambre des députés en janvier 1894 :

Art. 36. — *A remplacer par le suivant :*

« L'autorité militaire a le droit d'acquérir par voie de réquisition, pour compléter et pour entretenir l'armée au pied de guerre, des chevaux, juments, mulets et mules et des voitures. »

Art. 37. — *A remplacer par le suivant :*

« Tous les ans, du 1er au 16 janvier, a lieu, dans chaque commune, sur la déclaration obligatoire des propriétaires, et au besoin d'office, par les soins du maire, le recensement des chevaux, juments, mulets et mules susceptibles d'être requis en raison de l'âge qu'ils ont eu au 1er janvier, c'est-à-dire 5 ans et au-dessus pour les chevaux et juments, 3 ans et au-dessus pour les mulets et mules.

» L'âge se compte à partir du 1er janvier de l'année de la naissance.

» Tous les deux ans, avant le 16 janvier, a lieu, dans chaque commune et de la même manière que ci-dessus, le recensement des voitures attelées de chevaux et mulets, autres que celles qui sont exclusivement affectées au transport des personnes.

» Dans les communes désignées à cet effet par le Ministre de la guerre, et pour faciliter l'exercice des réquisitions prévues par le quatrième paragraphe de l'article 5, la liste de recensement comprendra dans une deuxième partie : 1° les voitures sans attelages, mais susceptibles d'être attelées de chevaux et de mulets; 2° les voitures attelées de chevaux et juments ou de mulets et mules, non susceptibles d'être requis en raison de leur âge ou qui auraient été refusés précédemment par les commissions de classement. »

voitures attelées de chevaux et de mulets autres que celles qui sont exclusivement affectées au transport des personnes.

Art. 38. Chaque année, le Ministre de la guerre peut faire procéder, du 16 janvier au 1er mars ou du 15 mai au 15 juin, à l'inspection et au classement des chevaux, juments, mulets ou mules recensés ou non, ayant l'âge fixé à l'article précédent.

La même opération peut être faite aux mêmes époques, dans l'année de recensement pour les voitures attelées.

L'inspection et le classement ont lieu, en temps de paix, dans chaque commune, à l'endroit désigné à l'avance par l'autorité militaire en présence du maire ou de son suppléant légal.

Il y est procédé par des commissions mixtes (1) désignées dans chaque région par le général commandant le corps d'armée; et composées chacune d'un officier président et ayant voix prépondérante en cas de partage; d'un membre civil choisi dans la commune, ayant voix délibérative, et d'un vétérinaire militaire et d'un vétérinaire civil, ou, à défaut, d'une personne compétente désignée par le maire, ayant voix consultative.

Il ne sera pas alloué d'indemnité au membre civil de ladite commission.

Art. 39. Les animaux reconnus propres à l'un des services de l'armée sont classés suivant les catégories établies au budget pour les achats annuels de la remonte, les chevaux d'officiers formant dans la catégorie des chevaux de selle une classe à part.

Art. 40 (2). Sont exemptés de la réquisition en cas de mobilisation et ne sont pas portés sur la liste de classement par catégories (3) :

1° Les chevaux appartenant au chef de l'État;

2° Les chevaux dont les fonctionnaires sont tenus d'être pourvus pour leur service ;

3° Les chevaux entiers approuvés ou autorisés pour la reproduction ;

---

(1) Chaque année, des instructions spéciales sont rédigées par les soins du ministère, qui en fait remettre un exemplaire à chacun des membres de la commission. Comme les prescriptions contenues dans ces documents n'ont pas un caractère de permanence bien constaté : que, du reste, elles n'intéressent que les autorités qui ont un rôle à remplir dans cette opération du recensement, nous n'avons pas cru devoir reproduire ici celles qui ont été publiées, non plus que les modèles de registres et d'états qui servent à conserver les traces de ce recensement. Nous nous sommes borné à en retracer les grandes lignes, sans entrer dans les détails.

(2) Projet de loi. Janvier 1894 :
Art. 40. *Sans modification, sauf le 5°, remplacé par le suivant :*
« 5° Les chevaux et juments n'ayant pas atteint l'âge de 5 ans, les mulets et mules l'âge de 3 ans, au 31 décembre de l'année qui précède la réquisition. »

(3) Voir le tableau de l'annexe B de l'instruction du 1er août 1879, IIe partie, page 113.

4° Les juments en état de gestation constatée ou suitées d'un poulain ou notoirement reconnues comme consacrées à la reproduction ;

5° Les chevaux et juments n'ayant pas atteint l'âge de six ans, les mulets ou mules au-dessous de quatre ans ;

6° Les chevaux de l'administration des postes ou ceux qu'elle entretient pour son service par des contrats particuliers ;

7° Les chevaux indispensables pour assurer le service des administrations publiques et ceux affectés aux transports de matériel nécessités par l'exploitation des chemins de fer. Ces derniers peuvent, toutefois, être requis au même titre que les voies ferrées elles-mêmes, conformément aux dispositions de l'article 29 de la présente loi.

Art. 41 (1). Les voitures recensées sont présentées tout attelées aux commissions mixtes, qui arrêtent leur classement ainsi que celui des harnais. À l'issue de ce classement, il est procédé, en présence de la commission, à un tirage au sort qui règle l'ordre d'appel des voitures en cas de mobilisation.

Art. 42. Sont exemptées de la réquisition en cas de mobilisation et ne sont pas portées sur la liste de classement par catégories, les voitures indispensables pour assurer le service des administrations publiques et celles affectées au transport du matériel nécessité par l'exploitation des chemins de fer. Ces dernières peuvent, toutefois, être requises au même titre que les voies ferrées elles-mêmes, conformément aux dispositions de l'article 29 de la présente loi.

Art. 43. Un tableau, certifié par le président de la commission mixte et par le maire, indiquant pour chaque commune le signalement des animaux classés, ainsi que le nom de leurs propriétaires, est adressé au bureau de recrutement du ressort (2).

Un double de ce tableau reste déposé à la mairie jusqu'au classement suivant.

Il est dressé de la même manière un tableau de classement des voitures en double expédition ; les numéros de tirage y sont inscrits.

Art. 44. Le contingent des animaux à fournir en cas de mobilisation (3) dans chaque région pour compléter et entretenir au

---

(1) Projet de loi, Janvier 1894.
Art. 41. *Remplacer le commencement de l'article par :*
« Les voitures comprises dans la première partie de la liste de recensement sont présentées tout attelées aux commissions mixtes, qui arrêtent, etc... »
Le reste sans modification.

(2) Art. 5 de la loi du 24 juillet 1873 (*J. M.*, p. 35), relative à l'organisation générale de l'armée.

(3) Art. 25 de la loi du 24 juillet 1873 précitée.

pied de guerre les troupes qui y sont stationnées est fixé, par le ministère de la guerre, d'après les ressources constatées au classement pour chaque catégorie.

Ce contingent est réparti dans la région par l'autorité militaire, de manière à égaliser les charges provenant des réquisitions prévues pour les besoins successifs de l'armée. Toutefois, cette répartition n'est notifiée qu'en cas de mobilisation.

L'insuffisance des ressources dans un corps d'armée sera compensée, sur l'ordre du Ministre de la guerre, par l'excédent d'un autre corps d'armée.

Les mêmes dispositions sont applicables aux voitures attelées.

Art. 45 (1). Dès la réception de l'ordre de mobilisation, le maire est tenu de prévenir les propriétaires que : 1° tous les animaux classés présents dans la commune ; 2° tous ceux qui y ont été introduits depuis le dernier classement et qui ne sont pas compris dans les cas d'exemption prévus par l'article 40 ; 3° tous ceux qui ont atteint l'âge légal depuis le dernier classement ; 4° tous ceux enfin qui, pour un motif quelconque, n'auraient pas été déclarés au recensement ni présentés au dernier classement, bien qu'ils eussent l'âge légal, doivent être conduits, aux jour et heure fixés pour chaque canton, au point indiqué par l'autorité militaire.

Le maire prévient également les propriétaires des voitures, d'après les numéros de tirage portés sur le dernier état de classement suivant la demande de l'autorité militaire, d'avoir à les conduire tout attelées au même point de rassemblement.

Les animaux doivent avoir leur ferrure en bon état, un bridon et un licol pourvu d'une longe.

Art. 46 (2). Des commissions mixtes désignées par l'autorité militaire procèdent, audit point, à la réception par canton des animaux amenés et opèrent le classement non encore fait de ceux qui se trouvent compris dans les cas spéciaux indiqués à l'article précédent.

Si le nombre des animaux présentés à la commission est supérieur au chiffre à requérir dans la catégorie, il est procédé à un tirage au sort pour déterminer l'ordre dans lequel ils seront appelés.

---

(1) Projet de loi, Janvier 1894.
Art. 45. Sans modification, sauf la fin du premier paragraphe, qui sera libellée comme il suit :
« 4° Tous ceux enfin qui, pour un motif quelconque, n'auraient pas été déclarés au recensement, ni présentés au dernier classement, bien qu'ils eussent l'âge légal, doivent être conduits, aux jour et heure fixés pour chaque commune, au point indiqué par l'autorité militaire. »

(4) Projet de loi, Janvier 1894.
Art. 46. Sans modification, sauf le commencement du premier paragraphe, qui sera libellé comme il suit :
« Des commissions mixtes, désignées par l'autorité militaire, procèdent, audit point, à la réquisition, par commune, des animaux amenés, etc., etc. »

Art. 47 (1). Le propriétaire d'un animal compris dans le contingent a le droit de présenter à la commission de remonte et de faire inscrire à sa place un autre animal non compris dans le contingent mais appartenant à la même catégorie et à la même classe dans la catégorie.

Art. 48. Après avoir statué sur tous les cas de réforme, de remplacement ou d'ajournement demandés pour cause de maladie, la commission de réception, en présence des maires ou de leurs suppléants légaux, prononce la réquisition des animaux nécessaires pour la mobilisation.

Elle procède également à la réception des voitures attelées.

Elle fixe le prix des voitures et des harnais d'après les prix courants du pays.

Les animaux qui attellent les voitures admises entrent en déduction du contingent requis en vertu du présent article et sont payés conformément à l'article 49 ci-après.

Art. 49 (2). Les prix des animaux requis sont déterminés à l'avance et fixés d'une manière absolue, pour chaque catégorie, aux chiffres portés au budget de l'année, augmentés du quart

---

Projet de loi, Janvier 1894 :

(1) Art. 47. *Sans modification, sauf le commencement de l'article, qui sera libellé comme il suit :*

« Le propriétaire d'un animal compris dans le contingent a le droit de présenter à la commission mixte, etc... »

(2) Art. 49. *A remplacer par le suivant :*

« Sauf l'exception prévue par le paragraphe 5 ci-après, les prix des animaux requis sont déterminés à l'avance et fixés, d'une manière absolue, d'après leur catégorie, leur qualité et leur âge.

« A cet effet, dans chaque catégorie, les animaux sont répartis en trois classes suivant leur qualité (très bons, bons, passables), chacune de ces classes étant elle-même fractionnée en trois séries : la première comprenant les animaux au-dessous de 9 ans, la deuxième ceux de 9, 10 et 11 ans, la troisième ayant atteint 12 ans et au-dessus.

« Les prix attribués, dans chaque catégorie, aux animaux âgés de moins de 9 ans et classés très bons sont fixés aux chiffres portés au budget de l'année, sans aucune majoration ni déduction.

« Les déductions à opérer, pour les animaux d'une même catégorie, soit en raison de leur âge, soit en raison de leur qualité, seront déterminées par un règlement d'administration publique.

« La commission de réception pourra fixer exceptionnellement un prix supérieur au prix budgétaire pour les animaux qui, de l'avis unanime de ses membres et du vétérinaire qui l'assiste, auraient une valeur notablement supérieure à ce prix.

« Toutefois, la majoration ne dépassera pas le quart du prix budgétaire. »

Art. 49 bis. *Article à ajouter :*

« Les commissions de réception statuent définitivement sur les réclamations ou excuses qui peuvent être présentées par les propriétaires de chevaux, juments, mulets et mules et voitures.

« Réciproquement, aucun recours n'est ouvert à l'administration contre leurs décisions, même si les animaux requis étaient ultérieurement reconnus atteints de vices rédhibitoires. »

pour les chevaux de selle et pour les chevaux d'attelage d'artillerie.

Toutefois, cette augmentation n'est pas applicable aux chevaux entiers (1).

Art. 50. Les propriétaires des animaux, voitures ou harnais requis reçoivent sans délai des mandats en représentant le prix et payables à la caisse du receveur des finances le plus à proximité (2).

Art. 51. Les propriétaires qui, aux termes de l'article 45, n'auront pas conduit leurs animaux classés ou susceptibles de l'être, leurs voitures attelées désignées par l'autorité militaire, au lieu indiqué pour la réquisition, sans motifs légitimes admis par la commission de réception (3), sont déférés aux tribunaux et, en cas de condamnation, frappés d'une amende égale à la moitié du prix d'achat fixé pour la catégorie à laquelle appartiennent les animaux ou à la moitié du prix moyen d'acquisition des voitures ou harnais dans la région.

Néanmoins, la saisie et la réquisition pourront être exécutées immédiatement et sans attendre le jugement, à la diligence du président de la commission de réception ou de l'autorité militaire (4).

Art. 52. Les maires ou les propriétaires de chevaux, juments, mulets ou mules, de voitures ou de harnais, qui ne se conforment pas aux dispositions du titre VIII de la présente loi, sont passibles d'une amende de vingt-cinq à mille francs (25 à 1.000 francs). Ceux qui auront fait sciemment de fausses déclarations seront frappés d'une amende de cinquante à deux mille francs (50 à 2.000 francs).

Art. 53. Lorsque l'armée sera replacée sur le pied de paix, les anciens propriétaires des animaux requis pourront les réclamer, sauf restitution du prix intégral du payement et sous réserve de les rechercher eux-mêmes dans les rangs de l'armée et d'aller les prendre à leurs frais au lieu de garnison des corps ou de l'officier détenteur (5).

---

(1) Ce paragraphe est supprimé pour l'application de la loi en Algérie. (Décis. du 15 septembre 1886, *J. M.*, p. 459.) Il est adopté, pour cette colonie, un seul mode de fixation des indemnités qui est le même que pour les chevaux hongres et les juments de selle et d'attelage d'artillerie en France.

(2) Voir l'article 19 de l'instruction du 1er août 1879.

(3) Voir l'article 28 de ladite instruction.

(4) Voir l'article 29 de ladite instruction.

(5) Les dispositions de cet article 53 devraient être portées à la connaissance des intéressés par tous les moyens dont on dispose et leur être rappelées : 1° quand ils livrent les animaux ou véhicules requis ; 2° quand ils en reçoivent le prix des receveurs municipaux.

TITRE VIII DU RÈGLEMENT

DISPOSITIONS RELATIVES AUX CHEVAUX, MULETS ET VOITURES NÉCESSAIRES A LA MOBILISATION

SECTION Ire

DU RECENSEMENT

Art. 74. Tous les ans, au commencement de décembre, le maire fait publier un avertissement adressé à tous les propriétaires de chevaux ou mulets qui se trouvent dans la commune, pour les informer qu'ils doivent se présenter à la mairie avant le 1er janvier, et faire la déclaration de tous les chevaux, juments, mulets ou mules qui sont en leur possession, en indiquant l'âge de ces animaux.

Art. 75. Du 1er au 15 janvier de chaque année, le maire dresse la liste de recensement des chevaux, juments, mules ou mulets, prescrite par l'article 37 de la loi sur les réquisitions militaires.

La liste mentionne tous les animaux déclarés, avec leur signalement, le nom et le domicile de leurs propriétaires, sauf les exceptions ci-après :

1° Les chevaux et juments qui n'ont pas atteint l'âge de 6 ans au 1er janvier ;

2° Les mulets et mules qui n'ont pas atteint l'âge de 3 ans au 1er janvier;

3° Les chevaux, juments, mules ou mulets qui sont reconnus être déjà inscrits dans une autre commune ;

4° Les animaux qui sont reconnus avoir été déjà réformés par une commission de classement, en raison de tares, de mauvaise conformation ou d'autres motifs qui les rendent impropres au service de l'armée ;

5° Les chevaux, juments, mulets et mules qui sont reconnus avoir été refusés conditionnellement par une commission de classement, pour défaut de taille, à moins que les conditions de taille n'aient été modifiées depuis ce refus ;

6° Les animaux appartenant aux agents diplomatiques des puissances étrangères, ainsi qu'aux nationaux des pays ci-après mentionnés, en faveur desquels l'exemption de *toute réquisition militaire* a été stipulée par des conventions spéciales : Brésil, Bolivie, Haïti, Venezuela, République de l'Equateur, Chili, Guatemala, Costa-Rica, Portugal, Honduras, Nouvelle-Grenade, îles Sandwich, Salvator, Nicaragua, Pérou, Confédération argentine et Espagne, etc., etc. (1).

Art. 76. Dans les premiers jours de janvier, le maire fait exécuter des tournées par les gardes champêtres et les agents de police, pour s'assurer que tous les chevaux, juments, mules et mulets ont été exactement déclarés.

Lorsqu'il est reconnu que des animaux n'ont pas été déclarés, le maire

---

(1) Voir la liste définitive au 1er janvier 18 6 à l'annexe B (IIe partie), page 113.

doit les porter d'office sur la liste de recensement, sans chercher s'ils ont été refusés ou réformés.

Art. 77. Le maire délivre au propriétaire qui a fait la déclaration prescrite par l'article 74 ci-dessus un certificat constatant ladite déclaration et mentionnant les chevaux et mulets inscrits.

Si le propriétaire a plusieurs résidences, il doit présenter le certificat indiqué dans le paragraphe précédent aux maires des communes où il ne fait pas inscrire ses chevaux ou mulets.

Art. 78. Tous les trois ans, le maire fait la liste de recensement des voitures attelées, dans les conditions et aux époques de l'année indiquées pour le recensement des chevaux et mulets.

Le Ministre de la guerre avertit les préfets deux mois avant le 1er janvier de l'année où doit se faire le recensement.

Le préfet avertit le maire au moins six semaines avant le commencement de cette même année.

Art. 79. Sont portées sur la liste de recensement indiquée à l'article précédent toutes les voitures non suspendues, suspendues, mixtes ou autres, qui ne sont pas exclusivement affectées au transport des personnes, pourvu que le propriétaire de ces voitures puisse les atteler dans les conditions que comporte leur forme ou leur poids, d'un cheval ou mulet, ou de deux chevaux ou mulets classés ou susceptibles d'être classés.

Art. 80. Si un propriétaire possède plusieurs voitures et s'il ne peut fournir qu'un seul attelage, le maire porte sur la liste de recensement celle de ces voitures qui lui paraît le plus propre au service de l'armée.

Si le propriétaire peut fournir plusieurs attelages, il est porté sur la liste de recensement autant de voitures qu'il peut en atteler à la fois.

Dans ce cas, le maire veille à ce que, pour chacune des voitures recensées, il soit inscrit, suivant sa forme et son poids, un ou plusieurs animaux capables d'un bon service et inscrits sur la liste de recensement des chevaux, juments, mulets ou mules.

Art. 81. L'état de recensement des voitures attelées contient le signalement des voitures et des animaux, ainsi que l'inscription de ces derniers sur l'état de recensement s'ils n'ont pas encore été classés ou leur numéro de classement s'ils figurent sur le dernier état de classement de la commune.

SECTION II

DU CLASSEMENT

1° Chevaux et mulets

Art. 82. A moins qu'il n'en soit autrement ordonné par le Ministre de la guerre, les commissions mixtes créées en vertu de l'article 38 de la loi sur les réquisitions militaires procèdent annuellement à l'examen et au classement des chevaux, juments, mulets ou mules susceptibles d'être réquisitionnés pour le service de l'armée.

Art. 83. Ces commissions de classement peuvent seules rayer de la liste de recensement les animaux compris dans les cas d'exemption prévus par les articles 10 et 12 de la loi sur les réquisitions militaires, ainsi que ceux qui leur paraissent incapables d'un service dans l'armée.

Elles doivent inscrire et classer d'office tout cheval ou mulet qui leur paraîtrait avoir été omis à tort sur la liste de recensement.

Art. 84. Les commissions de classement dressent, par commune, un tableau des chevaux, juments, mulets ou mules susceptibles d'être requis ; ce tableau est divisé par catégories correspondant aux catégories fixées par le Ministre de la guerre.

Le tableau de classement est dressé en double expédition, toutes deux signées par la commission et le maire de la commune, ou son suppléant. Une des expéditions reste déposée à la mairie de chaque commune, et l'autre est envoyée par le président de la commission mixte au bureau de recrutement.

Les commissions de classement réforment définitivement les animaux impropres au service de l'armée, et refusent conditionnellement ceux qui n'atteignent pas le minimum de la taille fixée par les instructions, ou qui ne paraissent pas momentanément susceptibles d'être requis.

Art. 85. Mention de ces décisions est faite sur la liste de recensement, avec le signalement exact des animaux réformés ou refusés conditionnellement, et la liste de recensement est arrêtée et signée par le président de la commission de classement avant d'être rendue au maire.

Lorsqu'un cheval ou mulet est réformé comme impropre au service de l'armée, le maire remet au propriétaire, s'il le demande, un certificat constatant la décision de la commission. Le certificat doit contenir le signalement exact et détaillé de l'animal réformé, tel qu'il est inscrit sur la liste de recensement. Le certificat de réforme ainsi obtenu est présenté au classement suivant à la mairie du lieu où se trouve le cheval, avec une attestation par écrit de deux propriétaires ou patentables voisins, ou d'un vétérinaire constatant que le cheval ou mulet réformé n'a pas été changé.

Art. 86. Les chevaux ou mulets qui, au moment des opérations de la commission de classement, se trouvent dans une autre commune que celle où ils sont inscrits, peuvent être présentés à la commission du lieu où ils se trouvent.

Il est délivré aux propriétaires des chevaux ou mulets un certificat constatant la décision de la commission.

Le propriétaire est tenu de faire parvenir ce certificat, en temps utile, à la commission du lieu de l'inscription de ses chevaux ou mulets.

2° Voitures attelées.

Art. 87. Dans l'année du recensement des voitures attelées, les commissions chargées du classement des chevaux et mulets procèdent également au classement des voitures attelées. Sont seules classées les voitures propres à un des services de l'armée et attelées suivant leurs formes et leur poids, d'un ou plusieurs chevaux, juments, mules ou mulets capables d'un bon service et portés sur le tableau de classement des chevaux et mulets de la commune.

Art. 88. Lorsque la commission a reconnu les voitures attelées susceptibles d'être classées, elle procède en séance publique, avec l'assistance du maire ou de son suppléant, à un tirage au sort entre lesdites voitures, pour chaque commune. Il est dressé de cette opération, et en double expédition, un procès-verbal sur lequel sont mentionnées, dans l'ordre du tirage, les voitures attelées, avec le nom des propriétaires, le signalement des chevaux et voitures et l'état des harnais.

Une des expéditions reste déposée à la mairie et l'autre est envoyée au bureau de recrutement.

Art. 89. Le procès-verbal dressé en exécution de l'article précédent mentionne, en outre, la catégorie dans laquelle figurent les chevaux ou mulets faisant partie des attelages classés, ainsi que le numéro d'ordre qui leur est attribué sur le tableau de classement.

Mention est faite également sur ce tableau de ceux d'entre eux qui font partie d'attelages classés.

SECTION III

DU MODE DE RÉQUISITION DES CHEVAUX ET VOITURES CLASSÉS

Art. 90. En cas de mobilisation, la réquisition des voitures attelées et des chevaux, juments, mulets et mules classés, est effectuée par des commissions mixtes.

Le Ministre de la guerre détermine la composition de ces commissions, dont les membres sont nommés par les commandants de région.

Les préfets désignent, chaque année, dans les localités où pourrait s'opérer la réquisition, le nombre de membres civils nécessaires pour compléter les commissions.

Art. 91. Les commissions mixtes de réquisition siègent en des lieux choisis et désignés à l'avance, qui forment le centre des circonscriptions de réquisition, établies également à l'avance par l'autorité militaire ; les chevaux, mulets et voitures attelées devant être appelés par canton à des centres de circonscription de réquisition, l'autorité militaire peut nommer plusieurs commissions destinées à opérer simultanément, de manière que les opérations relatives à un canton soient, autant que possible, terminées dans une journée.

Art. 92. L'ordre de rassemblement des voitures attelées et des chevaux, juments, mulets et mules, en cas de mobilisation, est porté à la connaissance des communes et des propriétaires par voie d'affiches indiquant la date, l'heure et le lieu de la réunion.

Les maires prennent toutes les mesures qui sont en leur pouvoir pour que tous les propriétaires soient avertis et obéissent en temps utile aux prescriptions de l'autorité militaire.

Art. 93. Doivent être conduits aux lieux indiqués pour la réquisition des chevaux :

1° Tous les animaux portés sur le tableau de classement des communes appelées ;

2° Les animaux qui, pour un motif quelconque, ne figurent pas sur le tableau de classement, bien qu'ils aient l'âge légal, à l'exception de ceux qui se trouvent encore dans les cas d'exemption prévus par l'article 10 de la loi sur les réquisitions, de ceux qui ont été refusés conditionnellement pour défaut de taille si les conditions de taille ne sont pas suffisamment modifiées au moment de la mobilisation ;

3° Les animaux recensés ou classés dans d'autres communes et qui se trouvent dans la circonscription au moment de la mobilisation ;

4° Les voitures attelées.

Doivent également se rendre au lieu de rassemblement tous les propriétaires qui ont à faire constater des mutations ou à présenter des excuses. Ils doivent, à moins d'impossibilité absolue, y faire conduire les animaux pour lesquels ils ont des réclamations à faire.

Art. 94. Les commissions de réquisition reçoivent de l'autorité militaire tous les documents qui leur sont nécessaires et notamment les tableaux de classement des animaux et les procès-verbaux de tirage des voitures attelées, adressés après le dernier classement aux bureaux de recrutement.

Les maires ou leurs suppléants se rendent à la convocation et remettent à la commission de réquisition les tableaux de classement laissés entre leurs mains.

Ils assistent aux opérations de la commission et lui fournissent tous les renseignements de nature à l'éclairer.

Art. 95. Les commissions de réquisition ajoutent aux tableaux de classement les animaux désignés aux paragraphes 3 et 4 de l'article 93 du présent décret et reconnus propres au service de l'armée; elles en rayent : 1° les animaux morts ou disparus; 2° ceux qui, depuis le dernier classement, se trouvent dans un des cas d'exemption prévus par l'article 40 de la loi des réquisitions; 3° ceux qui, après nouvel examen, sont reconnus impropres au service de l'armée.

Les tableaux des voitures attelées sont également l'objet d'une revision.

Art. 96. Les commissions de réquisition statuent définitivement sur toutes les réclamations ou excuses qui peuvent être présentées par des propriétaires de chevaux, juments, mulets, mules ou voitures attelées.

Lorsque des animaux classés dans une commune d'une autre circonscription de réquisition sont présentés à une commission mixte, en exécution de l'article 93 ci-dessus, cette dernière commission informe immédiatement de sa décision la commission du lieu de l'inscription primitive.

Art. 97. Les rectifications terminées, les commissions de réquisition réunissent par canton les voitures attelées et les chevaux et mulets de chaque catégorie; elles procèdent d'abord à la réquisition des voitures attelées, en faisant, s'il y a lieu, un tirage au sort entre les communes et en suivant dans chaque commune l'ordre du tirage au sort effectué lors du dernier classement.

Les voitures non requises sont immédiatement dételées et les chevaux, juments, mulets ou mules qui les attelaient sont replacés dans la catégorie d'animaux à laquelle ils appartiennent, à moins qu'ils n'aient été reconnus impropres au service de l'armée.

Art. 98. Après la réquisition des voitures attelées, les commissions de réquisition procèdent à la réquisition des animaux des différentes catégories jusqu'à concurrence du chiffre du contingent cantonal fixé par l'autorité militaire. Lorsque le nombre des animaux à requérir dans une catégorie est inférieur au nombre d'animaux classés sur le canton, il est procédé au tirage au sort en présence des maires ou de leurs suppléants.

Art 99. Il est remis à chaque propriétaire ou à son représentant, contre la livraison de l'animal requis, un bulletin individuel indiquant le nom du propriétaire, le numéro du classement de l'animal et le prix à payer suivant la catégorie.

Art. 100. Les commissions de réquisition dressent :

1° Pour les voitures attelées qui sont requises, un procès verbal mentionnant les noms des propriétaires et leur domicile et l'estimation des voitures, harnais d'après les prix courants du pays, conformément aux dispositions de l'article 18 de la loi du 3 juillet 1877.

2° Pour les animaux requis, un procès verbal mentionnant les noms des propriétaires, leur domicile et le prix attribué aux animaux, selon la catégorie à laquelle ils appartiennent. Avant de se séparer, les commissions de réquisition établissent par commune un extrait de ces deux procès-verbaux, qui est adressé, avec la signature du président de la commission, au maire de la commune intéressée.

Les voitures attelées requises sont indiquées sur les procès verbaux de tirage et les animaux requis sont également indiqués sur les tableaux de classement, avant que ces pièces soient restituées aux bureaux de recrutement et aux mairies. Les chevaux et mulets composant les attelages des voitures requises sont portés individuellement sur le procès verbal de réquisition des chevaux et mulets et déduits du contingent à fournir.

Art. 101. Les commissions de réquisition statuent ensuite sur les substitutions qui leur sont proposées, dans les conditions prévues à l'article 17 de la loi sur les réquisitions (1).

Art. 102. Après les opérations de réquisition, le maire dresse en double expédition un état de paiement pour les animaux requis. Cet état, conforme au modèle C, comprend tous les renseignements contenus au procès verbal de réquisition et réserve une colonne pour l'émargement des intéressés (2).

Les deux expéditions ainsi que le procès verbal de réquisition sont adressés à l'intendance militaire, qui en donne récépissé aux communes.

Il est dressé deux états semblables, conformes au modèle D, pour les voitures attelées requises.

Art. 103. Les intéressés sont payés par le receveur municipal contre la remise des bulletins mentionnés à l'article 99 du présent décret.

A cet effet, des mandats des sommes dues pour chaque commune sont dressés, dans un délai qui ne peut dépasser dix jours, par le fonctionnaire de l'intendance, au nom des receveurs municipaux.

Ces mandats leur sont envoyés par l'intermédiaire des trésoriers payeurs généraux, avec un des états nominatifs d'émargement visé par l'intendance; ils sont payés immédiatement.

Art. 104. Aussitôt après avoir perçu le montant du mandat, le receveur municipal fait le paiement aux divers intéressés, sur simple émargement de ces derniers.

(1) Se reporter à l'article 12 de l'instruction du 1er août 1879, qui indique la règle à suivre pour cette opération.

(2) Il est dressé, en outre, deux autres états d'émargement modèle C bis (D) pour les harnais requis (Voir art. 19 de l'instruction du 1er août 1879.)

TITRE IX DE LA LOI

DISPOSITIONS SPÉCIALES AUX GRANDES MANŒUVRES (1)

Art. 54. Les indemnités qui peuvent être allouées en cas de dommages causés aux propriétés privées par le passage ou le stationnement des troupes, dans les marches, manœuvres et opérations d'ensemble, prévus à l'article 28 de la loi du 24 juillet 1873 (2), doivent, à peine de déchéance, être réclamées par les ayants droit à la mairie de la commune, dans les trois jours qui suivront le passage ou le départ des troupes (3).

Une commission, attachée à chaque corps d'armée ou fraction de corps d'armée opérant isolément, procède à l'évaluation des dommages. Si cette évaluation est acceptée, le montant de la somme fixée est payé sur-le-champ.

En cas de désaccord, la contestation sera introduite et jugée comme il a été dit à l'article 26.

Un règlement d'administration publique déterminera la composition et le mode de fonctionnement de la commission.

DISPOSITIONS GÉNÉRALES

Art. 55. Tous les avertissements et autres actes qu'il sera nécessaire de signifier à l'autorité militaire pour l'exécution de la présente loi le seront à la mairie du chef-lieu de canton.

Art. 56. Sont abrogées toutes les dispositions antérieures relatives aux réquisitions militaires, et notamment :

Le titre V de la loi du 10 juillet 1891 et les lois des 26 avril, 23 mai, 2 septembre et 13 décembre 1792, 19 brumaire an III, 28 juin 1815 ; les décrets des 11, 22 et 28 novembre 1870 et la loi du 1er août 1874.

Délibéré en séance publique, à Versailles, le seize juin mil huit cent soixante-dix-sept.

Signé : Duc D'AUDIFFRET-PASQUIER.

---

(1) Voir l'instruction pour le règlement des dommages causés aux propriétés privées par les corps de troupe (IIIe partie, page 204).

(2) « L'instruction progressive et régulière des troupes de toutes armes se termine, chaque année, par des marches, manœuvres et opérations d'ensemble, de brigade, de division ; quand les circonstances le permettent, de corps d'armée. » (Art. 28 de la loi du 24 juillet 1873.)

(3) Pour les indemnités à allouer aux particuliers pour pertes ou dépréciations de chevaux loués, se reporter à la note insérée page 24.

TITRE IX DU RÈGLEMENT

DISPOSITIONS SPÉCIALES AUX GRANDES MANŒUVRES

Art. 105. L'époque où peuvent avoir lieu les grandes manœuvres des corps d'armée ou fractions de corps d'armée est déterminée chaque année par le Ministre de la guerre.

Art. 106. Trois semaines au moins avant l'exécution des manœuvres, les généraux commandant les régions avertissent les préfets des départements intéressés de l'époque et de la durée des manœuvres, et leur font connaître les localités qui pourront être occupées ou traversées.

Les préfets désignent un membre civil pour faire partie de la commission chargée de régler les indemnités.

Art. 107. Le maire de la commune dont le territoire peut être occupé ou traversé pendant les grandes manœuvres en est informé par le préfet.

Il fait immédiatement publier et afficher dans sa commune l'époque et la durée des manœuvres.

Il invite les propriétaires de vignes ou de terrains ensemencés ou non récoltés à les indiquer par un signe apparent (1).

Il prévient les habitants que ceux qui subiraient des dommages par suite des manœuvres doivent, sous peine de déchéance, déposer leurs réclamations à la mairie dans les trois jours qui suivent le passage ou le départ des troupes.

Art. 108. Quinze jours au moins avant le commencement des manœuvres, les généraux commandant les régions nomment les commissions de règlement des indemnités.

Ces commissions sont composées, par chaque corps d'armée opérant isolément, d'un fonctionnaire de l'intendance, président, d'un officier du génie, d'un officier de gendarmerie et du membre civil désigné par le préfet.

Art. 109. La commission peut reconnaître à l'avance les terrains qui doivent être occupés ; elle accompagne les troupes et suit les opérations.

Au fur et à mesure de l'exécution des manœuvres, elle se rend successivement dans les localités qui ont été traversées ou occupées, en prévenant à l'avance les maires du moment de son passage.

Les maires préviennent les intéressés et remettent à la commission un état individuel mentionnant la date de la réclamation, la nature du dommage et la somme réclamée.

---

(1) Dans le cours des manœuvres, le corps d'armée n'est pas obligé de respecter d'une manière absolue les limites indiquées par les signes apparents placés sur les terrains susceptibles d'être endommagés par le passage des troupes ; mais ces limites ne peuvent être franchies que dans le cas où l'exécution de la manœuvre l'exige, et seulement sur l'ordre soit des chefs de détachement, soit des arbitres de la manœuvre.

Le Ministre insiste encore dans l'instruction du 23 février 1889, reproduite plus loin, sur la nécessité de remettre toujours en état les terres non ensemencées sur lesquelles on aurait exécuté soit des ouvrages de campagne, soit des installations de bivouac. Il conviendra donc de prendre toutes les dispositions de nature à éviter des réclamations.

Art. 110. La commission, après avoir entendu les observations des maires et des réclamants, fixe le chiffre des indemnités à allouer et en dresse l'état.

Si les intéressés présents acceptent cette fixation, ils reçoivent immédiatement le montant de l'indemnité sur leur émargement.

A cet effet, la commission est accompagnée d'un adjoint du génie ou d'un officier comptable d'un des services administratifs, muni d'une avance de fonds.

Art. 111. Si l'allocation n'est pas acceptée séance tenante, la commission insère dans son procès-verbal les renseignements nécessaires pour apprécier l'étendue et la nature du dommage.

Un extrait du procès-verbal est, en cas de contestation, remis au juge de paix ou au tribunal chargé de statuer sur les réclamations.

Art. 112. L'état des indemnités qui n'ont pas été acceptées séance tenante est remis au maire de la commune qui, par une notification administrative, met immédiatement les propriétaires en demeure de les accepter ou de les refuser dans un délai de quinze jours.

Les refus, déposés par écrit et motivés, sont annexés au procès-verbal.

Art. 113. A l'expiration du délai de quinze jours, le maire consigne sur l'état qui lui a été remis par la commission les réponses qu'il a reçues et les transmet ensuite au fonctionnaire de l'intendance militaire, président de la commission, qui assure le payement des indemnités qui n'ont pas été refusées (1).

DISPOSITIONS GÉNÉRALES

Art. 114. Les règlements antérieurs sont abrogés en ce qu'ils ont de contraire au présent décret.

Art. 115. Les Ministres de la guerre, de la marine et des colonies sont chargés, chacun en ce qui le concerne, de l'exécution du présent décret, qui sera publié au *Bulletin des lois*.

Fait à Paris, le 2 août 1877.

Maréchal de MAC-MAHON,
Duc de Magenta.

***

(1) Voir à la IIe partie, page 161 et suivantes, les modèles des formules dont l'établissement est prescrit par le décret du 2 août 1877.

Réquisitions.   3

DÉCRET

du 8 août 1885

Pour l'application, en Algérie, de la loi du 3 juillet 1877, sur les réquisitions militaires (*J. M.*, p. 115.)

Art. 1er. La loi du 3 juillet 1877, relative aux réquisitions militaires, et le décret du 2 août 1877, portant règlement d'administration publique pour l'exécution de cette loi, sont applicables en Algérie.

Art. 2. En cas de rassemblement et de mouvement de troupes, le droit de requérir et de déterminer la nature des réquisitions, ainsi que les portions du territoire sur lequel ces réquisitions peuvent être exercées, appartient au gouverneur général de l'Algérie, par délégation du Ministre de la guerre.

Art. 3. Les dispositions contenues dans la loi et le décret mentionnés ci-dessus ne seront appliqués aux indigènes non naturalisés Français qu'avec les modifications spécifiées dans les articles ci-après :

Art. 4. La fourniture des prestations exigibles des indigènes non naturalisés Français pour les besoins de l'armée et par voie de réquisition comprend, dans les limites fixées par l'article 19 de la loi du 3 juillet 1877 et de l'article 38 du décret du 2 août 1877 :

1° Le cantonnement, pour les hommes et pour les animaux, dans les locaux disponibles ;

2° Les vivres et le chauffage pour les hommes ; l'orge, la paille et le fourrage pour les animaux ;

3° Les moyens de transport en animaux de selle, de trait et de bât, soit par voie d'achat, soit par voie de location, y compris le personnel de conduite ;

4° Les guides, les messagers, ainsi que les ouvriers pour tous les travaux que les différents services de l'armée ont à exécuter.

Art. 5. Tous les ans, à l'époque du recensement du Zekkat, les maires ou les autorités qui en tiennent lieu dressent, par commune, section de commune ou tribu et dans les conditions qui seront réglées par un arrêté du gouverneur général de l'Algérie, l'état de tous les animaux de selle, de trait et de bât qui ont atteint au 1er janvier l'âge de 4 ans, pour les chameaux, chamelles, et juments, et de 3 ans pour les mulets et mules, et qui sont, par les autorités ci-dessus désignées, reconnus propres au service des convois militaires et des colonnes expéditionnaires.

Art. 6. Les relevés numériques des états ainsi établis, déduction faite des étalons approuvés, des juments et des chamelles pleines ou suitées, des animaux appartenant personnellement aux chefs, adjoints et agents indigènes rétribués sur l'un des budgets de l'État, des départements ou des communes, et ensuite du cinquième pour les non-valeurs, constituent le contingent maximum à fournir, le cas échéant, par chaque commune, section de commune ou tribu.

Art. 7. Ces relevés numériques arrêtés et centralisés par les préfets ou les généraux de division, suivant le territoire, sont communiqués au général commandant le 19e corps d'armée.

Art. 8. Il n'est procédé à aucun autre classement des animaux soumis à la réquisition.

Art. 9. L'ordre de réquisition, qui est adressé, suivant le territoire, aux maires, aux administrateurs civils ou aux commandants de cercle ou d'annexe, et, dans le cas de nécessité résultant de l'éloignement et de l'urgence, aux adjoints ou aux chefs indigènes, indique toujours le nombre des animaux requis, ainsi que le jour et le lieu de leur réunion. Ces animaux doivent être pourvus d'un bât, d'un tellis ou filet et des cordes nécessaires pour assurer la charge. Ils sont examinés et reçus par une commission mixte, dont la composition sera réglée par le gouverneur général de l'Algérie et, qui, seule juge de leur acceptation, peut exiger le remplacement des animaux qui seraient reconnus impropres au service pour lequel la réquisition est faite.

L'acquisition éventuelle des animaux par voie d'achat a lieu dans les conditions prescrites par l'article 49 de la loi du 3 juillet 1877 et par les soins de la commission de réception (1).

Dans le cas où un ou plusieurs des animaux requis ne seraient pas présentés au jour et au lieu indiqués, ou seraient présentés non pourvus de leurs accessoires, les maires ou leurs adjoints, ou leurs agents indigènes, seront, dans les conditions déterminées par le gouverneur général de l'Algérie, passibles d'une amende de 1 à 15 francs, pour chaque animal manquant ou présenté non pourvu de ses accessoires. La même peine sera, en outre, applicable à chacun des propriétaires contrevenants.

Art. 10. Le gouverneur général de l'Algérie fixe, chaque année, après délibération du conseil de gouvernement, les tarifs des indemnités à payer pour les journées de personnel et d'animaux requis, et, en général, pour toutes les prestations fournies soit par voie d'achat, soit par voie de location.

Art. 11. Le payement de ces indemnités, et, s'il y a lieu, du prix d'achat des animaux, sera, autant que possible, effectué séance

(1) Voir l'annotation portée à l'article 49, page 56.

tenante et suivant les règles de la comptabilité militaire, par les soins de l'intendance ou de l'officier chef de convoi, qui sera pourvu, à cet effet, des avances nécessaires. Les sommes qui auraient pu être remises aux ayants droit, pour toute autre cause que l'abandon de leur poste, seront envoyées au maire de leur résidence ou à l'autorité qui en tient lieu.

Art. 12. Tout propriétaire d'un animal tué, mort, ou condamné par suite de blessures ou de fatigues résultant de la réquisition et dûment constatées, pendant l'exécution du service, aura droit à une indemnité fixée, d'après les prix courants du pays, par une commission militaire dont la composition sera réglée par le gouverneur général de l'Algérie.

Tout indigène requis, devenu impotent à la suite des blessures reçues dans un service commandé, recevra, à titre de réparation pécuniaire, une somme d'argent une fois payée.

Tout indigène requis, tué dans un service commandé, ouvrira aux héritiers dont il était le soutien le droit à une réparation pécuniaire, consistant en une somme d'argent une fois payée.

Les sommes dont il est question dans les deux alinéas qui précèdent seront fixées par le gouverneur général de l'Algérie et payées sur la contribution de guerre imposée à l'ennemi ou aux rebelles, ou sur les fonds de l'État.

Art. 13. Un arrêté du gouverneur général de l'Algérie réglera les détails d'exécution du présent décret.

DÉCISION PRÉSIDENTIELLE

DU 15 SEPTEMBRE 1886

au sujet de l'indemnité à allouer pour les chevaux requis en Algérie.
(B. O., p. 459.)

En tenant compte de la valeur des chevaux existant en Algérie et qui sont aptes au service militaire, la décision du 15 septembre 1886 a prescrit d'adopter, pour cette colonie, un seul mode de fixation des indemnités qui est le même que pour les chevaux hongres et les juments de selle et d'attelage d'artillerie en France. Par suite, la disposition contenue dans le deuxième paragraphe de l'article 49 de la loi du 3 juillet 1877 n'est pas applicable en Algérie.

MODÈLES

SPÉCIAUX A LA GENDARMERIE

LÉGION
de
GENDARMERIE
—
COMPAGNIE

d

MODÈLE N° 1.

A

ORDRE DE RÉQUISITION

Nom et grade du
signataire.

Par application de l'article 5 de la loi du 3 juillet 1877 sur les réquisitions, le sieur (1)

demeurant à   canton d

département d   est requis de fournir

à (2)

le   189   , à   heure du

les prestations suivantes (3) ;

pour (4)

A   , le   189 .

---

(1) Lorsqu'il s'agit de la nourriture des animaux ou du logement, la réquisition peut être adressée au maire de la commune.

(2) Spécifier le lieu très explicitement.

(3) Indiquer en toutes lettres, selon le cas, la nature des prestations, leur quantité ou leur nombre ; fourrage ou logement pour chevaux, logement pour hommes (gendarmes réservistes ou territoriaux), voitures attelées, voitures mises à la disposition des brigades, etc.

(4) Mentionner, autant que possible, le nombre de rations de fourrages (foin 4 kilogr., avoine 5 kilogr.) ou de journées de logement, de telle date à telle date ; la durée de l'emploi des moyens de transport par journée ou demi-journée, etc.

Avis. — L'ordre de réquisition est établi en double expédition : l'une, B, est adressée à la personne réquisitionnée ; l'autre, A, est transmise, par la voie hiérarchique, à l'autorité militaire, par le signataire. (Art. 8 du décret du 2 août 1877.) Il est toujours donné reçu des prestations fournies.

Après avoir satisfait à la réquisition, la personne réquisitionnée remettra au maire, pour qu'il la fasse indemniser par les soins de la commission départementale d'évaluation, l'expédition B du présent ordre et les reçus correspondants

RÉQUISITIONS MILITAIRES — MINISTÈRE DE LA GUERRE

•LÉGION
de
GENDARMERIE.

COMPAGNIE

Modèle N° 1.

B

ORDRE DE RÉQUISITION

Nom et grade du signataire.

Par application de l'article 5 de la loi du 3 juillet 1877 sur les réquisitions, le sieur (1)

demeurant à　　　　　　　canton d

département d　　　　　　　est requis de fournir

à (2)

le　　　　　　　189 , à heure　du

les prestations suivantes (3) :

pour (4)

A　　　　　le,　　　　186 .

---

(1) Lorsqu'il s'agit de la nourriture des animaux ou du logement, la réquisition peut être adressée au maire de la commune.

(2) Spécifier le lieu très explicitement.

(3) Indiquer en toutes lettres, selon le cas, la nature des prestations, leur quantité ou leur nombre : fourrage ou logement pour chevaux, logement pour hommes (gendarmes réservistes ou territoriaux), voitures attelées, voitures mises à la disposition des brigades, etc.

(4) Mentionner, autant que possible, le nombre de rations de fourrage (foin 4 kilogr., avoine 5 kilogr.) ou de journées de logement, de telle date à telle date ; la durée de l'emploi des moyens de transport par journée ou demi-journée, etc.

Avis. — L'ordre de réquisition est établi en double expédition : l'une, B, est adressée à la personne réquisitionnée ; l'autre, A, est transmise, par la voie hiérarchique, à l'autorité militaire par le signataire. (Art. 8 du décret du 2 août 1877.) Il est toujours donné reçu des prestations fournies.

Après avoir satisfait à la réquisition, la personne réquisitionnée remettra au maire, pour qu'il la fasse indemniser par les soins de la commission départementale d'évaluation, l'expédition B du présent ordre et les reçus correspondants.

e LÉGION
de
GENDARMERIE
—
COMPAGNIE
d

Modèle n° 1 bis.

REÇU DE FOURNITURES REQUISES.

Nom et grade du
signataire. {

En suite d   ordre de réquisition d (1)

Reçu du sieur (2)   demeurant à
canton d   département d
les prestations dont le détail suit, savoir (3) :

A   , le   189 .

---

(1) Date de l'ordre ou des ordres de réquisition correspondants.

(2) Ou du maire de la commune, s'il y a lieu.

(3) Enumération, en toutes lettres, des prestations livrées : quantités de fourrage représentant tant de rations, nombre de journées de logement pour hommes et animaux, nombre de journées ou de demi-journées d'emploi de moyens de transport (voitures attelées, chevaux de selle, mulets).

AVIS. — Le présent reçu, appuyé de l'ordre ou des ordres de réquisition correspondants, doit être remis, par la personne réquisitionnée, au maire de la commune, pour qu'il la fasse indemniser par les soins de la commission départementale d'évaluation. (Art. 49 du décret du 2 août 1877.)

ᵉ LÉGION
de
GENDARMERIE.
—
COMPAGNIE
d

MODÈLE Nᵒ 2.

A

ORDRE DE RÉQUISITION

DE CONDUCTEUR DE

Nom et grade du signataire.

Par application de l'article 5 de la loi du 3 juillet 1877 sur les réquisitions militaires, le sieur
demeurant à   , canton d
département d   , est requis de conduire (1)   de (2)
à (3)

Il partira le (4)   à   heure   du (5)

Le sieur   est prévenu que, faute par lui de se conformer entièrement au présent ordre, il sera passible des peines prévues à l'article 21 de la loi du 3 juillet 1877.

Il devra rapporter un certificat constatant l'accomplissement de sa mission, ainsi que la date et l'heure de son arrivée à destination.

A   , le   189 .

(1) Nombre d'animaux ou de voitures.
(2) Point de départ.
(3) Destination (telle brigade ou tel corps de troupe).
(4) Date du départ.
(5) Matin ou soir.

Avis. — L'ordre de réquisition est établi en double expédition, dont l'une, B, est remise au conducteur requis, et l'autre, A, est transmise, par la voie hiérarchique, à l'autorité militaire par le signataire.

En rentrant dans ses foyers, le conducteur requis remettra au maire, qui le fera indemniser par les soins de la commission départementale d'évaluation, l'ordre de réquisition et le certificat d'exécution de service. (Art. 49 du décret du 2 août 1877.)

Réquisitions.

RÉQUISITIONS DE CONDUCTEURS

* LÉGION
de
GENDARMERIE.

COMPAGNIE

d

Modèle N° 2.

B

ORDRE DE RÉQUISITION

DE CONDUCTEUR DE

Nom et prénom du { signataire.

Par application de l'article 5 de la loi du 3 juillet 1877 sur les réquisitions militaires, le sieur

demeurant à   , canton d
département d   , est requis de conduire (1)
          de (2)   à (3)

Il partira le (4)   , à   heure   du (5)

Le sieur   est prévenu que faute par lui de se conformer entièrement au présent ordre, il sera passible des peines prévues à l'article 21 de la loi du 3 juillet 1877.

Il devra rapporter un certificat constatant l'accomplissement de sa mission, ainsi que la date et l'heure de son arrivée à destination.

A ·   , le   189 .

(1) Nombre d'animaux ou de voitures.
(2) Point de départ.
(3) Destination (telle brigade ou tel corps de troupe).
(4) Date du départ.
(5) Matin ou soir.

Avis. — L'ordre de réquisition est établi en double expédition, dont l'une, B, est remise au conducteur requis, et l'autre, A, est transmise, par la voe hiérarchique, à l'autorité militaire par le signataire.

En rentrant dans ses foyers, le conducteur requis remettra au maire, qui le fera indemniser par les soins de la commission départementale d'évaluation, l'ordre de réquisition et le certificat d'exécution de service. (Art. 49 du décret du 2 août 1877).

DEUXIÈME PARTIE

INSTRUCTION

du 1ᵉʳ août 1879

relative à la réquisition des chevaux, juments, mulets et mules et
des voitures attelées, en cas de mobilisation de l'armée. (J. M.,
p. 669.)

(Loi du 8 juillet 1877 et décret du 2 août suivant.)

PRÉAMBULE (1).

Aux termes de l'article 36, titre VIII, de la loi du 3 juillet 1877,
l'autorité militaire a le droit d'acquérir, par voie de réquisition,
pour compléter et pour entretenir l'armée au pied de guerre, des
chevaux, juments, mulets et mules et des voitures attelées.

La présente instruction a pour objet de déterminer l'ordre des
opérations et le rôle des commissions mixtes qui auront à procéder
à la réception *par canton* des animaux et des voitures attelées,
conformément aux dispositions de l'article 46 de ladite loi et du
décret du 2 août 1877, portant règlement d'administration publique pour l'exécution de cette loi.

La composition des circonscriptions de réquisition et la désignation des centres de réception des animaux et des voitures
attelées dans chaque corps d'armée sont déjà réglées par des
instructions spéciales (état-major général). Dans chacun de ces
centres siègent une ou plusieurs des commissions mixtes indiquées
par la loi. Des commissions mixtes spéciales peuvent être instituées dans les corps et fractions de corps qui doivent recevoir
directement de la réquisition des animaux et des voitures attelées.
Il est donné avis au Ministre (bureau des remontes) du nombre

---

(1) La dernière instruction pour le classement des chevaux, etc., susceptibles d'être requis, est du 13 mars 1885. (B. O., P. S., p. 349.)
Pour le classement des animaux en Algérie, voir le décret du 8 août 1885,
inséré page 66.

et de l'emplacement des diverses commissions et des modifications qui peuvent y être apportées.

La composition et le mode de fonctionnement des commissions sont réglés par les dispositions suivantes :

Personnel employé à la réception des animaux et des voitures attelées.

Art. 1er. Les commissions mixtes désignées par l'autorité militaire pour procéder, dans chaque centre de réquisition, à la réception des chevaux, juments, mulets et mules et des voitures attelées, sont composées, par analogie avec ce qui est prescrit pour le classement par l'article 38 de la loi, savoir :

1° D'un officier de l'armée active, de réserve ou de l'armée territoriale (1) (ou, en cas de nécessité, d'un officier de gendarmerie), président ;

2° D'un membre civil idoine habitant, autant que possible, dans la localité où opère la commission.

Ces deux membres ont voix délibérative ; en cas de partage des voix, celle du président est prépondérante.

Chaque commission est assistée d'un vétérinaire militaire (armée active, réserve ou armée territoriale) ou d'un vétérinaire civil, ou à défaut, d'une personne compétente prise, autant que possible, dans la localité où opère la commission.

Le vétérinaire ou son suppléant n'a que voix consultative.

Les membres militaires, les membres civils, les vétérinaires civils sont nommés par le commandant de corps d'armée, les membres civils et les vétérinaires civils étant désignés préalablement par le préfet.

Il est nommé dans les mêmes conditions un suppléant au membre civil et un suppléant au vétérinaire, en vue de parer à toutes les éventualités.

Toutes les désignations sont faites dès le temps de paix. Les lettres de service établies au titre des présidents des commissions leur sont remises dès leur désignation ; il en est de même pour les vétérinaires militaires.

Les lettres d'avis destinées aux membres civils, aux vétérinaires civils sont également établies dès le temps de paix ; elles sont déposées, suivant les circonstances, dans les états-majors, les bureaux de recrutement, chez les commandants d'armes, ou, exceptionnellement, dans les brigades de gendarmerie, mais, dans tous les cas, de manière à pouvoir être remises aux intéressés aussitôt après la réception de l'ordre de mobilisation.

---

(1) Les officiers de réserve et de l'armée territoriale désignés doivent, autant que possible, avoir servi comme officiers dans l'armée active ; ils doivent être en uniforme.

Dans chaque corps d'armée, toutes les commissions, sans exception, sont désignées par une série unique de numéros.

À chaque commission sont attachés :

1° Un lieutenant ou sous-lieutenant de l'armée territoriale ;

2° Un sous-officier ou brigadier de corps de troupes à cheval appartenant à l'armée active, à la réserve ou à l'armée territoriale, secrétaire ;

3° Un sous-officier ou brigadier réserviste appartenant au train des équipages militaires, secrétaire auxiliaire ;

4° Deux secrétaires civils pris parmi les personnes de la localité ou des environs, ayant des notions suffisantes d'écriture, etc. (instituteur public ou libre, secrétaire de mairie, etc.) (1) ;

5° Un ou plusieurs maréchaux ferrants de l'armée active, de la réserve ou de l'armée territoriale ou à défaut, un ou plusieurs maréchaux ferrants civils requis à cet effet, par application de l'article 5 de la loi du 3 juillet 1877 (2).

Les secrétaires et maréchaux ferrants militaires sont désignés à l'avance par l'autorité compétente, de manière à pouvoir être mis en route sans retard.

Les secrétaires civils et les maréchaux ferrants civils sont également désignés à l'avance par les maires, sur l'ordre du préfet. Ils sont pris, autant que possible, au chef-lieu de la circonscription et sont informés de la désignation dont ils sont l'objet.

Dans le cas d'absence ou d'empêchement de l'un de ces derniers, le président de la commission fait désigner d'urgence un remplaçant par le maire du chef-lieu de réquisition.

Le service d'ordre est assuré, sous l'autorité du président de la commission, par la gendarmerie, aidée, s'il y a lieu, par les sous-officiers faisant partie des cadres de conduite.

Les maires doivent également prêter leur concours, chacun en ce qui concerne les administrés de sa commune, aux opérations de la réquisition.

Indemnités dues aux membres des commissions et aux autres personnes (3).

Art. 2. Les officiers, les vétérinaires, les sous-officiers ou brigadiers secrétaires et les maréchaux ferrants appartenant à l'ar-

---

(1) Dans les commissions de corps ou de fractions de corps, les deux secrétaires civils sont remplacés par des militaires.

(2) Le nombre de ces maréchaux ferrants est fixé par les généraux commandant les corps d'armée, à raison du nombre d'animaux à examiner et à recevoir dans une même journée et des ressources en ouvriers de cette catégorie.

(3) Remarquer que ces indemnités ne sont pas les mêmes que celles fixées pour le classement des chevaux par l'instruction annuelle.

mée active, à la réserve ou à l'armée territoriale, qui opèrent *dans le lieu de leur garnison* n'ont droit à aucune indemnité.

Les officiers et les vétérinaires de réserve ou de l'armée territoriale qui opèrent *dans le lieu de leur domicile* et qui ne sont pas entrés en solde reçoivent une indemnité journalière de 6 francs, quel que soit leur grade.

Les sous-officiers ou brigadiers secrétaires et les maréchaux ferrants appartenant à la réserve ou à l'armée territoriale qui opèrent *dans le lieu de leur domicile* et qui, comme il est dit ci-dessus, ne sont pas entrés en solde, reçoivent une indemnité journalière de 1 fr. 25, quel que soit leur grade.

Les officiers, les vétérinaires, les sous-officiers ou brigadiers secrétaires et les maréchaux ferrants de l'armée active qui opèrent *hors de leur garnison* ont droit, savoir :

1° A l'indemnité ordinaire de route pour se rendre de leur garnison au chef-lieu de la circonscription de réquisition, et *vice versa* ;

2° A une indemnité de séjour pour chaque journée effectivement consacrée à la réquisition des chevaux et voitures.

Cette dernière indemnité, qui ne peut se cumuler avec l'indemnité journalière de route, est fixée, savoir :

Pour les officiers et les vétérinaires, à 10 francs ;
Pour les sous-officiers ou brigadiers secrétaires, à 5 francs ;
Pour les maréchaux ferrants, à 3 francs.

Les officiers et les vétérinaires de réserve et de l'armée territoriale qui opèrent *hors de leur domicile* et qui ne sont pas encore entrés en solde comme n'ayant pas rejoint leur corps ont droit :

1° Aux indemnités kilométrique et fixe de transport pour se rendre de leur domicile au chef-lieu de la circonscription de réquisition, et de là à leur destination de mobilisation ;

2° Et à une indemnité journalière de 16 francs pour chaque journée de voyage ou de présence au chef-lieu de réquisition.

Les sous-officiers ou brigadiers secrétaires et les maréchaux ferrants appartenant à la réserve ou à l'armée territoriale opérant *hors de leur domicile* et qui ne sont pas encore entrés en solde comme n'ayant pas rejoint leur corps ont droit, pour chaque journée d'opérations au chef-lieu de réquisition, savoir :

Les sous-officiers ou brigadiers secrétaires, à 6 francs ;
Les maréchaux ferrants, à 4 francs.

Pour se rendre au chef-lieu de réquisition, ils sont convoqués par ordre d'appel individuel et traités dans les mêmes conditions que les conducteurs de chevaux, comme il est dit plus loin (art. 22) ; il en est de même pour se rendre à leur destination de mobilisation.

Les officiers, les vétérinaires, les sous-officiers ou brigadiers secrétaires et les maréchaux ferrants appartenant à l'armée active, à la réserve ou à l'armée territoriale, ont droit au logement chez l'habitant.

Les membres civils, les vétérinaires civils et leurs suppléants reçoivent les indemnités ci-après :

10 francs par journée d'*opération* au lieu de leur résidence ;

20 francs par journée de *déplacement* hors du lieu de leur résidence ;

Les secrétaires civils et les maréchaux ferrants civils reçoivent les indemnités ci-après ;

5 francs par journée d'*opération* au lieu de leur résidence ;

8 francs par journée de *déplacement* hors du lieu de leur résidence.

Ces diverses indemnités sont payées chaque jour aux ayants droit par le président de la commission, comme il est dit à l'article 24.

Fixation des emplacements ; achat du matériel.

Art. 3. Dans chaque chef-lieu de circonscription de réquisition, l'emplacement où doivent avoir lieu les opérations est choisi et fixé à l'avance par l'autorité militaire, de concert avec le maire.

L'autorité militaire avise également à l'avance aux mesures à prendre pour faciliter le groupement par commune des animaux et voitures, au moyen d'indications appropriées à l'emplacement désigné pour les opérations et d'après les ressources de la localité.

Le matériel nécessaire (perches, planchettes, pancartes, guidons de différentes couleurs, etc.) doit pouvoir être réuni dès le matin même de la première journée des opérations. A cet effet, le commandant de la brigade de gendarmerie du chef-lieu de réquisition s'enquiert à l'avance de la possibilité de se procurer ce matériel et du prix de revient

Dès son arrivée au chef-lieu de réquisition, le président de la commission donne des ordres pour l'achat, ainsi que pour la mise en place de ce matériel.

Le paiement en est opéré sur les fonds de réserve mis à la disposition du président, comme il est dit à l'article 24.

Ordre dans lequel sont effectuées les opérations de la commission mixte.

Art. 4. La commission de réquisition se constitue au jour et à l'heure fixés par le général commandant le corps d'armée.

Dans le cas où le membre civil, le vétérinaire, ou leur suppléant, ne seraient pas présents, le maire du chef-lieu de la circonscription de réquisition, ou son suppléant légal, désigne d'office dans la localité, sur la demande du président de la commission, le nombre de personnes nécessaire pour les remplacer.

La commission procède successivement, pour chaque canton, aux diverses opérations de la réquisition dans l'ordre suivant :

A. — Revision des animaux compris dans le dernier classement ; examen et classement, s'il y a lieu, des animaux ayant l'âge fixé par la loi, qui n'ont pas été classés antérieurement dans les communes.

B. — Revision des tableaux de classement des voitures attelées.

C. — Réquisition des voitures attelées.

D. — Tirage au sort des animaux, s'il y a lieu, et examen éventuel des demandes de substitution.

E. — Réquisition des animaux.

Le mode de procéder pour chacune de ces opérations est indiqué dans les articles ci-après :

A. — Revision des animaux compris dans le dernier classement et examen de ceux non classés antérieurement (1).

Art. 5. La commission procède d'abord, rapidement en présence des maires des diverses communes du canton ou de leurs suppléants légaux, et *simultanément* dans chaque commune :

À la revision des animaux portés sur le dernier tableau de classement (modèle n° 2) (2);

À l'examen et, s'il y a lieu, au classement, savoir :

1° De tous les chevaux, juments, mulets et mules introduits dans la commune depuis le dernier classement, ayant l'âge voulu, et qui ne sont pas compris dans les cas d'exemption prévus par l'article 40 de la loi et des décrets ultérieurs (3);

2° De tous ceux qui ont atteint l'âge légal pour la réquisition depuis le dernier classement ;

3° De tous ceux, enfin, qui, pour un motif quelconque, n'ont pas été déclarés au recensement ni présentés au dernier classement, bien qu'ils eussent l'âge légal, ou dont les propriétaires ont cessé d'avoir droit aux exemptions prévues.

À cet effet, le maire de chaque commune, ou son suppléant légal, groupe à l'avance les animaux dont il s'agit (4), et présente

---

(1) Se reporter aux articles 37, 38, 39, 40, 43, 44, 45, 46, 47 de la loi du 3 juillet 1877 et aux articles correspondants du règlement du 2 août 1877.

(2) Le classement des animaux doit s'effectuer tous les ans (Art. 37 de la loi.)

(3) Voir le tableau de ces exemptions, page 113.

(4) Les animaux formant attelage de voitures sont présentés sans être dételés.

au président de la commission la liste alphabétique des propriétaires de ces animaux.

A l'appel de son nom, chaque propriétaire présente, *sans interruption*, tous les animaux qui lui appartiennent, qu'ils aient déjà été classés ou non.

En ce qui concerne les animaux déjà classés antérieurement, la commission vérifie s'ils sont toujours aptes au service militaire.

Pour ceux qui n'ont pas encore été examinés ni classés, elle vérifie d'abord si les animaux ont l'âge minimum fixé par la loi (6 ans pour les chevaux et juments, et 4 ans pour les mulets et mules). Elle renvoie immédiatement ceux qui n'ont pas l'âge légal.

L'âge des animaux se compte du 1er janvier de l'année de la naissance. (Art. 37 de la loi.)

La commission fixe la catégorie à laquelle les animaux doivent appartenir d'après leur taille et leur conformation.

Les chevaux entiers sont classés exclusivement dans la 6e catégorie (gros trait).

La taille spéciale pour les diverses armes ou subdivisions d'armes est indiquée au tableau inséré page 123.

La taille minimum (1) est fixée d'une manière générale à 1m,46 pour les chevaux et juments, et à 1m,42 pour les mulets et mules.

En Corse, exceptionnellement, ce minimum est réduit à 1m,42 pour les chevaux et juments, et à 1m,38 pour les mulets et mules.

La taille est vérifiée au moyen d'une toise.

Les animaux qui sont atteints de tares les rendant impropres à tout service sont définitivement éliminés et *réformés*.

Les animaux présentés qui n'atteignent pas le minimum de taille fixé ou qui sont reconnus par la commission momentanément indisponibles pour cause de maladie ou d'accident, sont *refusés conditionnellement*.

Ceux non présentés et qui, sur la déclaration des propriétaires et la production de certificats authentiques, seraient dans le même cas, sont *ajournés conditionnellement* jusqu'à constatation de leur état, comme il est dit à l'article 28.

La commission prononce, en outre, à la requête des propriétaires, sur tous les cas d'exemption prévus à l'annexe B de la présente instruction.

Toutes les décisions de la commission sont sans appel et exécutoires sur l'heure (2) (*Art. 16 du décret du 2 août 1877.*)

Tous les animaux réformés, refusés conditionnellement ou exemptés, doivent immédiatement être emmenés hors du lieu de réunion, et des hommes des cadres de conduite peuvent au besoin

(1) Instruction du 13 mars 1895, *B. O*, partie supplémentaire, page 319.

(2) Les décisions de la commission sont prises à la majorité des voix; en cas de partage, celle du président est prépondérante.

être mis, par le président de la commission, à la disposition des propriétaires pour tenir momentanément ces animaux.

Les animaux classés soit antérieurement, soit séance tenante, sont, au fur et à mesure qu'il sont reconnus aptes au service, répartis sur le terrain en groupes séparés correspondant aux différentes catégories, cette mesure d'ordre devant faciliter les opérations ultérieures.

Le président emploie, pour assurer cette opération, les gendarmes et les hommes gradés des cadres de conduite.

Le président de la commission fait inscrire sur les tableaux de classement (modèle n° 2) colonne 11, qui lui ont été remis, les indications correspondant aux mutations ou décisions dont les animaux ont été l'objet, savoir :

Apte au service............ *ou en abrégé*............	A.
Mort........................ *Id*................	M.
Disparu..................... *Id*................	D.
Refusé conditionnellement.......*Id*....	R. C.
Réformé..................... *Id*................	R.
Exempté .... *Id*................	E.
Non présenté................. *Id*................	N. P.

Il fait porter sur un tableau annexe du même modèle les animaux qui n'avaient pas encore été classés et qui sont susceptibles d'être requis pour le service de l'armée.

Ce tableau supplémentaire est, comme le premier, établi par *commune*.

Il y est donné (colonne 1) un numéro d'ordre à chaque animal, en prenant la suite de la série des numéros portés sur le tableau dressé lors du dernier classement.

Cette pièce est également établie en deux expéditions, dont l'une est remise au maire et l'autre conservée par le président de la commission, qui la transmet au bureau de recrutement du ressort quand les opérations de la réquisition sont terminées.

Le sous-officier ou brigadier secrétaire porte, séance tenante et au fur et à mesure de l'examen des animaux, les inscriptions nécessaires dans la colonne 11 de l'exemplaire du tableau n° 2 du dernier classement destiné au bureau de recrutement.

Il établit également le tableau annexe du même modèle, s'il y a lieu.

Le premier secrétaire civil fait simultanément le même travail sur les exemplaires des tableaux semblables à remettre aux maires des communes intéressées.

Les déplacements de chevaux ou voitures causés aux propriétaires pour les opérations de réquisition ne donnent droit à aucune indemnité, que les animaux ou voitures soient requis ou non.

B. — Révision des tableaux de classement des voitures attelées (1).

Art. 6. Le président de la commission de réquisition reçoit du bureau de recrutement du ressort les derniers tableaux de classement des voitures (modèle n° 2 *bis*) correspondant aux diverses communes des cantons sur lesquels s'exerce la réquisition.

La commission procède d'abord à la revision de ces tableaux (2), en ce qui concerne les voitures classées (3) qui, par suite de leurs numéros de tirage au sort, et conformément aux convocations de l'autorité militaire, ont été conduites tout attelées au chef-lieu de la circonscription de réquisition.

Elle ne doit pas perdre de vue que la réquisition ne peut porter ni sur des voitures exclusivement affectées au transport des personnes, ni sur des voitures attelées de plus de deux chevaux, ni enfin sur des voitures qui ne seraient pas propres au service de guerre. (Art. 79 du règlement du 2 août 1877.)

Les animaux composant les attelages doivent toujours avoir été classés aptes au service militaire.

Les voitures admises devant toutes être susceptibles d'être utilisées sans aucun retard, en cas de besoin, on n'admet que celles qui peuvent être classées *bonnes* ou, en cas de nécessité absolue, *passables*. (Colonne 12 du tableau n° 2 *bis*.)

La commission prononce pour tous les cas d'exemption, comme il est dit pour les animaux à l'article 5.

Le maire ou son suppléant légal fait, au préalable, ranger les voitures attelées de sa commune, d'après l'ordre des numéros de tirage au sort du dernier classement.

La revision des tableaux n° 2 *bis* est effectuée par la commission, en tenant compte des dispositions suivantes :

1° Modifier les indications contenues dans les colonnes 4 à 12 et, s'il y a lieu, dans la colonne 16 pour les voitures qui, depuis le

---

(1) Voir les articles 37, 38, 41, 42 de la loi, et les articles correspondants du règlement du 2 août 1877.

(2) Ces tableaux de classement sont établis tous les trois ans. (Art. 37 de la loi.)

(3) Ne pas perdre de vue que la capacité (col. 8.) est qualifiée :

1° *Petite*, quand elle se rapproche de la capacité des *voitures régimentaires* à 2 roues.
2° *Moyenne*, quand elle se rapproche de la capacité des *fourgons régimentaires* à 4 roues.
3° *Grande*, quand elle est égale ou supérieure à la capacité d'une *fourragère*.

Les voitures ayant des dimensions telles qu'elles ne peuvent pas passer, avec leur charge, sous les gabarits des chemins de fer, doivent être refusées en principe. On peut cependant les utiliser pour les charrois à effectuer dans certaines conditions bien déterminées, où l'on est sûr qu'il n'y aura pas lieu de faire voyager ce véhicule chargé ou à vide sur les voies ferrées.

dernier classement, ont été remplacées par leur propriétaire, si les nouvelles voitures sont propres au service militaire;

2° Dans le cas où le remplacement de la voiture comporte également un changement dans l'attelage, modifier, en outre, les inscriptions des colonnes 13 et 14, d'après le résultat obtenu dans le classement et l'examen des animaux, effectués ainsi qu'il a été dit plus haut;

3° Modifier seulement les indications des colonnes 13 et 14, si les changements constatés n'intéressent que l'attelage de la voiture.

Dans les trois cas ci-dessus, la voiture présentée est considérée comme ayant le numéro du tirage obtenu lors du dernier classement pour la voiture examinée à cette époque, à la condition que cette voiture soit propre au service militaire;

4° En ce qui concerne les voitures disparues pour une cause quelconque (*hors de service, non remplacées; vendues, non remplacées*), les voitures remplacées par d'autres non propres au service militaire, les voitures devenues impropres au service de guerre, les voitures exemptées, celles dont les attelages ne peuvent plus être fournis par le propriétaire même de la voiture, indiquer selon le cas, dans la colonne 17, une des mentions suivantes :

Impropre au service.........., ou en abrégé......., I.
Exemptée.....................Id.............. E.
Non présentée..................Id............. N.P.

Les voitures reconnues *aptes au service* recevront dans la colonne 17 la mention A.

Ces inscriptions sont faites simultanément : par le secrétaire militaire, sur le tableau n° 2 *bis* du bureau du recrutement et par le premier secrétaire civil, sur celui du maire.

C. — Réquisition des voitures attelées (1).

Art. 7. Lorsque la revision des tableaux de classement (modèle n° 2 *bis*) est terminée, la commission opère la réquisition des voitures attelées.

Le nombre des voitures à requérir dans chaque canton est indiqué par le général commandant le corps d'armée, sur l'état (modèle n° 3 *bis*) remis au président de la commission. C'est en tenant compte de cette indication que le président de la commission prononce la réquisition des voitures attelées présentées dans les différentes communes et *reconnues aptes au service*. Si le nombre total de ces voitures est supérieur à celui des voitures à

(1) Voir les articles 48, 49, 50 et 51 de la loi, et les articles correspondants du règlement du 2 août 1877.

requérir, il convient de répartir les charges de la réquisition porportionnellement aux ressources des communes.

Les voitures attelées sont présentées par canton, et dans chaque canton par commune, en suivant l'ordre alphabétique. Dans chaque commune, l'appel des voitures est effectué d'après l'ordre des numéros de tirage au sort portés au tableau de classement (modèle n° 2 *bis*). Dans la colonne 18 de ce tableau, au fur et à mesure de l'appel d'une voiture, on fait figurer sur la ligne horizontale affectée au classement de cette voiture la mention : Requise, *ou en abrégé : R.*

Cette inscription est portée, comme il est dit à l'article 6, dernier paragraphe, simultanément par le secrétaire militaire et par le premier secrétaire civil.

Le secrétaire militaire porte, en outre, dans les colonnes 19 et 20 du tableau n° 2 *bis*, destiné au bureau de recrutement, le numéro matricule d'achat et le corps destinataire.

Lorsque, pour chaque commune, le nombre des voitures à requérir est atteint, le président de la commission met en observation, dans la même colonne 18 du tableau n° 2 *bis*, les mots : *en excédent*, en regard du signalement de la voiture qui, par son numéro de tirage au sort, vient immédiatement après la dernière voiture requise.

L'état (modèle n° 3 *bis*), après avoir été complété par l'inscription des nombres qu'il y a lieu de faire figurer dans les colonnes 3, 4, 5, 6, 7, est adressé par le président de la commission au commandant du bureau de recrutement du ressort, à l'issue des opérations.

Dispositions concernant les propriétaires des voitures non requises.

Art. 8. La réquisition des voitures attelées, dans le cas où elle est prévue pour un canton, devant être effectuée avant celle des animaux, les attelages des voitures non requises pour un motif quelconque sont versés dans la catégorie correspondant à leur classement.

Dans ce dernier cas, le propriétaire n'a droit à aucune indemnité pour faire reconduire sa voiture à son domicile.

Marquage immédiat des voitures requises.

Art. 9. Chaque voiture requise est marquée immédiatement au pinceau, sur le bois, à côté de la plaque indiquant le nom du propriétaire livrancier (1).

_____

(1) La peinture la plus convenable à employer est une solution de silicate de potasse et d'ocre jaune.

Un des sous-officiers ou brigadiers des cadres de conduite est chargé d'appliquer cette marque, qui consiste dans le numéro matricule d'achat attribué à la voiture sur le procès-verbal de réception (modèle n° 5 *bis*). Cette marque n'est que provisoire.

La voiture est ensuite conduite à la forge pour y recevoir au même endroit l'empreinte du même numéro matricule au moyen d'un jeu de marques de dix chiffres arabes de 15 millimètres de hauteur, qui sert également pour les *animaux*.

Pour la réception et la marque des animaux d'attelage, il est procédé comme il est dit plus loin (art. 12 à 16).

Prix des voitures requises.

Art. 10. Aux termes de l'article 48 de la loi du 3 juillet 1877, l'estimation des voitures et des harnais requis est faite par la commission de réquisition, d'après les prix courants du pays.

Le président de la commission trouve, à son arrivée au chef-lieu de réquisition, un tarif approuvé par le Ministre et indiquant, pour la région, les prix destinés à servir de base à l'évaluation des différentes espèces de voitures, harnais et accessoires susceptibles d'être requis. Les prix portés sur ce tarif doivent être considérés comme des prix *maxima*. Toutefois, pour les voitures dont la construction paraîtrait particulièrement soignée, les évaluations faites par les commissions pourront *très exceptionnellement* dépasser les prix portés au tarif ci-dessus mentionné.

Le tarif dont il s'agit est compris dans les instructions particulières adressées aux présidents des commissions par le commandant du corps d'armée.

La réquisition des attelages des voitures est faite comme il est dit à l'article 18. Les animaux des attelages sont inscrits les premiers sur le procès-verbal collectif de réception (modèle n° 5), quel que soit l'ordre alphabétique des propriétaires.

Pièces à établir pour la réception des voitures requises.

Art. 11. Le président de la commission fait établir, *séance tenante*, par les secrétaires, les pièces suivantes :

1° Un procès-verbal collectif de réception des voitures et harnais (modèle n° 5 *bis*).

On inscrit sur ce procès-verbal toutes les voitures requises par la commission. Pour cette inscription, on suit l'ordre alphabétique des différentes communes de chaque canton. Toutes les voitures requises dans une même commune sont portées à la suite les unes des autres. Outre la désignation sommaire de la voiture et de son attelage, on indique sur le procès-verbal n° 5 *bis* les prix fixés pour la voiture (y compris les accessoires), s'il y a lieu, et pour les harnais (colonnes 7, 8, 9, 10 et 11), le corps ou l'établissement auquel la voiture attelée est destinée (colonne 20), et enfin la date de l'achat de la voiture et du départ pour l'établissement ou le corps destinataire (colonne 21), même si le départ n'a lieu que le lendemain de la réquisition.

Chaque procès-verbal ne doit présenter, pour toute la durée des opérations de la commission, qu'une seule et même série de numéros matricules.

Il est établi néanmoins, pour chaque journée, un procès-verbal partiel qui est envoyé le soir même au commandant du bureau de recrutement de la subdivision dans laquelle opère la commission.

Ce procès-verbal est rempli par le sous-officier ou brigadier secrétaire, qui complète, en outre, le tableau modèle n° 2 *bis* (colonnes 18, 19 et 20), destiné au bureau de recrutement;

2° Un bulletin de réquisition pour chaque voiture requise et pour les harnais correspondants (modèle n° 6 *bis*).

Ce bulletin comprend la désignation de l'espèce de la voiture (à 2 ou à 4 roues) et celle de l'attelage (à 1 cheval ou à 2 chevaux), ainsi que le numéro matricule donné par la commission de réquisition et les prix fixés pour la voiture, les accessoires et les harnais.

Cette pièce est établie par le premier secrétaire civil, qui remplit, en outre, la colonne 18 du tableau modèle n° 2 *bis*, destiné au maire de la commune intéressée. Elle est signée immédiatement par le président de la commission et délivrée sur-le-champ au propriétaire ou à son représentant, pour être remise ultérieurement au receveur municipal chargé d'effectuer le paiement. (Art. 19.)

D. — Tirage au sort des animaux, s'il y a lieu, et examen éventuel des demandes de substitution.

Art. 12. Aux termes de l'article 46 de la loi, il ne doit y avoir de tirage au sort, pour la formation du contingent imposé à chaque canton, que dans le cas où le nombre des animaux présents reconnus aptes au service est supérieur au chiffre à requérir dans la catégorie. A cet effet, le président de la commission porte, par catégorie, sur l'état (modèle n° 3) (1), le nombre total, pour chaque commune, des animaux inscrits sur le tableau n° 2 du dernier classement et sur le tableau annexe, pour s'assurer si ce nombre est supérieur à celui des animaux à fournir par ce canton.

Le tirage au sort pour chaque catégorie a lieu *par canton* (dernier paragraphe de l'article 46 de la loi).

_____

(1) Le président de la commission trouve cet état dans les instructions spéciales qui lui sont adressées, au moment de la réquisition, par les soins du général commandant le corps d'armée; il le remplit lui-même et le garde par devers lui.

Les communes du même canton sont appelées par ordre alphabétique.

Dans chaque commune, le tirage se fait suivant l'ordre d'inscription des propriétaires au tableau (modèle n° 2) établi lors du dernier classement annuel, et ensuite au tableau annexe qui vient d'être dressé pour la même catégorie en vertu de l'article 5.

Il est tiré pour chaque propriétaire autant de numéros qu'il y a d'animaux présents et inscrits dans la catégorie sur le tableau qui fait l'objet de l'appel.

Au fur et à mesure du tirage, le nom du propriétaire est porté en regard du ou des numéros tirés pour lui sur une liste conforme au modèle n° 4.

Le président désigne, pour procéder au tirage qui s'effectue, l'un des maires du canton ou de leurs suppléants, au moyen de boules numérotées à l'encre en chiffres arabes et renfermées dans un sac de toile.

Conformément à l'article 47 de la loi, le propriétaire d'un animal compris dans le contingent a le droit de présenter à la commission et de faire substituer un autre animal non compris dans le contingent, mais appartenant à la même catégorie et à la même classe dans la catégorie.

Chaque catégorie de selle comprend deux classes : les chevaux d'officier et les chevaux de troupe.

Toutefois, si l'animal dont on sollicite le remplacement est affecté à l'attelage d'une voiture, le cheval proposé doit pouvoir être attelé avec les harnais existants. Si la demande de substitution est admise, on modifie, en conséquence, les indications portées au procès-verbal de réception n° 5 *bis* et relatives à l'attelage de la voiture.

E. — Réquisitions des chevaux (1).

Art. 13. Après ces diverses opérations, la commission prononce enfin, en présence des maires ou de leurs suppléants légaux, la réquisition des animaux jusqu'à prélèvement complet du contingent déterminé pour le canton.

Les animaux composant les attelages des voitures requises sont défalqués du contingent à fournir. (Art. 48 de la loi du 3 juillet 1877 et 100 du décret du 2 août suivant.)

Inscription immédiate des décisions de la commission sur les tableaux de classement.

Art. 14. Comme il est dit à l'article 5, *les décisions de la commission sont sans appel et exécutoires sur l'heure.* (Art. 96 du décret.)

(1) Aux termes de la circulaire du 4 juin 1891, la répartition des chevaux appartenant à des officiers de réserve et de l'armée territoriale, conservés comme montures par ces officiers, s'opère de la manière suivante :
Si l'officier dispose du temps nécessaire, il présente lui-même à la commis-

Ces décisions sont inscrites sommairement, séance tenante, sur les tableaux de classement (modèle n° 2), dans la colonne 12. Ainsi l'on porte, selon le cas, en regard des animaux reconnus aptes au service, les mentions suivantes :

Requis....................ou en abrégé........... R.
Substitué....................Id.............. S.
Disponible....................Id.............. D.

Les chevaux substitués, refusés conditionnellement, non présentés et disponibles, restent à la disposition de l'autorité militaire pour des réquisitions ultérieures.

Les inscriptions qui doivent figurer sur les tableaux (modèle n°2) sont faites séance tenante et simultanément, savoir : sur les exemplaires destinés au commandant du bureau de recrutement, par le sous-officier secrétaire, et, sur les exemplaires destinés au maire de la commune, par le premier secrétaire civil. Ces derniers exemplaires sont remis au maire aussitôt les inscriptions terminées.

Marquage des animaux requis.

Art. 15. Chaque animal requis est marqué immédiatement au pinceau, sur l'épaule gauche, du numéro matricule d'achat qui est porté sur le procès-verbal n°5. Cette marque est appliquée d'après le même procédé que pour les voitures et par le même sous-officier ou brigadier.

A cet effet, le général commandant le corps d'armée assigne à chaque commission une série distincte de numéros matricules (en nombre rond de centaines) et correspondant approximativement au chiffre probable des animaux à requérir.

Exemple : la première commission aurait la série de 1 à 600, la deuxième de 601 à 1,800, la troisième de 1,801 à 1,800, et ainsi de suite.

L'animal est ensuite conduit à la forge (avec la voiture s'il est attelé) pour y recevoir, *au sabot antérieur gauche*, à 2 centimètres au-dessous de la couronne, l'empreinte définitive, *au fer chaud*, du même numéro matricule et, en outre, d'une lettre (unique pour toutes les commissions du même corps d'armée) d'après le tableau de concordance ci-après :

---

sion de réquisition le ou les chevaux dont il doit être pourvu suivant son grade; si, au contraire, il doit rejoindre immédiatement son poste, la réquisition des chevaux s'opère à l'arrivée par les soins de la commission de réquisition du corps. Dans ce dernier cas, l'officier informe par écrit le maire de son domicile afin qu'il soit en mesure de renseigner le président de la commission dont dépend la commune

(1) Les disponibles sont les animaux reconnus aptes au service qui n'ont pas été compris dans le contingent.

NUMÉROS DES CORPS D'ARMÉE.	LETTRES.	NUMÉROS DES CORPS D'ARMÉE.	LETTRES.
1er corps...............	A.	11e corps...............	N.
2e —	B.	12e —	P.
3e —	C.	13e —	R.
4e —	D.	14e corps et gouvernement de Lyon...............	S.
5e —	E.	15e corps...............	T.
6e —	F.	16e —	U.
7e —	G.	17e —	V.
8e —	H.	18e —	X.
9e —	L.	Gouvernement de Paris.....	Z.
10e —	M.		

Suivant le nombre d'animaux à requérir, chaque corps d'armée emploiera une, deux ou trois séries de numéros, de 1 à 9,929.

La lettre du corps d'armée sera placée, suivant la série, savoir :

Pour la 1re série : *à droite* du numéro ;
Pour la 2e série : *à gauche* du numéro ;
Pour la 3e série : *au-dessous* du numéro.

Les séries seront réparties de telle sorte qu'une même commission n'ait à appliquer que les numéros d'une seule série.

Les empreintes au fer chaud sont faites au moyen du jeu de marques de dix chiffres arabes indiqué à l'article 9, et de la lettre attribuée au corps d'armée.

Opérations préalables à la mise en route.

Art. 16. Aux termes de l'article 45 de la loi, les animaux doivent avoir leur ferrure en bon état, un bridon et un licol pourvu d'une longe.

Dans le cas, néanmoins, où des animaux ne pourraient, par suite d'une ferrure insuffisante, rejoindre le corps destinataire, le chef du détachement qui les reçoit les fait ferrer avant le départ sur les fonds de réserve mis à sa disposition (Art. 24.)

Il fait également l'achat sur les mêmes fonds des bridons et licols indispensables pour la route, lorsque ceux fournis par les propriétaires sont insuffisants.

Prix des animaux requis.

Art. 17. Aux termes de l'article 49 de la loi du 3 juillet 1877, les animaux réquisitionnés sont payés, selon la catégorie et la classe dans lesquelles ils ont été inscrits, aux prix déterminés à l'avance et fixés d'une manière absolue par le budget de l'année. Ces prix sont augmentés d'un quart pour tous les animaux, à l'ex-

ception des chevaux classés dans la 6ᵉ catégorie (gros trait) et
dans les 7ᵉ, 8ᵉ et 9ᵉ catégories (mulets) (1).

Les prix admis pour les animaux des diverses classes et catégories sont indiqués aux présidents des commissions de réquisition
dans les instructions particulières qui leur sont adressées par les
généraux commandant les corps d'armée.

Pièces à établir pour la réception des animaux requis.

Art. 18. Le président de la commission fait établir, *séance tenante*, par les secrétaires, les pièces suivantes :

1° Un procès-verbal collectif de réception des animaux (modèle n° 5).

Ce procès-verbal indique le numéro matricule, *précédé* ou *suivi*,
selon le cas, de la lettre indicative du corps d'armée, le numéro
d'ordre inscrit sur le tableau n° 2 de la commune, le sexe, l'âge,
la taille, le signalement, la catégorie dans laquelle est classé l'animal, le prix et le corps destinataire.

Il comprend d'abord, comme il est dit à l'article 10, les animaux
composant les attelages des voitures requises et qui doivent y
être inscrits au fur et à mesure de la réquisition des voitures.

Dans la colonne n° 14, on inscrit, au moment de la réquisition,
la date du départ du cheval pour le corps, même si ce départ n'a
lieu que le lendemain, et, s'il y a lieu, on indique (colonne 15) si
le cheval fait partie d'un attelage de voiture requise.

Ce procès-verbal est dressé par le sous-officier secrétaire déjà
chargé de l'établissement du procès-verbal n° 5 *bis* et qui doit en
même temps compléter les tableaux (modèle n° 2, colonnes 12, 13
et 14), destinés au bureau de recrutement.

Le procès-verbal de réception n° 5 ne doit présenter, pour toute
la durée des opérations de la commission, qu'une seule et même
série de numéros matricules.

Néanmoins, un procès-verbal partiel, établi pour chaque journée, est envoyé le soir même au commandant du bureau de recrutement de la subdivision dans laquelle opère la commission.

Le premier numéro matricule qui figure sur le procès-verbal
partiel de chaque journée doit faire suite au dernier numéro matricule du procès-verbal de la journée précédente.

2° Un *bulletin individuel de réquisition* (modèle n° 6) pour chaque
animal.

Ce bulletin porte les nom et prénoms du propriétaire, la catégorie à laquelle appartient l'animal, le numéro matricule donné par
la commission de réquisition, *précédé* ou *suivi*, selon le cas, de la
lettre indicative du corps d'armée (art. 15) et le prix à payer.

_____

(1) Cette augmentation n'est pas applicable aux chevaux entiers. (Art. 49 de
la loi du 3 juillet 1877.)

Ce bulletin (modèle n° 6) est dressé, *séance tenante*, par le premier secrétaire civil, qui est déjà chargé de l'établissement du bulletin n° 6 *bis* et qui doit en même temps remplir la colonne 12 du tableau (modèle n° 2), destiné au maire de la commune intéressée.

Chaque bulletin est signé immédiatement par le président de la commission et délivré sur-le-champ au propriétaire ou à son représentant, pour être remis ultérieurement au receveur municipal chargé d'effectuer le paiement.

Paiement des voitures, des harnais et des animaux requis.

Art. 19. Au reçu des procès-verbaux collectifs de réception des animaux (modèle n° 5) et de ceux concernant les voitures et les harnais (modèle n° 5 *bis*), le commandant du bureau de recrutement établit, par commune, un extrait n° 7 pour les animaux et un extrait n° 7 *bis* pour les voitures et les harnais. Ces deux extraits sont certifiés conformes par le commandant du bureau de recrutement et adressés par lui, dans le plus bref délai, au maire de la commune intéressée.

Aussitôt après la réception de ces deux extraits, le maire dresse en double expédition, pour tous les propriétaires intéressés de sa commune, les trois états de paiement ci-après :

1° Etat de paiement modèle n° 14 *bis* (modèle D du décret), pour les voitures requises ;

2° Etat de paiement de même modèle pour les harnais requis ;

3° Etat de paiement, modèle n° 14 (modèle C du décret), pour les animaux requis ;

Ces trois états font connaître la désignation des propriétaires, celle de la voiture, des harnais et des animaux requis, ainsi que le prix d'achat correspondant à la somme totale revenant à chaque propriétaire.

La dernière colonne est réservée pour l'émargement des intéressés.

Les deux expéditions de ces trois états de paiement, ainsi que les extraits n°ˢ 7 et 7 *bis*, sont envoyés au sous-intendant militaire du ressort, qui en donne récépissé aux communes.

Les intéressés sont payés par le receveur municipal, contre la remise des bulletins (modèles n°ˢ 6 et 6 *bis*) (1).

A cet effet, les mandats des sommes dues pour chaque commune sont dressés, dans un délai *qui ne peut dépasser dix jours à*

---

(1) En effectuant ce paiement, le receveur municipal devra rappeler aux intéressés que, conformément aux prescriptions de l'article 58 de la loi du 8 juillet 1877, ils pourront, en remboursant intégralement la somme reçue, rentrer en possession des animaux, harnais ou voitures cédés par eux, à condition d'aller les rechercher eux-mêmes dans les rangs de l'armée lorsqu'elle sera remise sur pied de paix.

partir de la date de réception des états de paiement, par le fonctionnaire de l'intendance au nom des receveurs municipaux. (Art. 103 du décret du 2 août 1877.)

Les mandats sont envoyés à ces derniers par l'intermédiaire des trésoriers-payeurs généraux, avec une expédition de chacun des états de paiement visée par l'intendance ; ils sont payés immédiatement.

Aussitôt après avoir perçu le montant du mandat, le receveur municipal fait le paiement aux divers intéressés, sur simple émargement de ces derniers. (Art. 50 de la loi du 3 juillet 1877.)

Destination à donner aux voitures et aux animaux requis, ainsi qu'aux détachements chargés de les conduire.

Art. 20. Au fur et à mesure des réquisitions, le président de la commission fixe, d'après les ordres qu'il a reçus, les destinations à donner aux voitures et aux animaux requis, et les forme en convois, qu'il remet aux cadres de conduite chargés de les amener à destination.

Les destinations et les dates de départ des animaux sont indiquées sur les procès-verbaux de réception (modèles nos 5 et 5 *bis*), comme il a déjà été dit aux articles 11 et 18.

Le numéro matricule et le corps destinataire des animaux requis sont indiqués également sur l'exemplaire du tableau de classement (modèle no 2) et de l'annexe destinée au bureau de recrutement (colonnes 13 et 14). Il en est de même pour le tableau no 2 *bis*, concernant les voitures (colonnes 19 et 20).

Le deuxième secrétaire civil établit, au fur et à mesure des opérations, pour chaque corps destinataire, un état signalétique sommaire (modèle no 8) des animaux qui lui sont destinés (1) et, s'il y a lieu, un état signalétique (modèle no 8 *bis*) relatif aux voitures attelées.

Ces pièces sont remises par le président de la commission au commandant du détachement, qui devra y inscrire dans la colonne à ce destinée, au fur et à mesure qu'elles se présenteront, les mutations survenues parmi les animaux qui lui sont confiés.

---

(1) Cet état doit servir, dans les corps, de registre matricule pour tous les animaux de réquisition ; il est, par conséquent, dressé même par les commissions mixtes de corps ou fractions de corps de toutes armes qui ne requièrent que les animaux qui leur sont exclusivement destinés.

Une instruction spéciale sera adressée ultérieurement aux corps pour compléter les indications nécessaires à l'immatriculation des animaux de cette provenance.

Organisation du détachement de conduite, et formalités à remplir par le chef du détachement.

Art. 21. Les convois de chevaux et de voitures sont conduits à destination soit par des militaires de l'armée active, soit par des hommes classés dans les services auxiliaires ou appartenant à l'armée territoriale, soit enfin, exceptionnellement, par des palefreniers civils requis en application de l'article 5 de la loi du 3 juillet 1877, par les soins du bureau de recrutement.

Tous les hommes autres que ceux de l'armée active conservent la tenue civile ; mais ils reçoivent comme insigne militaire un brassard, différent pour les sous-officiers, brigadiers et soldats.

Le président groupe les hommes autres que ceux de l'armée active affectés aux divers convois, de manière que l'accomplissement de leur mission les rapproche, autant que possible, de leur destination définitive, indiquée dans le nota de leur ordre individuel d'appel. En ce qui concerne ceux qui doivent rentrer dans leurs foyers, leur mission terminée, il les groupe en prenant leur domicile pour base, afin qu'ils puissent être plus facilement rapatriés. La liste nominative dont il est parlé à l'article suivant est, d'ailleurs, établie sur ces données et facilite la répartition des conducteurs.

Après l'accomplissement de leur mission, les conducteurs sont dirigés, par les soins du corps destinataire, soit sur leur lieu de mobilisation ou toute autre destination définitive qui pourrait leur être assignée, soit sur leurs foyers. Dans ces derniers sont compris les palefreniers civils.

Les détachements sont placés, aussitôt qu'ils sont constitués, sous les ordres du chef de détachement, qui relève, jusqu'à son départ, du président de la commission ; ce dernier prescrit la mise en route.

Chaque commandant de détachement donne au président de la commission, pour sa décharge, un reçu (modèle n° 10), indiquant :

1° Le nombre et l'espèce ou la catégorie des voitures et des chevaux portés sur les états signalétiques modèles n°s 8 et 8 *bis* ;

2° Le corps destinataire ;

3° La date et le lieu de la remise ;

4° La somme reçue du président de la commission.

Prestations diverses auxquelles ont droit les conducteurs civils ou militaires.

Art. 22. Pour se rendre de leur domicile au point indiqué dans leur ordre d'appel, les conducteurs militaires *n'appartenant pas à l'armée active* ont droit, quel que soit leur grade, conformément aux dispositions du décret du 29 janvier 1879 (art. 6), sur les frais de route des militaires isolés, à une indemnité journalière de 1 fr. 25 c., exclusive de toutes autres prestations en deniers ou en nature. La somme qui leur est due est inscrite sur la liste nominative adressée préalablement, avec les instructions relatives à sa mission, au président de la commission, et leur est payée, directement et dès leur arrivée, par les soins de ce dernier, qui leur retire leur ordre d'appel, afin de pouvoir justifier les paiements.

Le président de la commission est également chargé de faire payer aux conducteurs militaires n'appartenant pas à l'armée active l'indemnité journalière de 1 fr. 25 c. :

Pour les journées de séjour au siège de la commission ;

Pour les journées de voyage effectuées jusqu'au lieu de mobilisation ou corps auquel les animaux sont destinés ;

Ou, s'il y a lieu, pour les journées de voyage effectuées par l'homme qui, ayant rejoint le chef-lieu de réquisition, est renvoyé dans ses foyers sans avoir été utilisé pour la conduite des animaux. Cette indemnité est égale à celle qui figure sur la liste nominative et qui a été payée à l'homme pour se rendre de ses foyers au chef-lieu de réquisition.

Ces hommes ont droit également au logement comme les cadres de conduite qui peuvent être fournis par l'armée active.

Les palefreniers civils sont traités, tant au point de vue de l'indemnité journalière qu'à celui du logement, comme les conducteurs militaires, soit pour se rendre de leurs foyers au lieu de réquisition, soit pendant leur séjour dans ce lieu, soit enfin pendant la durée de la conduite des animaux (1).

Une fois leur mission terminée, ils reçoivent, par les soins des corps de troupe destinataires des animaux, des feuilles de route pour rentrer dans leurs foyers, avec indemnité de route. Ces corps établissent également pour ces palefreniers, conformément aux prescriptions de l'article 20 du décret du 2 août 1877, un certificat constatant le service accompli par eux et qui est adressé, en même temps que la liste nominative dont il est question ci-dessus, au commandant du bureau de recrutement de la subdivision.

Les certificats précités sont établis par le président de la commission, si les palefreniers civils ne sont employés aux opérations qu'au chef-lieu de réquisition.

Dans ce dernier cas, ils sont portés sur une liste nominative

---

(1) La rémunération du service accompli par les palefreniers civils est réglée ultérieurement, conformément aux dispositions du titre V de la loi du 3 juillet 1877, par la commission départementale d'évaluation. Il en est déduit, toutefois, le montant de l'*indemnité journalière de 1 fr. 25 c.*, reçue par eux pendant la durée de leur service.

spéciale dressée par le président de la commission et qui est envoyée également au bureau de recrutement.

Les officiers des cadres de conduite sont traités conformément aux dispositions générales prescrites pour les officiers qui se déplacent pour le service.

Ordre de mouvement et rapports de la gendarmerie sur la conduite des détachements conducteurs.

Art. 23. Au fur et à mesure de la formation des détachements, le président de la commission remet aux chefs de ces détachements un ordre de mouvement (modèle n° 9) indiquant l'itinéraire à suivre d'après les ordres donnés par le général commandant le corps d'armée, et portant, en outre, la liste des hommes composant chaque détachement.

Cette pièce qui sera remplie, autant que possible, par le commandant du détachement, sous la surveillance du président de la commission, indique les indemnités dues à chacun de ces hommes pour aller du chef-lieu de réquisition au corps destinataire. Le total desdites indemnités est mentionné en toutes lettres sur l'ordre de mouvement, et le numéraire qu'il représente est remis au chef de détachement, lequel est chargé de payer, chaque matin, aux intéressés l'indemnité qui leur est due.

Chaque commandant de brigade de gendarmerie adresse au commandant de corps d'armée, s'il y a lieu, et *sans retard, par la voie hiérarchique*, des rapports sur les incidents qui pourraient se produire au point de vue du bon ordre, dans les détachements commandés par des sous-officiers ou brigadiers pendant le passage de ces détachements sur le territoire de sa brigade.

Paiement des indemnités et des dépenses diverses, et pièces justificatives à l'appui.

Art. 24. Les présidents de commission trouvent à leur arrivée au chef-lieu de réquisition, un mandat destiné à pourvoir aux paiements ci-après :

1° Indemnités dues aux parties prenantes énoncées à l'article 2 ;

2° Indemnités dues aux conducteurs désignés aux articles 21 et 22, pour se rendre de leur domicile au chef-lieu de réquisition, pour leur séjour à ce chef-lieu et pour les journées employées soit à conduire au corps les animaux et voitures requis, soit aussi à rentrer dans leurs foyers s'ils ne sont pas utilisés ;

3° Fonds de réserve affecté aux dépenses diverses, et notamment :

A l'achat éventuel du matériel prévu à l'article 3 ;

A la location de la forge et à l'achat du charbon et de la composition nécessaires au marquage des animaux et voitures ;

Au remplacement éventuel des ferrures, des licols, des bridons, etc. ;

Aux avances à faire aux commandants de détachement pour dépenses imprévues pendant la route. (Art. 26.)

Ce fonds de réserve est calculé à raison de 1 franc par tête d'animal à requérir.

Mandat d'indemnités et avances à titre de provision.

Art. 25. Le mandat ci-dessus énoncé à l'article 24 est préparé, dès le temps de paix, à la requête du commandant du bureau de recrutement du ressort, par le fonctionnaire de l'intendance en résidence au chef-lieu du département dans lequel est situé le chef-lieu de la circonscription de réquisition (1).

Le mandat ainsi préparé est déposé, dès le temps de paix, avec les dossiers des présidents de commission et remplacés, le cas échéant, à chaque changement d'ordonnateur. (Dépêche ministérielle du 13 mars 1894. État-major de l'armée, 1er bureau.)

Il appartient du reste au commandant du corps d'armée d'examiner à l'avance avec soin les cas particuliers qui pourraient se présenter, et de soumettre à la décision du Ministre les moyens à employer pour résoudre toute difficulté.

Avis de l'émission du mandat est d'ailleurs toujours donné au commandant du bureau de recrutement qui l'a provoquée, et qui, de son côté, doit transmettre ultérieurement à l'ordonnateur les pièces justificatives des dépenses faites et des reversements opérés.

Le montant du mandat est perçu à la caisse de l'agent du Trésor du chef-lieu de réquisition (trésorier-payeur général, receveur particulier ou percepteur), ou, à défaut, de l'agent le plus voisin. Ces agents sont chargés de se procurer les fonds nécessaires qu'ils délivrent en plusieurs acomptes en cas d'insuffisance de fonds momentanée.

Les présidents de commission appartenant à l'armée active,

---

(1) Dans le cas où aucun fonctionnaire de l'intendance ne réside au chef-lieu de département, le mandat est préparé par le fonctionnaire résidant dans le même département et le plus à proximité du chef-lieu.

EXEMPLE. — Le fonctionnaire de l'intendance en résidence à Bourges (Cher), prépare, à la demande du commandant du bureau de recrutement de Cosne (Nièvre), le mandat destiné au président de la commission qui doit opérer à Henrichemont (Cher). Il l'envoie dès l'annonce de la mobilisation, après visa du trésorier-payeur général du Cher, au commandant de la brigade de gendarmerie à Henrichemont.

Réquisitions. 4

nutres que les officiers de gendarmerie (1), reçoivent, en outre, de leur corps, au moment de leur départ, une avance qui est fixée suivant les besoins par le général commandant le corps d'armée et dont le maximum ne doit pas dépasser 2,000 francs. Cette avance est destinée à pourvoir aux premiers besoins de la réquisition, en attendant qu'ils aient pu percevoir le montant du mandat indiqué ci-dessus. (Art. 24.)

Cette avance doit être restituée intégralement par eux à leur rentrée au corps, une fois les opérations terminées.

Les corps remettent aux cadres de conduite qu'ils fournissent les avances qui leur sont nécessaires pour se rendre au chef-lieu de réquisition et conduire les animaux à destination. Il est justifié de l'emploi de ces avances suivant le mode ordinaire.

Elles sont d'ailleurs calculées d'après les dispositions du décret du 12 juin 1867, modifiées par l'article 31 du décret du 25 décembre 1875 et rappelées dans celui du 29 janvier 1879, à l'exclusion de la solde, du pain et de la viande.

Les cadres de conduite fournis par les corps peuvent recevoir de ceux-ci un certain nombre de licols et bridons pour remplacer ceux qui seraient livrés en mauvais état par les propriétaires.

Justification des dépenses.

Art. 26. Pour justifier des paiements qu'il a effectués, le président de la commission, lorsque les opérations de réquisition sont terminées, adresse au commandant du bureau de recrutement de la subdivision de région un état (modèle n° 11) des sommes payées par lui.

Il y joint :

1° L'état d'émargement (modèle n° 1) ;

2° La liste nominative des conducteurs préparée par le bureau de recrutement (art. 21 et 22), liste qui est émargée par les intéressés et appuyée des ordres d'appel ;

3° La liste nominative des conducteurs ou palefreniers civils qui ont pu être requis sur place, laquelle est établie dans la même forme que la précédente par le président de la commission et émargée chaque jour ;

4° Les reçus individuels pour l'officier président, le vétérinaire, le sous-officier ou brigadier secrétaire, maréchaux ferrants, en ce qui concerne les indemnités de route (armée active) ou de voyage (réserve ou armée territoriale) auxquelles ils ont droit ;

_____

(1) Les officiers de gendarmerie, comme ceux de l'armée territoriale, recevront, à leur arrivée au chef-lieu de réquisition, le mandat prévu par l'article 24 ci-contre, et qui est destiné à pourvoir aux paiements des diverses indemnités et des dépenses imprévues. (Note minist. du 19 janvier 1880. J. M., p. 20.)

ces reçus sont appuyés, pour les hommes de troupe, des ordres d'appel;

5° Des reçus (modèle n° 10) signés par les chefs de détachement;

6° Des factures ou mémoires acquittés (1) concernant les dépenses diverses (art. 24);

7° Un récépissé constatant le versement au Trésor (autant que possible à la caisse la plus voisine) de la somme restée sans emploi.

Les corps de troupe devant (art. 25) pourvoir pendant la durée du trajet, aller et retour, à tous les besoins des cadres qu'ils ont à envoyer au chef-lieu de réquisition pour y prendre des chevaux, les présidents de commission ne doivent remettre aux commandants de ces détachements que les indemnités dues aux conducteurs qui n'appartiennent pas à l'armée active, calculées à raison de 1 fr. 25 par jour, et une avance pour dépenses éventuelles à raison de 50 centimes par animal à conduire par les voies ordinaires, et s'il y a plus d'une étape à parcourir. La même avance de 50 centimes par animal est d'ailleurs faite par le président aux commandants de tous les détachements, sans exception, qui, voyageant par les voies ordinaires, ont plus d'une étape à parcourir.

Chaque chef de détachement justifie, à son arrivée au corps destinataire, des paiements qu'il a faits pendant la route. Dans ce but, il remet au trésorier du corps l'ordre de mouvement portant la liste nominative, les factures ou mémoires acquittés (1) et visés par les Maires, concernant les dépenses imprévues faites par lui, et le reliquat des avances non employées.

Ce reliquat est immédiatement versé au Trésor, à la diligence du trésorier du corps qui prend une copie de l'ordre de mouvement n° 9, la certifie conforme et la conserve. Il envoie ensuite l'ordre de mouvement avec les factures ou mémoires précités et le récépissé de versement, s'il y a lieu, au commandant du bureau de recrutement de la subdivision de région d'où est venu le détachement, cet officier supérieur étant chargé de produire les pièces justificatives nécessaires à l'ordonnateur du mandat dont il a été question. (Art. 24.)

Nourriture des animaux requis.

Art. 27. Au chef-lieu de réquisition, la nourriture des animaux requis est assurée au moyen de bons (modèle n° 12) établis, au titre des corps destinataires, par le président de la commission et signés par lui et par les chefs de détachement; ces pièces sont

(1) Non timbrés. (Loi du 18 décembre 1878, qui dispense de la formalité du timbre toutes les factures concernant les réquisitions militaires.)

visées, en outre, par le maire ou son suppléant légal, faisant fonctions de sous-intendant militaire.

Toutefois, si la réquisition des animaux est prononcée par la commission avant l'arrivée des cadres de conduite au chef-lieu de la circonscription et avant que la commission n'ait affecté les animaux à tel ou tel corps, les fourrages nécessaires à ces animaux s'obtiennent au moyen d'un bon collectif provisoire signé par le président et visé par le maire ou son suppléant légal, faisant fonctions de sous-intendant militaire. Dès que les détachements sont constitués, ce bon est retiré et remplacé par des bons partiels établis comme il est dit ci-dessus et dont le total doit naturellement représenter les mêmes quantités.

D'après les instructions qui lui sont données chaque année par le général commandant du corps d'armée, l'intendant de chaque région avise aux moyens de faire réunir en temps utile les approvisionnements nécessaires en fourrages, soit dans les chefs-lieux de réquisition, soit dans les gîtes d'étapes que doivent parcourir les détachements.

La nourriture des animaux qui ne sont pas requis est, bien entendu, à la charge des propriétaires.

Pour le trajet du siège de la commission au lieu de garnison du corps destinataire, la nourriture des animaux de réquisition est assurée à chaque gîte d'étape au moyen de bons (1) délivrés en nombre suffisant et au titre de chaque corps par le président de la commission, aux chefs de détachements, en même temps que l'ordre de mouvement sur lequel cette remise est mentionnée. Ces bons sont visés, dans chaque localité où la perception doit avoir lieu, par le maire ou son suppléant légal, faisant fonctions de sous-intendant militaire, et acquittés par les chefs de détachements.

Pour faciliter au président de la commission l'établissement des bons généraux et notamment des bons partiels, la ration de fourrage est fixée exceptionnellement, pour tous les animaux, quel que soit leur classement, depuis leur arrivée au chef-lieu de la réquisition jusqu'au jour inclus de leur arrivée au corps destinataire, au taux unique ci-après déterminé, savoir :

Foin.. 4 kilogrammes.
Avoine.. 5   —

---

(1) La colonne de gauche de ces bons est remplie avant d'être remise au chef de détachement et signée par le président de la commission ; la colonne de droite est remplie au fur et à mesure des besoins par le chef de détachement.

Mesures à prendre contre les propriétaires qui n'amènent pas leurs animaux ou leurs voitures.

Art. 28. Aux termes de l'article 51 de la loi, le propriétaire qui n'aura pas conduit ses animaux classés ou susceptibles de l'être aux lieu et heure indiqués pour la réquisition, sans motifs légitimes admis par la commission de réquisition, est déféré aux tribunaux et, en cas de condamnation, frappé d'une amende égale à la moitié du prix d'achat fixé pour la catégorie à laquelle appartient l'animal.

Ces dispositions sont également applicables à l'égard des propriétaires qui n'auraient pas présenté leurs voitures attelées convoquées par l'autorité militaire; dans ce cas, l'amende est égale à la moitié du prix d'acquisition fixé dans la région, par le Ministre, pour la catégorie à laquelle appartiennent les voitures et harnais.

D'après le même article, la saisie et la réquisition peuvent être exécutées immédiatement et sans attendre le jugement soit, exceptionnellement, à la diligence du président de la commission, soit à la requête du commandant du bureau de recrutement de la subdivision de région, comme il est dit ci-après.

Toutefois, les propriétaires non comparants qui justifient d'un des cas d'exemption prévus par l'article 40 de la loi, complété, en ce qui concerne les exemptions, par les décrets ultérieurs, et ceux qui prouvent que les voitures et les animaux classés n'étaient plus en leur possession avant la publication de l'ordre de réquisition, ne doivent pas être l'objet de poursuites.

Il n'est exercé également aucune poursuite contre les propriétaires qui, n'ayant pas amené leurs animaux classés ou susceptibles de l'être, ou les voitures attelées, ont fait valoir verbalement auprès de la commission des réclamations ou des excuses admises par elle.

A la fin des opérations pour chaque canton, le président de la commission requiert la gendarmerie de dresser un procès-verbal collectif de non comparution contre les propriétaires qui ne se sont pas présentés, et ce procès-verbal est transmis, le jour même, par la gendarmerie au procureur de la République de l'arrondissement auquel appartiennent les délinquants, afin que ce magistrat assure l'application de la loi.

Lorsque les réclamations ou excuses présentées par les propriétaires ne sont pas admises par la commission, il est procédé comme il suit :

1° Si les animaux ou les voitures sont à portée, le propriétaire est mis en demeure de les amener *immédiatement*; s'il n'obtempère pas à cette injonction, il est dressé sur l'heure un procès-verbal par la gendarmerie, et la saisie est prescrite par le président de la commission, au moyen d'un ordre (modèle n° 13);

2° Si les animaux ou les voitures ne sont pas à portée, il est accordé un délai de vingt-quatre heures aux propriétaires pour les amener à la commission; passé ce délai, il est dressé procès-verbal par la gendarmerie, et la saisie est ordonnée par le président de la commission, ou, en cas de départ de celle-ci, par le commandant du bureau de recrutement.

Le délai ci-dessus est porté à quarante-huit heures, si les propriétaires des animaux et voitures non amenés appartiennent aux cantons convoqués le dernier jour des opérations de réquisition. Dans ce cas, ils sont tenus de conduire les animaux ou voitures au dépôt du corps de troupe le plus voisin, s'il en existe dans le canton, ou à défaut, à la brigade de gendarmerie de leur domicile.

Chaque président de commission de réquisition adresse tous les soirs au commandant du bureau de recrutement les noms:

1° Des propriétaires, comparants ou non, dont les animaux non amenés dans le délai fixé, sans motif légitime d'excuse, ont été saisis d'office;

2° De ceux qui se trouvent dans le même cas, mais dont les voitures ou les animaux n'ont pu être saisis en temps utile pour être présentés à la commission;

3° De ceux dont les réclamations n'ont pas été admises et qui, n'ayant pu amener leurs voitures et leurs animaux à la commission avant son départ, doivent se présenter, selon le cas, au dépôt d'un corps de troupe voisin, ou à la brigade de gendarmerie de leur domicile.

Il donne en même temps le signalement des animaux et voitures des propriétaires mentionnés aux paragraphes 2° et 3°, si ces animaux ou voitures ont déjà été classés antérieurement.

Il envoie au corps ou à la brigade de gendarmerie, selon le cas, un double de l'état nominatif des propriétaires visés au paragraphe 3°, avec le signalement des animaux et voitures, si cela est possible.

Le commandant du bureau de recrutement demande au procureur de la République la poursuite des propriétaires visés aux paragraphes 1° et 2°; il s'assure que ceux visés au paragraphe 3° présentent leurs voitures et leurs animaux dans le délai voulu, au dépôt du corps désigné ou à la brigade de gendarmerie; faute de quoi il fait dresser procès-verbal contre eux et les défère au procureur de la République.

Saisie de voitures ou d'animaux non déclarés.

Art. 29. D'une manière générale, les animaux ou voitures dont la saisie est ordonnée, et qui n'ont pas été amenés à la commission, sont dirigés par les soins de la gendarmerie et, au besoin, au moyen de conducteurs requis soit sur le dépôt du corps de troupe le plus voisin, s'il en existe dans le canton, soit, dans le cas contraire, sur la brigade de gendarmerie du domicile de chaque propriétaire.

Le dépôt de corps où sont amenés des animaux et voitures forme une commission composée comme il est dit à l'article 1er, et qui opère dans les conditions ordinaires. Elle établit les pièces nécessaires sur les imprimés qui lui sont fournis par le bureau de recrutement.

Quant aux animaux et voitures amenés à la brigade de gendarmerie, ils sont examinés dans le plus bref délai possible par le commandant de l'arrondissement, auquel il est rendu compte chaque jour du nombre de ces animaux et de ces voitures. Cet officier se transporte au siège de la brigade, et, après un examen sommaire, renvoie les animaux ou voitures qu'il juge impropres au service militaire. Il retient les autres, et forme immédiatement, avec un membre civil (1) désigné par le maire, une commission qui prononce, dans les formes régulières, la réquisition des animaux aptes au service, et qui établit les pièces nécessaires, notamment les procès-verbaux nos 5 et 5 *bis*, et les bulletins individuels nos 6 et 6 *bis*.

Envoi dans les corps des voitures et des chevaux saisis par la gendarmerie.

Art. 30. Les animaux et voitures requis dans les chefs-lieux de brigade de gendarmerie sont réunis par les soins du commandant de l'arrondissement dans celle des brigades qui est la plus rapprochée du corps désigné à l'avance pour les recevoir. Cet officier prévient le commandant du bureau de recrutement, qui provoque l'envoi, par le corps destinataire, d'un nombre d'hommes suffisant pour la conduite.

Ces chevaux et voitures sont immédiatement immatriculés aux corps auxquels ils sont amenés.

Ces corps rendent compte, au fur et à mesure, au commandant du territoire, qui leur assigne une destination, du nombre et de la catégorie de tous les animaux et voitures dont il s'agit.

Indemnité pour frais de conduite ou de déplacement occasionnés par les opérations complémentaires de réquisition d'animaux ou voitures non déclarés en temps opportun.

Art. 31. Tous les frais résultant de la conduite des animaux ou voitures saisis ou simplement amenés par leurs propriétaires qui

(1) Le membre civil n'a droit à aucune indemnité.

n'avaient pu les présenter à la commission de réquisition, les dépenses de nourriture des animaux, etc., sont effectués au moyen de carnets d'ordres de réquisition et de reçus pour prestations fournies par réquisitions. A cet effet, les carnets sont remis, à l'avance, au commandant de gendarmerie de chaque arrondissement.

Le commandant du bureau de recrutement informe le procureur de la République des frais occasionnés à l'Etat, afin que le remboursement en soit poursuivi, s'il y a lieu.

Les déplacements de chevaux et voitures visés aux articles 28 et 29 n'ouvrent aux propriétaires aucun droit à indemnité, ces déplacements exceptionnels n'ayant été rendus nécessaires que par la négligence ou le mauvais vouloir des intéressés.

Transmission à époque déterminée des procès-verbaux, états d'émargements et pièces diverses dont l'établissement est nécessité par les opérations de réquisitions de voitures et de chevaux.

Art. 32. A la fin de chaque journée d'opérations, les présidents des commissions transmettent au bureau de recrutement du ressort, comme il est dit aux articles 11 et 18, les procès-verbaux de réception (modèle n⁰ˢ 5 et 5 *bis*).

A la fin des opérations, l'état d'émargement n⁰ 1, les tableaux de classement n⁰ˢ 2 et 2 *bis*, ainsi que les tableaux annexes n⁰ 2, annotés comme il est dit aux articles 5, 6, 7, 11, 14, 18 et 20; les états n⁰ˢ 3 et 3 *bis*, 4, 10 et 11 sont également envoyés au commandant du bureau de recrutement.

Celui-ci dresse en double expédition, au moyen des renseignements contenus dans les pièces n⁰ˢ 2, 2 *bis*, 3, 3 *bis*, 5 et 5 *bis*:

1° Un relevé numérique (modèle n⁰ 15 *bis*) faisant connaître, par commission, le nombre et l'espèce des voitures requises;

2° Un relevé numérique (modèle n⁰ 15) indiquant dans les mêmes conditions le nombre des animaux reçus dans chaque catégorie.

Ces deux relevés numériques mentionnent, en outre, les destinations données aux voitures et aux animaux requis.

Une expédition de chacun de ces relevés numériques est adressée au général commandant le corps d'armée: la deuxième expédition est adressée au Ministre, sous le timbre *Bureau des remontes*, pour le relevé (modèle n⁰ 15), et sous le timbre *Bureau du matériel de l'artillerie et des équipages militaires*, pour le relevé (modèle n⁰ 15 *bis*).

Après avoir fait les extraits n⁰ˢ 7 et 7 *bis* et les avoir adressés aux maires des communes intéressées, le commandant du bureau de recrutement transmet au sous-intendant militaire compétent les procès-verbaux de réception n⁰ˢ 5 et 5 *bis*, avec un état récapitulatif général.

Les états d'émargement n° 1 et les états n⁰ˢ 10 et 11, avec les pièces justificatives, reçoivent la même destination, après vérication, pour être mis à l'appui de la comptabilité.

Dès que les opérations sont complètement terminées, le président prononce la dissolution de la commission, et en rend compte au général commandant le corps d'armée. Les militaires qui ont fait partie de cette commission ou qui l'ont assistée rentrent à leurs corps, s'ils appartiennent à l'armée active ; ils sont dirigés sur leur destination de mobilisation, s'ils appartiennent à la réserve ou à l'armée territoriale.

Fourniture des imprimés, toises et autres objets nécessaires au fonctionnement du service des réquisitions.

Art. 33. La présente instruction et tous les imprimés spéciaux à la réquisition des animaux et à celle des voitures sont fournis par l'administration centrale (Bureau des remontes).

Les imprimés modèles n⁰ˢ 3 et 3 *bis* sont envoyés directement aux généraux commandant les corps d'armée, qui les font parvenir à qui de droit avec leurs instructions spéciales.

Les autres imprimés sont adressés aux bureaux de recrutement.

Les commandants de ces bureaux conservent les n⁰ˢ 7, 7 *bis*, 15 et 15 *bis*, qu'ils ont à établir lors de la réquisition.

Ils adressent, dès le temps de paix et selon les besoins, la présente instruction, les imprimés n⁰ˢ 1, 2, 2 *bis*, 4, 5, 5 *bis*, 6, 6 *bis*, 8, 8 *bis*, 9, 10, 11, 12 et 13, savoir :

1° Aux corps de troupes ou fractions de corps, pour les commissions de corps ou de fractions de corps ;

2° Aux brigades de gendarmerie, pour les autres commissions.

Toutefois, lorsque ces dernières commissions doivent opérer au chef-lieu même du bureau de recrutement, ce bureau peut conserver les imprimés et le matériel nécessaire, et les remet au président à son arrivée dans cette localité.

Il est rendu compte au Ministre (Bureau des remontes) de la répartition des imprimés.

Les tableaux n⁰ˢ 2 et 2 *bis*, établis lors du dernier classement, sont déposés, dès le temps de paix, dans les centres de réquisition. (Dép. minist. du 23 décembre 1893. — État-major de l'armée.)

Les imprimés n⁰ˢ 14 et 14 *bis* sont transmis, par les soins des bureaux de recrutement, en cas de mobilisation, aux maires de leur circonscription à raison de cinq exemplaires par commune ; un nombre égal d'intercalaires est fourni en ce qui concerne le n° 14.

La toise pour vérifier la taille des animaux (art. 5), le jeu de dix chiffres arabes et la lettre indicative du corps d'armée pour la marque au fer chaud (art. 9 et 15) nécessaires à chaque commission sont achetés par les bureaux de recrutement sur des fonds *ad hoc* (1) ; ils reçoivent, dès le temps de paix, la même destination que les imprimés dont il est question au paragraphe 5.

Quant aux boules numérotées à l'encre en chiffres arabes et renfermées dans les sacs de toile (art. 12), également nécessaires p' le tirage au sort des animaux, l'intendance milit en fait l'achat au chef-lieu de chaque corps d'armée sur les fonds mis à sa disposition pour cet objet, et adresse ce matériel aux bureaux de recrutement, qui en font la répartition dès le temps de paix, d'après les indications données par le général commandant la région, entre les brigades de gendarmerie stationnées aux chefs-lieux de circonscriptions de réquisition et les corps de troupe qui doivent former des commissions.

Le Ministre de la guerre,
Signé : H. GRESLEY.

---

(1) Les dépenses de cette nature sont ordonnancées sur les fonds inscrits au budget de chaque année pour le recensement des chevaux. (Note minist. du 19 janvier 1880, J. M., p. 29.)

ANNEXE A

RÉSUMÉ

des mesures que chaque président de commission de réquisition des chevaux, juments, mulets et mules et des voitures attelées, doit prendre en cas de mobilisation de l'armée.

OPÉRATIONS PRÉLIMINAIRES

Le président de chaque commission se fait remettre, dès son arrivée dans la localité où ont eu lieu les opérations de la réquisition des animaux et des voitures attelées, les documents ci-après, qui ont dû y être déposés à l'avance (1), savoir :

PAR LES SOINS DU COMMANDANT :

1° Les instructions spéciales du général commandant le corps d'armée, lesquelles indiquent la composition nominative de la commission en personnel mili'aire et civil ;

2° La taille minimum, fixée par le général commandant le corps d'armée pour les animaux des 5°, 6°, 7°, 8° et 9° catégories (art. 5) ;

3° Le tableau des prix des animaux, voitures et harnais de réquisition (art. 10 et 17) ;

4° Les états modèles nos 3 et 3 *bis* préparés pour la fixation du nombre d'animaux et de voitures à requérir dans chaque canton (art. 7 et 12), ainsi que la série des numéros matricules attribués à la commission. (Art. 15.)

PAR LES SOINS DU COMMANDANT DU BUREAU DE RECRUTEMENT :

5° Un mandat d'avance pour les dépenses prévues (art. 24) ;

6° La liste nominative des hommes chargés de la conduite des chevaux et des voitures et qui n'appartiennent pas à l'armée active (art. 21 et 22) ;

---

(1) Ce matériel est déposé en principe *à la brigade de gendarmerie.* Il peut l'être néanmoins *au bureau de recrutement,* si l'opération a lieu au chef-lieu d'une subdivision.

7° Les tableaux modèles nᵒˢ 2 et 2 *bis* du dernier classement dans chaque commune de la circonscription (art. 5 et 6);

8° Quatre exemplaires de l'instruction ministérielle du 1ᵉʳ août 1879;

9° Les divers imprimés nécessaires à la réquisition (modèles nᵒˢ 1, 2, 2 *bis*, 4, 5, 5 *bis*, 6, 6 *bis*, 8, 8 *bis*, 9, 10, 11, 12 et 13) (1);

10° Un carnet d'ordres de réquisition et un carnet de reçus pour prestations fournies par réquisition;

11° Une toise pour vérifier la taille des animaux, un jeu de chiffres pour marquer les chevaux et voitures, une lettre indicative du corps d'armée, et, s'il y a lieu, des boules destinées au tirage au sort des animaux;

12° Des brassards pour les cadres de conduite (2) des détachements de chevaux et voitures de réquisition (Art. 1 et 21.)

Le président de la commission entre en rapport, aussitôt que possible, avec le membre civil et le vétérinaire ou leurs suppléants désignés pour participer aux opérations de la réquisition et remet à chacun d'eux un exemplaire de l'instruction.

Il fait connaître aux trois secrétaires et aux maréchaux ferrants le travail qui incombe à chacun d'eux, et leur donne les indications nécessaires.

D'après les renseignements qui lui sont fournis par la gendarmerie, le président de la commission donne les ordres pour l'achat et la mise en place du matériel nécessaire au groupement des animaux et voitures. (Art. 3.)

Il se présente ensuite au commandant militaire local, s'il y en a un, et au maire; il se concerte avec eux pour la marche des opérations et les diverses mesures d'ordre à prendre.

Il perçoit ou fait percevoir le mandat d'avance mis à sa disposition (Art. 25.)

Il reçoit, à leur arrivée, les cadres et les hommes chargés de la conduite des chevaux et des voitures, et les groupe à l'avance en détachements d'après la force probable des convois à mettre en route au fur et à mesure des opérations de réquisition, en se référant aux instructions qu'il a reçues du commandant du corps d'armée.

Il délivre aux hommes ne faisant pas partie de l'armée active l'indemnité qui leur est due, sur leur émargement et la remise de leur ordre d'appel. (Art. 22.)

Il fait préparer provisoirement des bons collectifs de fourrages modèle n° 12, afin de pourvoir à la nourriture des animaux à requérir.

(1) Les imprimés relatifs à la réquisition des voitures attelées ne doivent être fournis qu'aux présidents de commission chargés de cette réquisition.

(2) Hommes des services auxiliaires, militaires de l'armée territoriale et palefreniers civils.

OPÉRATIONS DE LA RÉQUISITION

A l'heure fixée par le commandement, le président déclare la commission de réquisition constituée.

Il se fait remettre, par les maires des communes du canton pour lequel les opérations sont effectuées, les tableaux n°ˢ 2 et 2 *bis* du dernier classement.

Il procède d'abord simultanément et aussi promptement que possible, par commune, à la revision des animaux portés sur le dernier tableau de classement modèle n° 2, à l'examen et, s'il y a lieu au classement de tous ceux ayant l'âge fixé par la loi qui n'ont pas été classés antérieurement dans la commune. (Art. 5.)

Il prononce sur tous les cas d'exemption, de réforme, de refus conditionnel, etc.

Il fait emmener, au fur et à mesure, hors du lieu de réunion, tous les animaux non susceptibles d'être requis; les animaux classés son¹ répartis en groupes séparés correspondant aux diverses catégories à requérir.

Il fait compléter ou établir les tableaux modèle n° 2 du dernier classement et les tableaux annexes (art. 5), savoir :

Les exemplaires destinés au bureau de recrutement, par le sous-officier ou brigadier secrétaire;

Ceux à remettre aux maires, par le premier secrétaire civil.

Tous les animaux ayant été vus, le président passe à la revision du dernier tableau de classement n° 2 *bis* des voitures attelées et des harnais.

Il fait modifier ces tableaux par les mêmes secrétaires. (Art. 6.)

Il fixe, d'après les indications données sur l'état modèle n° 3 *bis* le nombre de voitures attelées à réquérir par canton et par commune et prononce, au nom de la commission, la réquisition desdites voitures. (Art. 7.)

Il complète lui-même ledit modèle n° 3 *bis*.

Il fait dételer, au fur et à mesure des décisions prises par la commission, les attelages des voitures non requises et fait placer immédiatement les animaux dans la catégorie à laquelle ils appartiennent. (Art. 8.)

Il fait porter, séance tenante, par les secrétaires, les mentions prescrites par l'article 7 sur les tableaux modèles n° 2 *bis* et fait établir simultanément le procès-verbal collectif modèle n° 5 *bis*, les bulletins de réquisition modèle n° 6 *bis* (art. 11) et l'état signalétique modèle n° 8 *bis* (art. 20).

Il fait inscrire également les animaux d'attelage sur le procès-verbal modèle n° 5, et les mentions correspondantes sur les tableaux modèle n° 2.

Il remet immédiatement aux propriétaires, après les avoir signés, les bulletins modèles n°ˢ 6 et 6 *bis*.

Le président s'occupe ensuite, quand il y a lieu, du tirage au sort des animaux par canton et par catégorie, après avoir fait vérifier par un des maires présents le nombre de boules nécessaires pour chaque catégorie.

Il fait inscrire, par l'un des secrétaires, les nom, prénoms et domicile de chaque propriétaire sur la liste modèle n° 4, en regard de chaque numéro tiré pour lui. (Art. 12.)

Il statue ensuite sur les demandes de substitution de chevaux qui peuvent être présentées.

Il prononce, au nom de la commission (art. 13), la réquisition des animaux par canton, comme il est dit plus haut pour les voitures attelées, en se servant de l'état modèle n° 3.

Il fait procéder simultanément, séance tenante :

1° *Par un sous-officier ou brigadier des cadres de conduite :*

A la marque provisoire de chaque voiture et de chaque animal requis. (Art. 9 et 15.)

2° *Par le secrétaire militaire :*

A l'établissement du procès-verbal collectif de réception modèle n° 5 (art. 18) ;

3° *Par le premier secrétaire civil :*

A celui du bulletin individuel de réquisition modèle n° 6 ;

4° *Par le deuxième secrétaire civil :*

A celui de l'état signalétique modèle n° 8 (pour chaque détachement (art. 20).

Il fait ensuite diriger sur la forge chaque animal, avec sa voiture, s'il y a lieu, pour y recevoir du maréchal ferrant la marque au fer chaud. (Art. 9 et 15.)

Dès que les opérations sont entièrement terminées pour chaque commune, il fait remettre au maire intéressé les tableaux de classement modèles n°s 2 et 2 *bis* et le tableau annexe n° 2, avec les mentions prescrites aux articles 5, 6, 7 et 14 et qui ont dû y être portées par le premier secrétaire civil au fur et à mesure des décisions de la commission.

A la fin des opérations pour chaque canton, le président requiert la gendarmerie de dresser procès-verbal contre les propriétaires qui n'ont pas présenté leurs voitures ou leurs animaux à l'heure fixée et donne des ordres de saisie modèle n° 13 ; il suit, à cet effet, la marche indiquée à l'article 28.

Chaque soir, il transmet au commandant du bureau de recrutement du ressort :

1° Les procès-verbaux de réception modèles n°s 5 et 5 *bis* établis dans la journée, après les avoir fait signer par le membre civil et le vétérinaire et les avoir signés lui-même (art. 11 et 18) ;

2° L'état nominatif des propriétaires qui n'ont pas amené leurs chevaux ou leurs voitures en temps utile. (Art. 28).

FORMATION ET MISE EN ROUTE DES DÉTACHEMENTS (1)

Le président fait préparer, par chaque chef de détachement, un ordre de mouvement modèle n° 9, qui doit être rempli à l'avance, sauf en ce qui concerne le nombre des animaux et des voitures, qui n'est indiqué qu'au moment du départ.

Il lui donne ensuite, et après vérification de l'ordre de mouvement, la somme nécessaire pour l'entretien de son détachement jusqu'à l'arrivée au corps (art. 23) et pour parer aux dépenses imprévues en route.

Aussitôt que les chevaux et les voitures destinés à un détachement sont au complet, il prescrit la mise en route de ce détachement et il remet à chaque commandant, après les avoir signés :

1° L'ordre de mouvement modèle n° 9, complété par l'indication du nombre des animaux et des voitures, avec les sommes nécessaires ;

2° Les états signalétiques modèles n°s 8 et 8 bis ;

3° Des bons de fourrages modèle n° 12. (Art. 27.)

Par contre, il fait remplir pour sa décharge et signer par le commandant de chaque détachement un reçu modèle n° 10. (Art. 21.)

CLOTURE DES OPÉRATIONS ET DISPOSITIONS D'ORDRE

A la clôture des opérations de réquisition, le président prononce la dissolution de la commission et donne aux militaires qui en font partie ou l'ont assisté la destination prescrite à l'article 32.

Il transmet :

1° Au général commandant la subdivision,

Un compte rendu complet de ses opérations destiné au général commandant le corps d'armée ;

2° Au bureau du recrutement du ressort,

Le relevé des paiements modèle n° 11 effectués par lui et appuyé des pièces justificatives indiquées à l'article 26 ;

---

(1) Décision ministérielle étendant aux présidents des commissions de réquisition les dispositions de l'article 5 du décret du 18 juillet 1876, pour la délivrance des ordres de mouvement rapide. (État-major de l'armée ; 1er et 4e bureaux.)

Paris, le 3 mai 1895.

Par application des dispositions de l'article 5 du décret du 18 juillet 1876 modifiant les dispositions qui régissent le service des frais de route, le Ministre de la guerre a décidé que les officiers présidents des commissions instituées par l'article 46 de la loi du 3 juillet 1877 pour réquérir, en cas de mobilisation, les animaux et voitures nécessaires à l'armée, seraient compris parmi les autorités militaires pouvant délivrer des ordres de mouvement rapide, dans les conditions prescrites par l'article 5 visé ci-dessus.

Les tableaux modèles n°ˢ 2 et 2 *bis* et l'annexe n° 2 complétés, notamment en ce qui concerne les destinations données aux animaux et voitures requis ;

Les états modèles n°ˢ 3 et 3 *bis* complétés ;

Les listes du tirage au sort modèle n° 4, s'il y a lieu ;

Les carnets d'ordres de réquisition et de reçus ;

Les instructions spéciales et les tableaux des prix des animaux et voitures de réquisition ;

3° *Au chef de corps le plus voisin ou au commandant de la brigade de gendarmerie, selon le cas,*

Un double de l'état nominatif des propriétaires dont les chevaux et voitures n'ont pu être présentés à la commission avant son départ. (Art. 28.)

Le président remet enfin, avant de rejoindre son corps, au bureau de recrutement ou au commandant de la gendarmerie, selon la localité, les imprimés restants, la toise, les boules, le jeu de marques, la lettre indicative du corps d'armée, les brassards, etc.

ANNEXE B

TABLEAU

des exemptions prévues par les articles 40 et 42 de la loi du 3 juillet 1877 et relatives aux réquisitions militaires, en ce qui concerne les chevaux, juments, mulets et mules, et les voitures attelées, en cas de mobilisation de l'armée.

(Décrets des 9 avril 1878, 25 février 1879, 27 octobre 1883, 7 février 1887, 26 janvier et 23 novembre 1888, 22 juin et 30 août 1891, 4 juillet et 21 août 1892 4 février, 23 juillet et 10 octobre 1893.)

Les indications du présent tableau sont conformes à l'état actuel des choses.

Ces exemptions comprennent, en dehors des animaux reconnus impropres au service de l'armée et des voitures attelées non susceptibles d'être requises :

1° Les chevaux appartenant au chef de l'Etat ;

2° Les chevaux et voitures dont les fonctionnaires et les établissements publics désignés au tableau ci-après sont tenus d'être pourvus pour le service de l'Etat ;

3° Les chevaux entiers approuvés ou autorisés pour la reproduction, sauf justification par pièces régulières ;

4° Les juments en état de gestation constatée par des certificats de saillie appuyés de l'affirmation de deux témoins ou de la déclaration du maire, et les juments suitées d'un poulain, ou notoirement reconnues comme consacrées à la reproduction (cette dernière condition ne sera admise que sur le témoignage de deux propriétaires possédant des chevaux, juments, mulets ou mules compris dans le classement) ;

5° Les chevaux et juments n'ayant pas atteint l'âge de 6 ans, les mulets et les mules au-dessous de 4 ans (la déclaration faite par les propriétaires au moment du recensement, concernant l'âge des animaux, fait foi, sauf la responsabilité prévue par l'article 52 de la loi du 3 juillet 1877) ;

6° Les chevaux et voitures de l'administration des postes ou ceux qu'elle entretient pour son service par des contrats particuliers dont il sera justifié. D'après des dispositions concertées avec l'administration des postes et des télégraphes (circ. minist. du 21 octobre 1880). Un état indiquant les renseignements ci-après est remis par les soins des commandants de corps d'armée à chaque président de commission, savoir:

A. — Les noms des entrepreneurs du service du transport des dépêches à pied ou à cheval ;

B. — Les localités où sont installés les écuries ou relais de l'entreprise, le nombre de chevaux affectés dans chaque localité au service des dépêches et le nom du propriétaire de ces chevaux ;

7° Les chevaux et voitures attelées affectés au transport du matériel nécessité par l'exploitation des chemins de fer ;

8° Les chevaux, juments, mulets et mules et voitures attelées appartenant aux agents diplomatiques des puissances étrangères (art. 75, 6°, du décret du 2 août 1877).

(Ces animaux et voitures ne doivent figurer ni sur le registre de déclaration, ni sur la liste de recensement.)

9° Les chevaux, juments, mulets et mules et voitures attelées qui sont la propriété des étrangers résidant en France et appartenant aux pays désignés ci-après, en faveur desquels l'exemption de toute réquisition militaire a été stipulée par des conventions spéciales, savoir :

Allemagne, République argentine, Brésil, Haïti, Chili, Honduras, République dominicaine, Equateur, Espagne, Grande-Bretagne, Russie, îles Sandwich, Suisse, Mexique, République sud-africaine.

N. B. Toutefois, ces exemptions ne s'appliquent pas aux nationaux d'aucun de ces pays, propriétaires fonciers ou fermiers en France (1).

_____

(1) Circ. du 27 février 1889. (*B. O.*, p. 805).

DÉSIGNATION des MINISTÈRES.	DÉSIGNATION : 1° Des fonctionnaires qui sont tenus de posséder des chevaux et voitures ; 2° Des administrations auxquelles des chevaux de service et des voitures sont nécessaires.	Nombre d'animaux par fonctionnaire ou par établissement.	Nombre de voitures à 2 ou à 4 roues, par fonctionnaire ou par établissement.	OBSERVATIONS.
	Tous les ministres.............	»	»	Sans fixation de chiffres.
JUSTICE ET CULTES.	*Imprimerie nationale.* Directeur et service..........	10	5	
APPAIRES ÉTRANGÈRES.	Directeur des affaires politiques.	3	4	Décret du 27 octobre 1883.
INTÉRIEUR.	Préfets des départements......	2	»	
	Sous-préfets des arrondissements...............	1	»	
	Établissements pénitentiaires.			
	Clairvaux (Aube).............	6	5	
	Le Val d'Yèvre (Cher)........	11	5	
	Casabianca (Corse)............	45	20	
	Castelluccio (Corse)...........	8	4	
	Chiavari (Corse).............	31	15	
	Saint-Han (Côtes-du-Nord).....	2	1	
	Gaillon (Eure)...............	1	1	
	Les Douaires (Eure)..........	10	5	
	Maison centrale de Nîmes (Gard)	1	1	
	Colonie de Mettray (Indre-et-Loire)...........	5	2	Décret du 27 octobre 1883.
	La Motte-Beuvron (Loir-et-Cher)	8	4	
	Fontevrault (Maine-et-Loire)...	3	2	
	Loos (Nord).................	2	2	
	Saint-Bernard (Nord).........	13	6	
	La Grande-Trappe (Orne).....	2	2	
	École Saint-Joseph à Frasnes (Haute-Saône)..............	2	1	
	Atelier-refuge de Rouen.......	2	2	
	Saint-Hilaire (Vienne)........	14	7	
	Établissements généraux de bienfaisance.			
	Maison nationale de Charenton (Seine).................	3	2	
	Asile national de Vincennes (Seine).................	5	2	

DÉSIGNATION des MINISTÈRES.	DÉSIGNATION : 1° Des fonctionnaires qui sont tenus de posséder des chevaux et voitures; 2° Des administrations auxquelles des chevaux de service et des voitures sont nécessaires.	Nombre d'animaux par fonctionnaire ou par établissement.	Nombre de voitures à 2 ou à 4 roues, par fonctionnaire ou par établissement.	OBSERVATIONS.
INTÉRIEUR (Suite).	Asile national du Vésinet (Seine-et-Oise)...............	3	2	
	Institution nationale des sourdes-muettes de Bordeaux....	1	1	
	Hospice national du Mont-Genèvre.................	1	1	
	Institution nationale des sourds-muets de Chambéry........	1	1	
	Établissements hospitaliers.			
	Dépôt de mendicité de Montreuil-sous-Laon (Aisne)...........	4	2	
	Hospices de Montpellier (1)....	3	»	
	Hospices civils de Reims (Marne) (2).................	1	1	
	Hospice d'Angoulême (Charente)	2	2	
	Dépôt de mendicité de Rabès (Corrèze)................	1	1	
	Hospice général de Tours (Indre-et-Loire)..............	5	3	
	Hospice d'Alençon (Orne)......	1	1	
	Dépôt de mendicité de Neurey (Haute-Saône)..............	2	1	
	Hospices du Mans (Sarthe)....	1	1	
	Hospices de Poitiers (Vienne)..	1	1	
	Hôpital-hospice de Niort (3)....	11	»	
	Établissements dépendant de l'assistance publique de Paris (Seine).			
	Hôpital de la Charité, à Paris..	1	1	
	— de la Pitié, à Paris....	1	1	
	— Saint-Antoine, à Paris..	1	2	
	— Necker, à Paris.......	1	2	
	— Beaujon, à Paris......	1	2	
	— Lariboisière, à Paris...	2	2	
	— Saint-Louis, à Paris...	2	3	
	— des enfants malades, à Paris..............	2	1	
	— Sainte-Eugénie, à Paris.	2	2	
	— de Berck-sur-Mer (Pas-de-Calais)..........	3	1	
	Maison municipale de santé, à Paris	1	2	

(1) Décret du 30 août 1891, *D. O.*, p. 270.
(2) Décret du 27 octobre 1863, *J. N.*, p. 605.
(3) Décret du 4 juillet 1892, *B. O.*, p. 7.

DÉSIGNATION des MINISTÈRES.	DÉSIGNATION : 1° Des fonctionnaires qui sont tenus de posséder des chevaux et voitures; 2° Des administrations auxquelles des chevaux de service et des voitures sont nécessaires.	Nombre d'animaux par fonctionnaire ou par établissement.	Nombre de voitures à 2 ou à 4 roues, par fonctionnaire ou par établissement.	OBSERVATIONS.
	Hospice des enfants assistés, à Paris.............................	4	3	
	Hospice de Bicêtre (vieillesse, hommes), à Gentilly (Seine)..	6	4	
	Hospice de la Salpêtrière (vieillesse, femmes), à Paris......	6	6	
	Hospice des incurables, à Ivry (Seine)........................	3	3	
	Maison des ménages, à Issy (Seine)........................	2	3	
	Institution de Sainte-Périne, à Paris (Auteuil)...............	1	2	
	Amphithéâtre d'anatomie, à Paris.............................	1	2	
	Hospice de la Reconnaissance (fondation Brézin), à Garches (Seine-et-Oise)...............	1	3	
	Asiles d'aliénés.			
INTÉRIEUR (Suite).	Prémontré (Aisne).............	6	3	
	Ste-Catherine, commune d'Yseure (Allier)................	3	2	
	Saint-Lizier (Ariége)...........	1	1	
	Rodez (Aveyron)...............	1	1	
	Aix (Bouches-du-Rhône)......	2	1	
	Marseille (Bouches-du-Rhône).	1	1	
	Breuty (Charente).....	2	1	
	Lafond, commune de Cognehors (Charente-Inférieure).........	2	1	
	Bourges (Cher)...............	2	2	
	Dijon (Côte-d'Or).............	1	1	
	Lehon, près Dinan (Côtes-du-Nord)......................	2	1	
	Bon-Sauveur, à Bigard (Côtes-du-Nord)...................	2	1	
	Evreux (Eure)...............	3	2	
	Bonneval (Eure-et-Loir)........	3	2	
	Saint-Athanase, près Quimper (Finistère)...................	4	2	
	Toulouse (Haute-Garonne).....	5	1	
	Auch (Cher)...............	2	1	
	Bordeaux (Gironde)...........	1	1	
	Cadillac (Gironde)............	2	2	
	Rennes (Ille-et-Vilaine).......	3	2	
	Saint-Robert, à Saint-Egrève (Isère)...................	1	1	
	Dôle (Jura)...................	4	2	

DÉSIGNATION des MINISTÈRES.	DÉSIGNATION : 1° Des fonctionnaires qui sont tenus de posséder des chevaux et voitures ; 2° Des administrations auxquelles des chevaux de service et des voitures sont nécessaires.	Nombre d'animaux par fonctionnaire ou par établissement.	Nombre de voitures à 2 ou à 4 roues, par fonctionnaire ou par établissement.	OBSERVATIONS.
	Blois (Loir-et-Cher)	2	2	
	Saint-Alban (Lozère)	2	1	
	Saint-Gemmes, près Angers (Maine-et-Loire)	4	2	
	Pontorson (Manche)	1	1	
	Picauville (Manche)	1	1	
	Saint-Lô (Manche)	1	1	
	Châlons (Marne)	2	1	
	Saint-Dizier (Haute-Marne)	1	1	
	La Roche-Gandon, commune de Mayenne (Mayenne)	2	1	
	Maréville (Meurthe-et-Moselle)	4	2	
	Fains, près Bar-le-Duc (Meuse)	1	1	
	La Charité, près Nevers (Nièvre)	1	1	
	Bailleul (Nord)	6	3	
	Armentières (Nord)	5	3	
	Lommelet, à Marquette (Nord)	4	2	
	Alençon (Orne)	2	1	
	Pau (Basses-Pyrénées)	4	2	
	Bron (Rhône)	4	2	
	Le Mans (Sarthe)	1	1	
INTÉRIEUR (Suite).	Bassens (Savoie)	1	1	
	Sainte-Anne, à Paris	4	6	
	Vaucluse, commune d'Épinay-sur-Orge (Seine-et-Oise)	8	3	
	Ville-Évrard, commune de Neuilly-sur-Marne (Seine-et-Oise)	6	2	
	Quatre-Mares, à Sotteville-lès-Rouen (Seine-Inférieure)	6	3	
	Bon-Sauveur (Tarn)	1	1	
	Mont-de-Vergnes, à Avignon (Vaucluse)	2	1	
	La Roche-sur-Yon (Vendée)	2	1	
	Naugent, à Limoges (Hte-Vienne)	1	1	
	Service municipal de Paris.			
	Octroi de la ville	4	2	
	Administration des pompes funèbres (Paris)	364 (1)	»	
	Administration des pompes funèbres (Marseille)	40 (2)	»	
	Administration des pompes funèbres (Orléans)	2 (3)	2	

(1) Décret du 7 février 1887, B. O., p. 151.
(2) Décret du 23 novembre 1888, B. O., p. 916.
(3) Décret du 4 février 1893, B. O., p. 118.

DÉSIGNATION des MINISTÈRES.	DÉSIGNATION : 1° Des fonctionnaires qui sont tenus de posséder des chevaux et voitures; 2° Des administrations auxquelles des chevaux de service et des voitures sont nécessaires.	Nombre d'animaux ou par fonctionnaire ou par établissement.	Nombre de voitures à 2 ou à 4 roues, par fonctionnaire ou par établissement.	OBSERVATIONS.
FINANCES.	Administration centrale........	3	3	Ces chevaux appartiennent à un entrepreneur.
	1° *Administration des Douanes.*			
	Inspecteurs divisionnaires.....	2	»	
	Sous-inspecteurs divisionnaires.	2	»	
	Employés des brigades à cheval.	1	»	
	2° *Administration des Contributions indirectes.*			
	Receveurs ambulants à cheval.	1	1 (1)	
	Commis principaux à cheval...	1		
	....			
POSTES ET TÉLÉGRAPHES.	*Administration des Télégraphes.*			
	Dépôt central à Paris..........	6 (2)	»	Ces chevaux appartiennent à un entrepreneur.
	....			
MARINE ET COLONIES.	Hôpital maritime de Rochefort.	1	5	
	Hospice des orphelines de la Marine de Rochefort........	1	1	
	Adjudicataires des travaux dans les ports et établissements de la marine, à Cherbourg......	95	38 (3)	
	Adjudicataires des travaux dans les ports et établissements de la marine, à Brest..........	12	»	
	Idem, à Lorient...............	20	2 (3)	
	Idem, à Rochefort.............	10	»	
	Idem, à Toulon...............	29	3 (3)	
	Idem, à Indret...............	8	»	
	Idem, à Guérigny.............	11	»	
	....			

(1) Décret du 22 juin 1891. *B. O.*, p. 740.
(2) Décret du 21 août 1892. *B. O.*, p. 56.
(3) Décrets du 23 juillet 1893, *B. O.*, p. 23, et du 10 octobre suivant, *B. O.*, p. 147.

DÉSIGNATION des MINISTÈRES.	DÉSIGNATION : 1° Des fonctionnaires qui sont tenus de posséder des chevaux et voitures; 2° Des administrations auxquelles des chevaux de service et des voitures sont nécessaires	Nombre d'animaux par fonctionnaire ou par établissement.	Nombre de voitures à 2 ou à 4 roues, par fonctionnaire ou par établissement.	OBSERVATIONS.
INSTRUCTION PUBLIQUE ET BEAUX-ARTS	Faculté de médecine de Paris..	1	1	Décret du 26 janvier 1883. (V.O., p. 41.)
	Lycée de Nantes..............	4	1	
	Conservation du mobilier national	4	10	
	Palais du Luxembourg.........	1	2	
	Palais de Versailles..........	1	2	
	Palais de Saint-Cloud.........	3	4	
	......			
AGRICULTURE ET COMMERCE.	1° *Service des Haras.*			
	Inspecteurs généraux.........	2	1	
	Directeurs des dépôts d'étalons.	1	1	
	Sous-directeurs des dépôts d'étalons....................	1	»	
	2° *Service des Forêts.*			
	Inspecteurs	1	»	
	Sous-inspecteurs	1	»	
	Gardes généraux.............	1	»	
	Gardes généraux adjoints......	1	»	
	Brigadiers du service des dunes.	1	»	
	......			
	......			
	......			
	......			
	......			
TRAVAUX PUBLICS.	1° *Service des ponts et chaussées.*			
	Les ingénieurs ordinaires chargés d'un service d'arrondissement....................	1	»	

ANNEXE C

RECENSEMENT ET CLASSEMENT (1)

des chevaux, juments, mulets et mules, et des charlots et voitures susceptibles d'être requis pour le service de l'armée.

PRÉAMBULE

Chaque année, des instructions ministérielles règlent les détails des opérations multiples nécessitées par la mise en exécution des articles 37 et 38 de la loi du 3 juillet 1877.

Comme les dispositions arrêtées dans le but d'assurer cet important service varient suivant les époques, nous n'avons pas cru devoir reproduire, dans ce recueil, les documents officiels récemment publiés sur la matière. Cependant, afin de mettre les intéressés à même de se faire une idée, aussi exacte que possible, de la méthode suivie et des fonctions qu'ils auraient à remplir le cas échéant, nous indiquerons succinctement comment les choses se passent d'habitude et quel est le rôle attribué, pour cette circonstance, aux diverses autorités civiles et militaires chargées d'appliquer la loi, et aux contribuables susceptibles d'en supporter les charges.

DONNÉES GÉNÉRALES

But et périodicité des opérations.

Le législateur, en prescrivant qu'il serait fait : 1° un recensement, 2° un classement, 3° une répartition anticipée de tous les moyens de transport susceptibles d'être requis en cas de mobilisation, a voulu constituer, dans les meilleures conditions possibles, une réserve d'animaux et de matériel roulant assez riche pour que le passage du pied de paix au pied de guerre s'effectuât, quelque

---

(1) Pour le recensement des animaux en Algérie, voir le décret du 8 août 1885, inséré 1re partie, page 66.

mopiné qu'il fût, avec le maximum de rapidité et le minimum de désordre.

Ces diverses opérations sont appelées à exercer une influence considérable sur les événements.

Le succès de la mobilisation en dépend en partie ; aussi est-il du devoir de tout bon citoyen de prêter, sans marchander, son concours à l'accomplissement des formalités qu'exige l'application des articles 36 à 53 du titre VIII de la loi du 3 juillet 1877.

Le recensement des animaux et des véhicules est fait en principe par les maires.

Le classement est arrêté par une commission mixte nommée à cet effet, et qui est chargée en même temps de l'*inspection* des animaux classés antérieurement.

La répartition est du ressort de l'état-major du corps d'armée.

Le recensement doit être terminé pour le 16 janvier.

Le classement des animaux a lieu *tous les ans*, du 16 janvier au 16 mars ou du 15 mai au 15 juin, en même temps que l'inspection des animaux compris dans le dernier recensement.

Le classement des véhicules n'a lieu que *tous les trois ans* ; il est effectué alors en même temps que le classement des chevaux.

La dernière opération de ce genre date de 1893 ; par suite, c'est en 1896 seulement qu'il sera procédé à un nouveau classement.

Véhicules et animaux qui sont obligatoirement déclarés par leur propriétaire aux époques fixées.

Sont susceptibles d'être requis :

1° Toutes les voitures suspendues ou non suspendues, mixtes, etc., *autres que celles qui servent exclusivement au transport des personnes*, qu'elles soient à deux ou à quatre roues, à la condition qu'elles puissent être présentées attelées avec un (ou deux animaux au plus) *appartenant au propriétaire* de la voiture et qu'elles ne soient pas comprises dans le tableau figurant page 113 du présent recueil ;

2° Tous les animaux de selle, de trait ou de bât ayant atteint l'âge légal, c'est-à-dire :

Pour les chevaux et juments, 6 ans ;
Pour les mulets et mules, 4 ans.
L'âge se compte du 1er janvier de l'année de la naissance.

Classement.

Les animaux sont classés, *sans distinction d'âge*, dans l'une des neuf catégories ci-après :

CATÉGORIE.	AFFECTATION.	TAILLE.
1	Cavalerie de réserve (cuirassiers)......	de 1m,54 et au-dessus.
2	Cavalerie de ligne (dragons)...........	de 1m,50 à 1m,54.
3	" légère (chasseurs)............	de 1m,47 à 1m,50.
4	Chevaux de troupe (selle)............	de 1m,48 à 1m,54.
5	— (trait léger)........	de 1m,46 à 1m,60.
6	— (gros trait).........	de 1m,46 et au-dessus.
7	Mules et mulets (de bât)..............	
8	— (trait léger)............	de 1m,42 et au-dessus.
9	— (gros trait)...........	

Le minimum des tailles est obligatoire; le maximum ne l'est pas.

Les chevaux susceptibles d'être affectés au service des officiers sont l'objet d'une mention spéciale et classés dans chaque catégorie dans la sous-catégorie des chevaux de tête.

Animaux atteints ou suspects de morve.

Les commissions ont le devoir de prévenir *immédiatement et directement* le Ministre de la guerre, celui de l'agriculture et le sous-préfet de l'arrondissement toutes les fois que, parmi les animaux présentés, il s'en trouve d'atteints de cette maladie.

Les états envoyés comportent le nom et l'adresse du propriétaire, ainsi que le signalement des animaux suspects ou reconnus malades.

Animaux réformés ou ajournés.

Les animaux ne présentant pas le caractère voulu de constitution ou d'âge sont réformés.

Pour défaut de taille, ils sont ajournés.

ATTRIBUTIONS DES DIVERSES AUTORITÉS CIVILES ET MILITAIRES

Attributions de l'autorité supérieure militaire.

Le Ministre de la guerre fixe la période pendant laquelle doit s'opérer l'inspection et le classement.

Les généraux de corps d'armée partagent les subdivisions de régions placées sous leur commandement en un certain nombre de circonscriptions de recensement et nomment autant de commissions de classement qu'il y a de circonscriptions de recensement.

Ils fixent les itinéraires, lesquels sont portés à la connaissance du public par voie d'affiches, et ne peuvent être modifiés que dans des cas graves.

Ils nomment les membres militaires des commissions, en élisent le président et leur attachent un sous-officier comme secrétaire.

Leur choix porte sur des officiers appartenant à des corps de cavalerie de la région et de préférence sur ceux qui ont déjà fait partie de semblables commissions ou sont en situation pour présider, en cas de mobilisation, des commissions de réquisition.

C'est encore les généraux qui désignent les vétérinaires militaires adjoints aux commissions *avec voix consultative.*

Les commandants de corps d'armée peuvent, s'ils le jugent convenable, réunir les présidents de toutes les commissions de la région, pour leur donner verbalement des instructions particulières avant l'inauguration de leurs travaux.

Attributions des préfets.

Les préfets sont tenus d'insérer dans le *Recueil des actes administratifs* les circulaires et ordres relatifs au recensement et au classement.

Ils adressent, en temps opportun, aux municipalités, des affiches destinées à donner la plus grande publicité à toutes les mesures arrêtées en vue d'assurer le service des commissions de classement. Ces affiches indiquent clairement le jour et le lieu des convocations pour chaque commune et rappellent les principales dispositions du titre VIII de la loi du 3 juillet 1877, en insistant sur la responsabilité encourue par les maires et par les propriétaires en cas de non-exécution des prescriptions formulées par la loi.

Elles doivent indiquer également :

1° Le délai maximum ouvert aux propriétaires pour les déclarations ;

2° Le délai maximum ouvert aux maires pour l'inscription au registre ;

3° Le délai maximum ouvert aux maires pour la confection des listes alphabétiques ;

4° La date jusqu'à laquelle les registres de déclarations doivent rester ouverts pour les inscriptions et mutations ultérieures ;

5° Le délai maximum pour l'envoi aux sous-préfets et au commandant de recrutement des relevés numériques.

Les préfets nomment les membres civils des commissions de classement, en choisissant de préférence des anciens officiers de cavalerie ou des conseillers municipaux aptes à remplir cette mission.

Ils désignent également les vétérinaires civils qui doivent être adjoints aux commissions pour pourvoir à l'insuffisance des vétérinaires fournis soit par l'armée de première ligne, soit par l'armée de deuxième ligne.

Attributions des maires.

1° RECENSEMENT PROPREMENT DIT

Le maire est chargé de toutes les opérations du recensement.

Pour le recensement des animaux, il tient au courant, au jour le jour, un registre de déclarations.

Il établit, en outre :

Une liste par ordre alphabétique, des propriétaires ayant des animaux compris dans le recensement ;

Un relevé numérique en double expédition de tous les animaux existants dans la commune, *sans distinction d'âge ni d'aptitude.*

Une expédition de ce relevé est envoyée au commandant du recrutement et l'autre au sous-préfet ;

Un autre relevé numérique, également en double expédition, des animaux ayant atteint ou atteignant, dans l'année courante, l'âge fixé par la loi.

Une expédition est envoyée au commandant du recrutement, et l'autre au sous-préfet.

Enfin il délivre aux propriétaires des certificats de déclaration.

Pour le recensement des voitures, il tient un registre de déclaration dont il établit, en double expédition, un extrait numérique.

Une expédition est envoyée au commandant de recrutement et l'autre au sous-préfet.

Il délivre aux propriétaires des certificats de déclaration.

Comme tous les propriétaires de voitures figurent sur les listes des détenteurs de chevaux, il n'y a pas lieu d'établir des listes spéciales pour le recensement des voitures.

Tous ces états doivent être fournis aux époques voulues, *même lorsqu'ils sont négatifs.*

2° INSPECTION ET CLASSEMENT

Les maires sont chargés de faire apposer, *au moins trois jours avant l'arrivée des commissions mixtes de classement,* les affiches qui leur ont été envoyées par les préfets.

Ils peuvent faire faire des publications au son de caisses ou autrement, et même envoyer des convocations particulières à ceux de leurs administrés qui se trouvent très éloignés et isolés ; mais ces publications ne sont pas obligatoires.

Ils désignent, à défaut de vétérinaire, la personne idoine qui doit le suppléer.

Ils veillent à ce que les voitures et les animaux soient parqués dans l'endroit désigné.

Ils assistent à toutes les opérations des commissions et les renseignent de leur mieux.

Ils se font assister par les secrétaires de mairie.

L'article 52 de la loi du 3 juillet 1877 les rend passibles des mêmes peines que les propriétaires des chevaux et véhicules, dans le cas où ils ne se conforment pas aux prescriptions législatives ou administratives.

Attributions de la gendarmerie.

La gendarmerie, qui est la cheville ouvrière de la mobilisation, a un rôle actif dans les diverses opérations de recensement et de classement.

Elle est chargée, entre autres choses, de faire *toutes* les recherches et enquêtes motivées par la nécessité de s'assurer de l'exactitude des déclarations douteuses et de la validité des excuses présentées par les fautifs (retardataires ou manquants).

Elle verbalise: 1° contre les propriétaires qui n'ont pas déclaré, en temps voulu, les bêtes ou les moyens de transport qu'ils possédaient, susceptibles d'être requis; 2° contre ceux qui ne se présentent pas aux inspections des commissions de classement.

Les procès-verbaux établis dans ces deux cas, ainsi que ceux dressés pour contraventions par suite de fausses déclarations, sont transmis au procureur de la République, chargé d'assurer l'exécution de la loi.

Deux gendarmes assurent l'ordre pendant les opérations des commissions de classement; l'un d'eux tient la toise.

Chaque brigade est tenue de conserver en bon état le matériel destiné aux commissions de classement et de réquisition.

Ce matériel se compose de :

1° Une toise ;
2° Un jeu de chiffres ;
3° Une carte de corps d'armée;
4° Les boules numérotées pour le tirage au sort ;
5° Le sac contenant ces boules.

Le commandant de la brigade est chargé de transmettre, en outre, au sous-préfet de l'arrondissement les états que la commission a établis pour signaler les animaux atteints ou soupçonnés de morve.

Commissions sous-régionales de classement.

La composition de ces commissions est fixée par l'article 38 de la loi du 3 juillet 1877.

Chacune d'elles reçoit un numéro particulier de série dans le corps d'armée.

Il n'y a qu'une série par corps d'armée.

La commission opère suivant les instructions générales émanant du Ministre, et en tenant compte des recommandations particulières faites à son président par le général commandant le corps d'armée.

Elle se transporte *dans chaque commune* (1) de la circonscription de recensement aux jour et heure fixés par les affiches, et au lieu désigné à l'avance par l'autorité militaire.

Si les communes sont de peu d'importance, elle peut en visiter plusieurs dans la même journée.

Ses opérations sont suspendues les jours fériés et les dimanches.

Ses décisions sont portées, séance tenante, à la connaissance des propriétaires présents pour chaque animal classé, réformé ou ajourné.

Son président fait savoir aux intéressés à quelle classe les animaux acceptés ont été placés.

Il leur indique également le motif d'ajournement ou de réforme.

Toutes les opérations des commissions sont constatées par des états ou des procès-verbaux que son président transmet à l'autorité militaire aux époques fixées.

Les imprimés pour l'établissement de cette comptabilité spéciale sont fournis par le commandant de recrutement de la subdivision de région.

Les membres militaires des commissions touchent certaines indemnités, mais, en revanche, perdent pendant le temps de leurs fonctions tout droit au logement gratuit chez l'habitant.

Le membre civil n'a droit à aucune indemnité.

Les vétérinaires ou les civils idoines suppléants sont indemnisés d'après un tarif spécial.

Des obligations imposées aux propriétaires des animaux et voitures susceptibles d'être requis pour le service de l'armée.

Tout propriétaire doit déclarer *spontanément*, avant le 16 janvier de chaque année et à la mairie de la commune :

1° Les animaux dont il est possesseur et qui ont atteint l'âge à

(1) Tandis que la commission exécutive de réquisition se transporte dans une seule commune par canton. Cette commune est dite chef-lieu de réquisition.

partir duquel ils tombent sous le coup de la loi de réquisition, c'est-à-dire 6 ans pour les chevaux et juments, et 4 ans pour les mulets et mules ;

2° Les voitures à 2 ou 4 roues susceptibles d'être requises et attelées.

Il doit également aviser la municipalité de toute mutation survenue parmi les animaux et véhicules, qu'ils soient classés ou non.

Ceux qui font de fausses déclarations sont passibles d'une amende de 50 à 2,000 francs, et ceux qui ne se conforment pas aux dispositions de la loi, à une amende de 25 francs à 1,000 francs. (Art. 52.)

Aux jour et heure fixés et indiqués par les affiches, tout propriétaire d'animaux ou voitures doit être rendu au lieu désigné, répondre à l'appel de son nom et présenter les bêtes et véhicules qu'il possède dans le cas d'être requis, *quand bien même il n'en aurait pas fait la déclaration préalable.*

Les animaux qui ont pu être ajournés par la précédente commission de classement sont amenés également ; quant à ceux qui ont été réformés, ils ne le sont pas. Il suffit de produire les certificats de réforme appuyés de la déclaration d'un vétérinaire et de deux témoins attestant que ces animaux n'ont pas été remplacés ou changés.

Ceux qui substitueraient, avec l'intention de tromper la commission, des animaux refusés ou réformés à des animaux susceptibles d'être classés, seraient déférés aux tribunaux.

Les propriétaires sont invités à prendre bonne note des décisions de la commission et du classement attribué aux animaux dont ils sont détenteurs.

Ils se font délivrer, le cas échéant, des certificats de réforme afin de les produire à la prochaine session de la commission.

Les propriétaires qui font défaut à la convocation sont désignés à la gendarmerie chargée de verbaliser. Ceux qui n'ont pas de motifs sérieux à faire valoir sont condamnés à une amende de 50 à 500 francs.

Quant à ceux qui justifient de leur absence par des raisons plausibles, ils ne sont l'objet d'aucune poursuite.

ANNEXE D

DÉCRET

DU 15 SEPTEMBRE 1885

relatif au recensement des pigeons voyageurs (1) (*B. O.*, p. 530).

LE PRÉSIDENT DE LA RÉPUBLIQUE FRANÇAISE,

Vu la loi du 3 juillet 1877, relative aux réquisitions militaires ;

Vu le décret du 2 août suivant, portant règlement d'administration publique pour l'exécution de ladite loi ;

Sur le rapport du Ministre de la guerre,

DÉCRÈTE :

Art. 1er. Les réquisitions de pigeons voyageurs, qui peuvent être exercées en vertu de l'article 5 de la loi du 3 juillet 1877, et dans les conditions spécifiées à l'article 1er de la même loi, sont préparées par les moyens indiqués ci-après.

---

(1) Le projet de loi dont la teneur suit sera présenté à la Chambre des députés par les Ministres de la guerre et de l'intérieur, qui sont chargés d'en exposer les motifs et d'en soutenir la discussion.

Art. 1er. Tous les ans, un recensement des pigeons voyageurs est effectué dans toutes les communes de France, par les soins des maires, sur la déclaration obligatoire des propriétaires et au besoin d'office, dans les conditions spécifiées par le décret du 15 septembre 1885.

Art. 2. Dans le courant de l'année, tout propriétaire qui ouvre un nouveau colombier, ainsi que toute personne qui reçoit, à titre permanent ou transitoire, des pigeons voyageurs, est tenu d'en faire la déclaration à la mairie dans un délai de deux jours et d'indiquer la provenance des pigeons.

Art. 3. Sera punie d'une amende de 100 à 2,000 francs toute personne qui n'aura pas fait la déclaration prévue par les articles 1 et 2 ci-dessus.

Sera punie, en outre, d'un emprisonnement de trois mois à deux ans toute personne qui aura organisé un colombier clandestin, ou entretenu, à titre permanent ou transitoire, des pigeons destinés à établir des relations à l'étranger.

Art. 4. Le gouvernement a la faculté d'interdire, par décret, sur la proposition des Ministres de la guerre et de l'intérieur, toute importation de pigeons étrangers en France, ainsi que tout mouvement de pigeons voyageurs à l'intérieur qui ne serait pas ordonné par l'autorité militaire.

Les pénalités prévues par le deuxième paragraphe de l'article 3 seront applicables, dans ce cas, à toute contravention aux dispositions dudit décret.

Art. 5. Le Ministre de la guerre et le Ministre de l'intérieur sont chargés, chacun en ce qui le concerne, d'assurer l'application de la présente loi.

Fait à Paris, le 15 janvier 1891.

Le Président de la République,
Signé : CARNOT.

Réquisitions.

Art. 2. Tous les ans, à l'époque des recensements des chevaux, juments, mules et mulets, un recensement des pigeons voyageurs est effectué par les soins des maires, sur la déclaration obligatoire des propriétaires et, au besoin, d'office.

Art. 3. Chaque année, dans le courant du mois de novembre, les généraux commandant les corps d'armée arrêtent, sur la proposition des préfets, la liste des communes de leur région où ce recensement aura lieu.

Art. 4. Le maire de chacune des communes désignées, en exécution de l'article précédent, fait publier, dès le commencement de décembre, un avertissement adressé à tous les éleveurs isolés ou sociétés colombophiles qui possèdent des pigeons voyageurs dans la commune, pour les informer qu'ils doivent, avant le 1er janvier, faire, à la mairie, personnellement ou par l'intermédiaire d'un représentant, la déclaration du nombre de leurs colombiers, du nombre de pigeons voyageurs qui y sont élevés et des directions dans lesquelles ils sont entraînés.

Il est délivré, à chaque éleveur isolé ou société colombophile qui a fait la déclaration prescrite ci-dessus, un certificat constatant ladite déclaration et mentionnant les renseignements fournis.

Art. 5. Dans les premiers jours du mois de janvier, le maire fait exécuter des tournées par les gardes champêtres et les agents de police, pour s'assurer que toutes les déclarations ont été exactement faites.

Art. 6. Du 1er au 15 janvier, le maire adresse, en double expédition, sur un modèle qui lui est transmis par le commandant de la région, un état contenant les renseignements qui lui ont été fournis par les propriétaires ou qu'il a pu recueillir.

L'une des expéditions de cet état est adressée au commandant de la région par l'intermédiaire du préfet ; l'autre expédition est conservée à la mairie.

Art. 7. Dans toutes les communes, les maires prennent les dispositions nécessaires pour être, en tout temps, informés de l'ouverture des nouveaux colombiers affectés à l'élève des pigeons voyageurs. Les renseignements recueillis par leurs soins, sur ces colombiers, sont transmis immédiatement à l'autorité militaire par l'intermédiaire des préfets.

Art. 8. Les Ministres de la guerre et de l'intérieur sont chargés, chacun en ce qui le concerne, de l'exécution du présent décret, qui sera publié au *Bulletin des lois*.

Fait à Mont-sous-Vaudrey, le 15 septembre 1886.

Signé : Jules GRÉVY.

Le *Ministre de la guerre*,
Signé : E. Campenon

Le *Ministre de l'intérieur*,
Signé : Allain-Targé.

DÉCRET

du 8 mars 1893. (*B. O.*, p. 118.)

Recensement des pigeons voyageurs en Algérie.

Le décret du 15 septembre 1885, réglant le mode et les conditions du recensement des pigeons voyageurs dans la métropole est applicable à l'Algérie.

ANNEXE E

Devoirs et attributions des maires en matière de réquisitions militaires.

PRÉAMBULE

Dans le but de faciliter aux maires des petites communes surtout, l'accomplissement de leur mission, nous avons résumé ci-après leurs devoirs et leurs attributions en matière de réquisition militaire.

Cet aperçu succinct ne dispense pas d'étudier les textes colligés dans ce recueil dont il est pour ainsi dire le sommaire; il permet seulement aux maires d'embrasser d'un coup d'œil toute l'étendue de la tâche qui leur incombe.

Nous avons suivi l'ordre des matières adopté par le législateur.

TITRE Ier

MOBILISATION PARTIELLE OU TOTALE

Dispositions laissées par la loi à l'initiative des maires.

Aussitôt qu'il a été averti officiellement du passage de l'armée du pied de paix au pied de guerre, le maire fait diligence pour prévenir ses administrés. Tous les moyens sont bons : affiches, crieurs publics, exprès, cloches, etc. Il se pénètre bien lui-même de l'esprit de la loi, afin d'être en état de prêter un concours intelligent et utile aux commissions et à l'autorité militaire.

Il passe une inspection des locaux de sa commune figurant comme susceptibles d'être réquisitionnés, afin de se rendre exactement compte de ceux qui sont disponibles et de ceux qui ne le sont pas. Il annote, en conséquence, les états dressés en exécution de l'article 19 de la loi du 3 juillet 1877.

Il met au courant les listes et les registres contenant des renseignements utiles, et prend avec la gendarmerie toutes les mesures qu'il croit nécessaires dans le but de faciliter l'œuvre de la mobilisation.

Si la chose est possible, il réunit les chefs de famille, pour leur donner des explications verbales et détaillées sur les devoirs des citoyens en cas de mobilisation et pour les bien pénétrer de la gravité de la faute que commettraient ceux qui chercheraient à se soustraire aux charges imposées par la loi.

Il leur fait comprendre que les indemnités accordées pour fournitures requises étant toujours suffisamment rémunératrices, leurs intérêts peuvent se concilier avec leur patriotisme.

TITRE II

DES PRESTATIONS A FOURNIR PAR VOIE DE RÉQUISITION

Réquisitions à titre définitif.

Le maire n'a qu'à se conformer aux prescriptions législatives et réglementaires.

Réquisitions à titre temporaire.

Si des moyens de transport sont requis momentanément pour une durée de plus de cinq jours, il procède à l'estimation contradictoirement avec l'autorité militaire. (Art. 14 du décret.)

Il informe ses administrés qu'en cas de refus de l'autorité militaire de délivrer des certificats pour perte ou détérioration de matériel et d'animaux requis à titre temporaire, ils doivent s'adresser au juge de paix (art. 16 du règlement) ou bien, à défaut de tribunaux compétents, à lui-même.

Si ce sont des outils qui ont été requis, il se reporte aux articles 17 et 18 du décret.

Si les réquisitions sont faites pour les services hospitaliers, il se conforme aux prescritions des articles 21 et 22.

TITRE III

LOGEMENT ET CANTONNEMENT

Logement.

Le maire fait, tous les trois ans, le recensement de tous les logements, établissements et écuries situés sur le territoire de la commune. (Art. 10 et 12 de la loi, et 13 du décret.)

Il transmet cet état au commandement militaire de la région, par l'intermédiaire du préfet. (Art. 24 du règlement.)

Lorsqu'il délivre des billets de logement aux troupes de passage, il observe de grouper les hommes et les chevaux appartenant aux mêmes unités constituées. (Art. 11 de la loi.)

Lorsque les troupes ne peuvent être logées au gîte d'étape, il se conforme, pour répartir l'excédent dans les hameaux voisins ou dans les communes suburbaines, aux prescriptions de la circulaire du 15 juillet 1882, insérée page 21.)

Il tient la main à ce que les militaires soient logés d'après leur grade et qu'on leur fournisse les locaux, les meubles et ustensiles d'après les indications portées sur l'état joint à l'annexe F, et qu'il a eu le soin de faire afficher et publier par les journaux de la localité toutes les fois qu'un passage de troupes est annoncé.

Le maire fait droit de suite et dans la mesure du possible aux réclamations justes qui lui sont adressées régulièrement au nom des militaires.

Avant le départ de la troupe ou trois jours après au plus tard, *sous peine de déchéance*, les réclamations présentées au maire par les habitants doivent être transmises par lui à l'autorité militaire. (Art. 14 de la loi.)

Il se conforme enfin à toutes les autres prescriptions de délai contenues au titre III de la loi et du décret, en tenant compte des observations figurant dans l'exposé des principes (pages 16 et suivantes) ainsi qu'aux annotations portées sur les modèles accompagnant l'annexe F, page 142.

Cantonnement.

Le maire agit selon les circonstances, tout en se conformant aux règles rappelées dans ce recueil, principalement aux prescriptions des articles 10 et 12 de la loi et au nota porté au bas de la page 35.

Il agit différemment suivant que les troupes sont sur le pied de guerre ou seulement en marche ou en manœuvres ; il se garde bien, par exemple, d'envahir le domicile des absents en dehors des cas prévus par l'article 13 de la loi.

AVIS IMPORTANT. — *S'il apprend que l'ennemi approche, il s'empresse de mettre en lieu sûr et au besoin de détruire les états d'effectif laissés par les chefs des troupes nationales ou alliées, états dont l'adversaire pourrait tirer parti.*

TITRE IV

DE L'EXÉCUTION DES RÉQUISITIONS

Mesures préventives.

Le maire est l'intermédiaire obligé entre les propriétaires et l'autorité militaire, *sauf le cas d'urgence*. (Art. 19 de la loi.) Afin d'être toujours en état de maintenir dans de justes limites les exigences des réquisitionnaires et pour leur éviter des mécomptes, il doit être constamment au courant de l'importance des approvisionnements et ressources de toutes sortes dont disposent les propriétaires.

Dès qu'il est avisé d'un passage prochain de troupes dans sa commune, il en prévient ses administrés, et il leur rappelle :

1° Qu'ils doivent fournir immédiatement et même avec empressement les matières, le matériel et les prestations diverses qui leur seront réclamés par voie de réquisition, si ces matières peuvent être considérées comme disponibles (art. 38 du décret) ;

2° Qu'en retour, ils ont droit soit au paiement immédiat de la valeur des prestations fournies, soit à la remise d'un reçu régulier comme décharge ;

3° Qu'en n'obtempérant pas aux demandes régulièrement faites par l'autorité militaire, ils encourent des peines dont la gravité est en raison des circonstances dans lesquelles le délit a été commis.

En temps de paix, l'amende est de 16 à 50 francs.
En temps de guerre, la peine peut être de cinq ans de prison.

Attributions pendant la période d'exécution.

Aidé de deux conseillers municipaux ou de deux contribuables de la commune, il établit la répartition au prorata des ressources de chacun. (Art. 20 de la loi, 39 et 40 du décret.)

Dans certains cas, il pourvoit aux demandes en faisant fournir, au compte de la commune, par un ou deux individus qui sont consentants. (Art. 20 de la loi.)

Il tient le registre des prestations fournies. (Art. 41 du décret.)

Il doit se pénétrer de l'importance de sa mission et ne pas perdre de vue qu'en refusant d'obtempérer aux réquisitions régulièrement faites, il s'expose à se voir condamner à une amende de 25 à 500 francs. (Art. 21 de la loi.)

TITRE V

DU RÈGLEMENT DES INDEMNITÉS

En cas de mobilisation.

Il adresse à la commission départementale d'évaluation, afin d'établir les droits de ses administrés, les pièces nécessaires, qu'il établit au moyen des registres tenus par application des articles 41 et 49 du décret, et 25 de la loi.

Il notifie dans les vingt-quatre heures aux intéressés, les propositions de la commission d'évaluation ; il avertit le juge de paix en cas de non acquiescement.

Dans un délai de quinze jours, il établit l'état des allocations devenues définitives.

Il mandate, aussitôt réception des pièces nécessaires, les sommes à payer à chaque indemnitaire par le receveur municipal.

En cas de grandes manœuvres.

Voir le titre IX, page 63.

TITRE VI

DES RÉQUISITIONS RELATIVES AUX CHEMINS DE FER

Mesures préventives.

Le maire prévient ses administrés que tout transport particulier de voyageurs et de marchandises cesse dès le premier jour de la mobilisation. (Art. 83 de la loi.)

Exécution des réquisitions.

Il ne comprend, dans la répartition des prestations imposées à la commune, absolument rien de ce qui appartient aux compagnies des chemins de fer (matériel, locaux, moyens de transport par voie de terre ou de fer).

Ces objets doivent être requis directement par l'autorité militaire, dans des formes particulières et par l'entremise des commissions spéciales de réseau, supérieure, etc., etc.

TITRE VII

RÉQUISITIONS DE L'AUTORITÉ MARITIME

Règle générale.

Les maires obtempèrent aux réquisitions de l'autorité maritime comme à celles qui sont exercées par l'autorité militaire.

TITRE VIII

DISPOSITIONS RELATIVES AUX CHEVAUX, MULETS ET VOITURES NÉCESSAIRES A LA MOBILISATION ET AUX PIGEONS VOYAGEURS

CHAPITRE Ier

RECENSEMENT, INSPECTION ANNUELLE ET TRIENNALE, CLASSEMENT

Pour ces diverses opérations, se reporter à l'annexe C (page 121).

CHAPITRE II

RÉQUISITIONS EN CAS DE MOBILISATION

Dispositions préventives.

Au premier avis du passage du pied de paix au pied de guerre, le maire prend ses mesures pour que cette importante opération s'exécute dans les meilleures conditions possibles, sans tiraillement, avec célérité et de manière à rendre inutile l'intervention de l'autorité judiciaire.

En conséquence, il avertit les propriétaires :

1° De se mettre en mesure de se rendre au premier signal au chef-lieu de réquisition, avec tous les véhicules et animaux susceptibles d'être requis, *qu'ils aient été ou qu'ils n'aient pas été compris, pour une cause quelconque, dans le dernier classement effectué ;*

2° De faire ferrer les animaux dont la ferrure ne serait pas en bon état et de faire aux harnais et voitures les réparations urgentes ;

3° De se pourvoir d'un licol et d'une longe pour tous les animaux qui doivent être présentés à poil et de faire placer une plaque sur les voitures où il n'en existerait pas.

Réquisitions.   8.

Aussitôt qu'il en a connaissance, il fait publier, par le crieur public et par tous les moyens en son pouvoir, l'indication du jour, de l'heure et du lieu où les véhicules et animaux devront être réunis au chef-lieu de réquisition.

Il insiste sur la responsabilité morale et pécuniaire qui incombe à tous les citoyens dans un moment aussi solennel. Il les engage à faire preuve de patriotisme, en employant la plus grande activité et en se conformant pon 'u llement à toutes les instructions détaillées d(1s les affiches app ses sur les établissements publics et à la porte des églises.

Dispositions spéciales aux maires des chefs-lieux de réquisition.

Dans les communes chefs-lieux de réquisition, le maire prévient les membres civils des commissions de réquisition (vétérinaires, secrétaires, maréchaux ferrants, etc.), de se tenir prêts à remplir leurs fonctions.

En cas d'absence ou d'empêchement de l'une quelconque de ces personnes, il pourvoit à la désignation d'office d'un suppléant sans attendre l'arrivée du président de la commission de réquisition (art. 1 de l'instruction du 1er août 1879) ; s'il n'a pas reçu les cinq expéditions des formules 14 et 14 *bis* avec intercalaires, il télégraphie au commandant de recrutement de la région pour les réclamer. (Art. 33 de l'instruction.)

Il prend, avec la gendarmerie, les mesures que comportent les circonstances pour préparer le placement des voitures et animaux dans les lieux désignés. Il fait placer des vedettes à 1 kilomètre en avant du village et sur chacune des routes par où devrait arriver le contingent des voitures et animaux des communes voisines. Ces vedettes, prises parmi les hommes intelligents, sont chargées de fournir aux propriétaires se rendant au chef-lieu de réquisition des indications précises sur le chemin le plus convenable à suivre pour se rendre directement au point de réunion, sans encombre et sans retard.

Si l'emplacement est un champ entouré de haies ou de fossés, il fait ouvrir des passages et jeter des ponts, de manière à rendre l'accès facile aux animaux et aux voitures.

Il fait planter enfin des poteaux indicateurs.

Les gendarmes de la brigade locale concourent à l'exécution de ces diverses dispositions.

Dispositions d'ordre à prendre par tous les maires.

Les maires, revêtus de leur écharpe, sont rendus les premiers au point de réunion pour veiller au placement des voitures et des animaux.

Ils ont dû se faire accompagner par le garde champêtre de leur commune, lequel sera pour eux un auxiliaire précieux.

Les voitures sont rangées d'après l'ordre des numéros de tirage obtenus au dernier classement. Celles qui n'ont pas été classées, à la suite.

Les animaux affectés aux voitures ne sont pas dételés.

Quant aux animaux présentés à poil, ils sont placés par commune dans l'ordre alphabétique, d'après la première lettre du nom patronymique de leur propriétaire.

Le maire a eu soin d'établir, au préalable, une liste alphabétique ; il la présente au président de la commission quand il y est invité.

Attributions pendant et après les opérations.

Les maires sont présents à toutes les opérations intéressant les gens de leur commune. Ils concourent au maintien de l'ordre ; ils remettent au président de la commission les tableaux 2 et 2 *bis* du dernier classement.

Ils rappellent à leurs administrés, quand il y a lieu : 1° qu'ils n'ont droit à aucune indemnité de déplacement, que leurs chevaux ou voitures soient acceptés ou non ; 2° que la nourriture des animaux non requis est à leur charge, ainsi que les frais que peut occasionner le retour des voitures dont les attelages seuls ont été requis.

Aussitôt que le procès-verbal de classement est arrêté, les maires en réclament une expédition, ainsi qu'une expédition des états modèles n° 2 et 2 *bis* complétés.

Quand la réquisition est opérée définitivement, ils invitent leurs administrés à faire remettre, séance tenante, le bulletin n° 6 qu'ils devront ultérieurement présenter au receveur municipal, quand ils voudront toucher la valeur des voitures et animaux livrés à l'Etat.

Un des maires présents est désigné pour chaque canton, séance tenante, pour tirer les numéros qui doivent servir au classement de chevaux et voitures de toutes les communes du canton. Ce classement n'a lieu que lorsque le chiffre des acceptations est supérieur aux besoins de la mobilisation.

Formalités à remplir pour assurer le paiement des réquisitions.

Le maire réclame aux commandants de recrutement les extraits (modèles 7 et 7 *bis*) qui ne parviendraient pas dans les délais voulus.

Aussitôt réception de ces extraits, il dresse en deux expéditions les trois états de paiement dont l'établissement est exigé par l'article 19 de l'instruction, et les adresse, avec les pièces à l'appui, au sous-intendant militaire du ressort.

Si, dans les délais voulus, les mandats de paiement ne lui sont pas parvenus, il les réclame au sous-intendant militaire.

Attributions administratives des maires.

Les maires visent toutes les factures et mémoires des dépenses effectuées pendant la période de mobilisation par les chefs de détachement de conduite.

Il vise également les bons de vivres et de fourrages (modèle n° 12), qu'ils soient signés par le président de la commission de réquisition ou par les chefs de détachement de conduite.

TITRE IX

DISPOSITIONS SPÉCIALES AUX GRANDES MANŒUVRES

Dispositions préventives.

Aussitôt avisé par le préfet de l'époque où les troupes manœuvreront ou cantonneront sur le territoire de la commune, le maire fait publier et afficher ces renseignements. Les affiches doivent contenir toutes les recommandations énumérées à l'article 107 du décret du 2 août 1877.

Il prend ensuite toutes les autres dispositions énoncées au titre Ier de la présente annexe et à l'article 107 du décret du 2 août 1877.

Fournitures du logement et du cantonnement.

Le maire se conforme ponctuellement aux prescriptions réglementaires du titre III en ce qui se rapporte au temps de paix.

Il fait appel au patriotisme des habitants, de manière à assurer l'application de la loi dans des conditions favorables au bien-être des troupes.

Il insiste sur la faveur dont ils sont l'objet en n'étant pas tenus de fournir gratuitement le combustible.

Fournitures et prestations diverses.

Dans le cas où l'armée userait de son droit de requérir des vivres, des combustibles, des fourrages, etc., le maire recommandera à ses administrés d'agir avec loyauté et de ne pas profiter des circonstances pour écouler des matières plus ou moins avariées. Il s'efforce de réaliser les demandes à lui adressées dans le plus bref délai et dans les meilleures conditions possibles.

Il s'oppose à ce que les habitants exagèrent le prix des prestations diverses livrées à l'armée *à quelque titre que ce soit*. Il fait son possible, en un mot, pour que les officiers d'approvisionnement ne rencontrent aucune difficulté dans l'accomplissement de leur mission et qu'il soit pourvu à tous les besoins des troupes à la satisfaction générale.

Nourriture chez l'habitant.

Si les troupes doivent se nourrir sur le pays, le maire fait afficher un avis indiquant dans quelles conditions cette fourniture doit être faite et le prix de la journée allouée.

Il rappelle à ses administrés qu'ils doivent agir en pères de famille et ne pas spéculer sur des braves garçons dont ils ont mission d'assurer la subsistance comme s'ils étaient leurs propres enfants et d'après les habitudes du pays.

Règlement des dommages.

Le maire, averti des jour et heure du passage de la commission d'expertise, se tient à sa disposition au moment convenu.

Il présente à la commission le livre de détail (modèle n° 1) sur lequel il a, au préalable, inscrit toutes les réclamations qui lui ont été notifiées par des gens de sa commune.

Si des récoltes figurent comme endommagées ou détruites ou frappées de saisie-brandon (1), il l'indique sur le livre de détail et remet au président de la commission copie du procès-verbal de saisie.

Il use de tout son ascendant pour amener ses administrés à s'entendre amiablement avec la commission, si celle-ci fait des offres raisonnables.

En cas de contestation, il reçoit l'état n° 3 et le communique aux intéressés en insistant pour leur faire accepter les propositions faites, à moins qu'il ne les trouve lui-même trop peu rémunératrices. A l'expiration des quinze jours accordés aux propriétaires pour se décider, il adresse l'état n° 3 au président de la commission avec les pièces qui lui sont parvenues.

---

(1) *Saisie-brandon*. — C'est une voie d'exécution forcée par laquelle un créancier saisit les fruits pendants par racine, appartenant à son débiteur, pour les vendre ou faire vendre et sur le prix être payé de ce qui lui est dû. Le nom donné à cette saisie vient de ce que, pour faire connaître que les fruits étaient sous la main de la justice, on plaçait autrefois sur les champs des faisceaux de paille suspendus à des pieux fichés en travers et qu'on appelait *brandons*. (Bioche, *Dict. proc.*, V°.)

ANNEXE F

LOGEMENT ET CANTONNEMENT

Cette annexe contient, savoir :

TABLEAU faisant connaître les chambres et ustensiles que les habitants doivent fournir aux troupes de passage logées chez eux.

MODÈLE de l'extrait du tableau récapitulatif de la région, dont l'établissement est prescrit par l'article 10 de la loi du 3 juillet 1877 et l'article 25 du décret du 2 août 1877.

INSTRUCTION du 23 novembre 1886 concernant les modifications apportées au décret du 2 août 1877.

CIRCULAIRE du 10 juin 1882 au sujet des avis à donner aux municipalités en ce qui concerne les réquisitions du logement ou cantonnement.

TABLEAU *faisant connaître les chambres et ustensiles que les habitants doivent fournir aux troupes de passage logées chez eux.*

PARTIES PRENANTES.	A FOURNIR AUX OFFICIERS.						A LA TROUPE.			OBSERVATIONS.
	Chambres garnies.	Cabinet garni.	Chambres avec deux lits (1 lit pour deux domestiques).	Cuisine avec ustensiles.	Écuries.	Éclairage.	Chambre avec un lit.	Ustensiles de cuisine et de table.	Logt.	
Maréchal de France et général commandant en chef	(1) 4	(1) 1	(1) 3	1	Celles nécessaires pour le nombre de chevaux fixé par le règlement, à raison de 1m,40 par cheval.	Celui nécessaire aux chambres allouées.		Ceux nécessaires, ainsi que place au feu et à la chandelle, soit un nombre de rations de combustible égal au nombre des hommes logés.	(1) Les chambres dont ils ont besoin. (2) Ils peuvent être logés à deux dans une même chambre à deux lits.
Général de division	3	1	2	1						Les lits de la troupe doivent être, autant que possible, conformes à ceux des casernes.
Général de brigade	3	»	1	1						Les sous-officiers et fourriers ne doivent, en aucun cas, coucher avec les sous-officiers d'autres corps.
Colonel			1	1			»			Les lits pour les officiers sont garnis d'une housse, d'une paillasse, de deux matelas ou d'un seul avec un lit de plumes, d'un traversin, de deux couvertures et d'une paire de draps; chaque chambre à lit est meublée d'une table, de chaises, d'une armoire ou commode fermant à clef, d'un portemanteau, d'un pot à eau avec sa cuvette et de 2 serviettes par semaine.
Lieutenant-colonel, chef de bataillon, major et médecin-major de 1re classe	2	»	1	»			1			Les autres chambres sans lit sont meublées de tables, chaises, chandeliers et autres ustensiles nécessaires.
Capitaines, aumôniers et médecin-major de 2e classe			1	»			1			NOTA. — Bien que les habitants ne doivent jamais être obligés de la chambre ni des lits ni ils ont consenti à payer, néanmoins, sous aucun prétexte, se soustraire à la charge du logement, selon leurs facultés.
Trésoriers et officiers payeurs			1	»			1			
Lieutenants et sous-lieutenants (2)			1	»			1			
Adjudant seul							1			
Sergent-major seul							1			
Tambour-major seul							1			
Vaguemestre seul							1			
Sergents et fourriers à deux							1			
Caporaux et soldats à deux							1			
Cantinière et son mari							1			

Art. 10
de la loi du 3 juillet 1877.

Art. 25 du décret
du
2 août 1877.

DÉPARTEMENT
d ——

ARRONDISSEMENT
d ——

CANTON
d

MODÈLE.
——

LOGEMENT

EXTRAIT DES TABLEAUX RÉCAPITULATIFS

ÉTABLIS POUR LA   e RÉGION.

ÉTAT revisé par l'autorité militaire des ressources que présente la commune d   pour le logement des troupes.

NOM DE LA COMMUNE, indication de l'agglomération principale des hameaux et des maisons isolées.	NOMBRE					NOMBRE DE PLACES dans les écuries, étables ou remises			OBSERVATIONS.
	des habitants.	des maisons.	des chambres pour officier.	des lits pour officier.	des lits pour la troupe (1).	pour chevaux, mulets ou bestiaux.		pour voitures.	(Voir le tableau faisant connaître les fournitures dues aux troupes de passage.)
									Les maires devront, en dressant la liste de répartition correspondante aux énonciations portées dans les deux états F et G, pour le logement et le cantonnement, prendre soin d'établir cette liste par ordre d'emplacement, de façon à permettre aux hommes groupés sous la main de leurs chefs, de se porter rapidement et sans confusion aux lieux de rassemblement, ce qui ne pourrait se faire si, par exemple, l'ordre suivi pour la répartition était celui du tableau des contribuables ou simplement l'ordre alphabétique du nom des habitants. — Règlement, art. 26.
TOTAUX......									

(1) Les hommes de troupe sont logés chez l'habitant à raison d'un lit par sous-officier et d'un lit ou au moins d'un matelas et une couverture pour deux soldats. (Art. 23 du décret du 2 août 1877.)

A   , le   189 .

*Le Général
commandant le   e corps d'armée.*

LOGEMENT ET CANTONNEMENT

Instruction concernant les modifications apportées par le décret du 23 novembre 1886 au décret du 2 août 1877 sur les réquisitions militaires (titre III, logement et cantonnement). (*J. M.*, p. 1014.)

Le titre III (du logement et du cantonnement) du décret du 2 août 1877, portant règlement d'administration publique pour l'exécution de la loi du 3 juillet de la même année relative aux réquisitions militaires, présentait quelques points obscurs qui entraînaient des interprétations différentes.

La disposition ajoutée à l'article 23 et les modifications apportées aux articles 30, 31, 32 et 33 de ce décret par le décret du 23 mars 1886 fixent, d'une manière certaine, les droits de l'État et ceux des communes et des habitants en matière de logement et de cantonnement.

Art. 23. L'addition apportée à cet article a pour objet de préciser le sens du paragraphe 3 de l'article 13 de la loi du 3 juillet 1877 en ce qui concerne les ressources que présente un logement excédant la proportion affectée au grade ou à l'emploi d'un officier ou d'un fonctionnaire militaire et de déterminer la mesure dans laquelle les catégories de personnes dispensées de fournir le logement dans leur domicile doivent fournir le cantonnement.

Cette addition a pour effet de régler définitivement la question qui a motivé la note ministérielle du 23 juin 1881, insérée au *Journal Militaire officiel;* cette note se trouve, par suite, abrogée.

Art. 30. Aux termes de l'article 30, l'officier commandant une troupe logée ou cantonnée dans une commune devrait remettre au maire, avant de quitter la commune, un état indiquant l'effectif en officiers, sous-officiers, soldats, chevaux, etc..., ainsi que la date d'arrivée et celle du départ. Le modèle de cet état d'effectif, tant pour le logement que pour le cantonnement, a été donné par la circulaire du Ministre de la guerre du 25 avril 1878 (5e direction, 3e bureau, n° 1746), non insérée au *Journal militaire.*

Cet état s'appliquait au trimestre et, pour le logement, faisait une distinction entre les officiers logés seuls ou à deux. Désormais, l'état d'effectif s'appliquera au mois, ne comportera plus qu'une seule colonne pour les officiers et sera conforme aux modèles n° 1 pour le logement et n° 1 *bis* pour le cantonnement, annexés à la présente instruction. Par suite, la circulaire précitée du 25 avril 1878 est abrogée.

En outre, pour bien faire ressortir les droits des habitants à l'indemnité, la nouvelle rédaction de l'article 30 oblige l'officier commandant la troupe à établir autant d'états d'effectif qu'il y a eu de périodes de séjour pendant le mois.

Ainsi, par exemple, si une même troupe a été logée ou cantonnée dans la commune du 3 au 5 juillet et du 28 juillet au 3 août, il sera établi un état d'effectif :

1° Pour la période du 3 au 5 juillet ;
2° Pour celle du 28 au 31 juillet ;
3° Pour celle du 1er au 3 août.

Sauf dans les cas spécifiés au deuxième alinéa de l'article 30, le maire doit toujours se faire remettre les états d'effectif, attendu que, à défaut de ces documents, le droit des habitants à indemnité ne pourrait être établi.

Art. 31. La nouvelle rédaction de cet article pose ce principe, qui est la conséquence des articles 13 et 15 de la loi du 3 juillet 1877, que l'indemnité de logement ou de cantonnement n'est due que si le nombre de lits ou de places occupés dans le courant d'un même mois excède le triple des lits ou places que la commune est obligée de fournir d'après le tableau dont il est fait mention à l'article 25 du décret. Il faut donc entendre par mois non une période de trente jours, mais l'occupation pendant un même mois du calendrier.

Des doutes s'étaient élevés sur la question de savoir si l'indemnité allouée aux habitants qui avaient fourni le logement ou le cantonnement au delà de trois nuits était due à partir du premier jour ou seulement pour l'excédent des trois nuits. C'est cette dernière interprétation qui a prévalu, l'article 15 de la loi du 3 juillet 1877 imposant, dans tous les cas, le logement ou le cantonnement gratuit pendant trois nuits dans le courant d'un même mois.

Art. 32. La nouvelle rédaction indique les justifications à produire par les maires qui réclament une indemnité pour le logement ou le cantonnement.

La preuve à fournir consiste dans un état récapitulatif des nuits passées dans la commune d'après les états d'effectif laissés par les commandants de la troupe et, par suite, des lits ou places qui ont été occupés. Cet état devra être conforme aux modèles n° 2 pour le logement et 2 *bis* pour le cantonnement, annexés à la présente instruction.

Le nombre de nuits accusé par les états d'effectif est rapproché du nombre dû par la commune à titre gratuit, d'après le nouvel article 31 du décret.

L'excédent qui ressort de cette comparaison ouvre droit à une indemnité calculée d'après le tarif fixé à l'article 33.

Si par suite d'une répartition irrégulière des charges du logement ou du cantonnement, la somme ainsi déterminée n'est pas suffisante pour indemniser tous les habitants qui ont fourni la prestation pendant plus de trois nuits, le maire indique, sur le même état, les motifs qui l'ont empêché de se conformer aux prescriptions du deuxième paragraphe de l'article 26 du décret et ont donné lieu à une augmentation de dépense; il consigne également, sur l'état récapitulatif, les circonstances qui ont pu augmenter ou réduire les ressources de la commune en logement ou en cantonnement depuis l'établissement des tableaux visés à l'article 25 du décret. Il fait, en outre, ressortir le nombre de lits ou de places à compter en diminution ou en augmentation du fait de ses observations.

Dans le décompte des nuits de logement, il n'est compté qu'une seule nuit pour deux brigadiers ou caporaux ou pour deux soldats, l'habitant ne devant qu'un seul lit pour deux brigadiers ou caporaux ou pour deux soldats. (Art. 23 du décret.)

L'état récapitulatif, appuyé des deux expéditions des états d'effectif, est adressé, en double expédition, dans le mois qui suit celui auquel il se rapporte, au sous-intendant militaire de la subdivision de région. Avant de procéder à l'ordonnancement de la somme réclamée, le sous-intendant vérifie les indications de l'état et, s'il y a lieu, demande, dans ce but, communication d'un extrait concernant la commune intéressée des tableaux récapitulatifs des ressources de la région, comme l'y autorise l'article 25 du décret.

Une commune ne peut fournir, pour le même mois, qu'un seul état récapitulatif des modèles n°s 2 et 2 *bis*.

Art. 33. Le nouvel article 33, pour faciliter le décompte de l'indemnité due aux habitants et établir la concordance avec les articles 30, 31 et 32 précités, a remanié le taux de l'indemnité à allouer pour le logement.

Il n'est plus fait de distinction pour les officiers dont le logement, quel que soit le grade, est fixé par lit et par nuit à 1 franc ; de même, le lit pour homme de troupe, sans distinction de grade, est fixé à 20 centimes.

Les maires réclameront au sous-intendant militaire de la subdivision de région les formules d'états récapitulatifs n°s 2 et 2 *bis* qui leur seront nécessaires et qui seront fournies par l'administration de la guerre. L'emploi de ces formules supprimera, pour le logement et le cantonnement, l'usage des états A *bis* et B annexés au décret du 2 août 1877. Quant aux états d'effectif modèles n°s 1 et 1 *bis*, ils seront établis à la main par les soins des corps ou détachements.

Sont abrogés :

Le règlement du 20 juillet 1824 sur le logement des troupes chez l'habitant ;

La circulaire du Ministre de la guerre du 31 mars 1829, relative aux changements apportés à certaines dispositions de ce règlement. Par suite, les directeurs du service de l'intendance n'auront plus à fournir trimestriellement un *compte général et récapitulatif du nombre de journées donnant droit aux indemnités de logement ou de cantonnement.* Une expédition de l'état récapitulatif modèle n° 2 ou modèle n° 2 *bis*, suivant le cas, accompagnée d'une expédition des états d'effectif produits à l'appui, sera simplement jointe au bordereau de mandats afférent au mois pendant lequel l'indemnité aura été mandatée.

    Le Ministre de l'intérieur,
      Signé : SARRIEN.

              Le Ministre de la guerre,
              Signé : Gal BOULANGER.

CORPS D'ARMÉE

MOIS DE _____

(1)

189 .

DÉPARTEMENT

d _____

ARRONDISSEMENT

d _____

COMMUNE

d _____

ÉTAT NUMÉRIQUE des officiers, sous-officiers, brigadiers ou caporaux et soldats, chevaux et mulets qui ont été logés dans la commune de _____ au _____ inclus (2).

Loi du 2 juillet 1877.
Art. 30 du décret du 2 août 1877, modifié par le décret du 23 novembre 1886.
Instruction du 23 novembre 1886.
Modèle n° 1.

PÉRIODES D'OCCUPATION.	EFFECTIF				NOMBRE DE NUITS.			
	Officiers.	Sous-officiers.	Brigadiers ou caporaux et soldats.	Chevaux ou mulets.	Officiers.	Sous-officiers.	Brigadiers ou caporaux et soldats.	Chevaux ou mulets.
	1	2	3	4	5	6	7	8
Effectif des hommes et des animaux présents au premier jour du (3) _____ et nombre de nuits qui en résulte _____								
A augmenter : d'après les mutations inscrites au dos du présent état _____								
d'après le nombre de brigadiers ou caporaux et soldats ayant éventuellement occupé en lit (4) _____								
A diminuer d'après les mutations inscrites au dos du présent état _____								
Effectif au dernier jour du (3) _____ et totaux des nuits _____								

Certifie le présent état, montant aux quantités de (5) _____ nuits d'officiers, _____ nuits de sous-officiers, _____ nuits de brigadiers ou caporaux et soldats, _____ nuits de chevaux et mulets.

Vu :

Le Sous-Intendant militaire,

Vu :

Le (7) _____

A _____ , le (6) _____

Le (6) _____ 189 .

(1) Indication du corps de troupe et de la portion du corps (compagnie, escadron ou batterie).
(2) Si la période de séjour comprend des nuits afférentes à deux ou plusieurs mois, il est établi des états distincts par mois.
(3) Du mois ou du séjour.
(4) Des lits peuvent être occupés par des brigadiers, caporaux et soldats, seuls et non par deux, soit à cause de la répartition du logement par moitié-comblettes, ayant un effectif impair d'hommes, soit par suite de mutations. — On compte un lit en plus pour chaque place ainsi inoccupée.
(5) Indiquer les quantités en toutes lettres.
(6) Chef du corps ou du détachement.
(7) Sous intendant militaire ou son suppléant, ou le maire.

ÉTAT NOMINATIF (1) des hommes et des animaux qui ont fait mutation du
au .... inclus

LOGEMENT

Nature des		Numéros matricules.	NOMS ET PRÉNOMS.	GRADES.	MOTIFS ET DATE DES MUTATIONS.	AUGMENTATIONS.								DIMINUTIONS.							
bataillons.	compagnies escadrons ou batteries.					Officiers.		Sous-officiers.		Brigadiers ou caporaux et soldats.		Chevaux et mulets.		Officiers.		Sous-officiers.		Brigadiers ou caporaux et soldats.		Chevaux et mulets.	
						Effectif.	Nombre de nuits.	Effectif.	Nombre de nuits.	Effectif.	Nombre de nuits.	Effectif.	Nombre de nuits.	Effectif.	Nombre de nuits.	Effectif.	Nombre de nuits.	Effectif.	Nombre de nuits.	Effectif.	Nombre de nuits.
1	2	3	4	5	6	7	8	9	10	11	12	13	14	15	16	17	18	19	20	21	22
			TOTAUX.		Effectif......... Nombre de nuits...																

(1) Les mutations provenant de départ ou d'arrivée de détachement ne seront inscrites que numériquement.

(2) Chef de corps ou détachement.

Certifié par le (2)

48

CORPS D'ARMÉE.

DÉPARTEMENT

d

ARRONDISSEMENT

d

COMMUNE

d

MOIS d   189

(1)

Loi du 8 juillet 1877,

Art. 30 du décret du 2 août 1877, modifié par le décret du 23 novembre 1886.

Instruction du 23 novembre 1886,

MODÈLE N° 1 *bis.*

ÉTAT NUMÉRIQUE des hommes et des animaux qui ont été cantonnés dans la commune d   du   au   inclus (2).

	EFFECTIF.		NOMBRE DE NUITS.	
	OFFICIERS et troupe.	CHEVAUX et mulets.	OFFICIERS et troupe.	CHEVAUX et mulets.
	1	2	3	4
Effectif des hommes et des animaux présents au premier jour du (3) et nombre de nuits qui en résulte...				
A augmenter d'après les mutations inscrites au dos du présent état...				
A diminuer d'après les mutations inscrites au dos du présent état.......				
Effectif au dernier jour du (3) et totaux des nuits..............				

CERTIFIÉ le présent état montant aux quantités de (4)
nuits d'officier et troupe.
nuits de chevaux et mulets.

A   , le   189 .

VU :   Le (5)

Le (6)

(1) Indication du corps de troupe et de la portion du corps (compagnie, escadron ou batterie).
(2) Si la période du séjour comprend des nuits afférentes à deux ou plusieurs mois, il est établi des états distincts par mois.
(3) Du mois ou du séjour.
(4) Indiquer les quantités en toutes lettres.
(5) Chef de corps ou de détachement.
(6) Sous-intendant militaire ou son suppléant ou le maire.

ÉTAT NOMINATIF (1) des hommes et des animaux qui ont fait mutation du   au   inclus.

NUMÉROS des bataillons.	escadrons ou batteries. compagnies,	NUMÉROS MATRICULES.	NOMS et prénoms.	GRADES.	MOTIFS ET DATES DES MUTATIONS.	AUGMENTATIONS.				DIMINUTIONS.			
						OFFICIERS et troupe.		CHEVAUX et mulets.		OFFICIERS et troupe.		CHEVAUX et mulets.	
						Effectif.	Nombre de nuits.	Effectif.	Nombre de nuits.	Effectif.	Nombre de nuits.	Effectif.	Nombre de nuits.
					TOTAUX ..... { Effectif .... Nombre de nuits								

(1) Les mutations provenant de départ ou d'arrivée de détachements ne seront inscrites que numériquement.
(2) Chef de corps ou de détachement.

CERTIFIÉ par le (2)

A   , le   189 .

CORPS D'ARMÉE

DÉPARTEMENT

d

ARRONDISSEMENT

d

COMMUNE

d

RÉQUISITIONS MILITAIRES

LOGEMENT

N° 397
de la Nomenclature.

Loi du 3 juillet 1877.

Art. 32 du décret du 2 août 1877, modifié par le décret du 23 novembre 1886.

Instruction
du 23 novembre 1886.

MODÈLE N° 2.

ETAT

des sommes dues aux habitants de la commune d
à titre d'indemnité pour logement fourni à la troupe pendant
le mois d   189 .

Déposé cejourd'hui et inscrit immédiatement sous
le n°   du registre spécial d'entrée des pièces de
comptabilité.

A   , le   189 .

Le Sous-Intendant militaire,

RESSOURCES EN LOGEMENT

de la commune d   *pendant le mois d*   189 .

	LITS		PLACES de CHEVAUX et MULETS.
	D'OF-FICIERS.	de TROUPE.	
Ressources d'après l'extrait, concernant la commune, des tableaux récapitulatifs des ressources de la région, envoyé au maire, par le commandant du corps d'armée, en exécution de l'article 25 du décret du 2 août 1877..................			
A augmenter pour les motifs ci-contre (1).			
A diminuer pour les motifs ci-contre (2).			
Ressources pendant le mois d 189 .			

Le Maire,

(1) Le maire consigne entre les deux accolades les circonstances qui ont pu accroître les ressources depuis l'établissement des tableaux récapitulatifs et inscrit dans les colonnes qui font suite le nombre de lits ou de places d'animaux procuré par cet accroissement.

(2) Le maire consigne entre les deux accolades les circonstances qui ont pu réduire les ressources depuis l'établissement des tableaux récapitulatifs, ou qui l'ont empêché de suivre l'ordre de l'état indicatif des ressources de chaque maison ainsi qu'il est prescrit par l'article 26 du décret du 2 août 1877. Il inscrit dans les colonnes qui font suite le nombre de lits ou de places à diminuer en raison de ces circonstances.

CORPS D'ARMÉE
—
DÉPARTEMENT
—
d
ARRONDISSEMENT
—
d
COMMUNE
—
d

RÉQUISITIONS MILITAIRES

CANTONNEMENT

N° 397 *bis*
de la Nomenclature.
—
Loi du 3 juillet 1877.
—
Art. 32 du décret du 2 août
1877 modifié par le décret
du 23 novembre 1886.
—
Instruction
du 23 novembre 1886.
—
MODÈLE N° 2 *bis*.

ÉTAT

des sommes dues aux habitants de la commune d
à titre d'indemnité pour cantonnement fourni à la troupe
pendant le mois d   189   .

NOTA. — Cet état ne fait mention ni des chevaux ni des mulets, le cantonnement des animaux ne donnant droit à aucune indemnité en argent.

Déposé cejourd'hui et inscrit immédiatement sous
le n°   , au registre spécial d'entrée des pièces de
comptabilité.

A   , le   189   .

Le Sous-Intendant militaire,

ÉTAT NUMÉRIQUE RÉCAPITULATIF *des officiers, sous-officiers*
commune d   *pendant le mois d*

DÉSIGNATION DES CORPS, DÉTACHEMENTS ET ISOLÉS	PÉRIODE DE SÉJOUR.

TOTAUX DES NUITS DEVANT SERVIR DE BASE AU RÉGLEMENT DE L'INDEMNITÉ.

Nombre de nuits dû par la commune à titre gratuit (ce nombre est celui inscrit à la page ci-contre comme représentant les ressources de la commune pendant le mois, — la nuit correspondant à un lit ou à une place; — mais il doit être multiplié par trois).
Différences ouvrant droit à indemnité.

Le présent état, appuyé de   états d'effectif (nᵒ 1), est certifié par nous, maire à l'indemnité savoir :

(3)   nuits d'officiers à...
           nuits de sous-officiers, brigadiers ou caporaux et soldats à......
           nuits de chevaux et mulets à................................
et à la somme de (4)

A   ,

Vu, vérifié et arrêté le présent état s'élevant à la somme de (4) au nom du receveur municipal de la commune d

A

Le Sous-Intendant

---

(1) D'après les états d'effectif (mod. nᵒ 1) remis au maire par les commandants des troupes.
(2) Les nuits des sous-officiers sont réunies à celles des brigadiers ou caporaux et soldats (réduites de
(3) Indiquer les quantités en toutes lettres.
(4) Inscrire la somme en toutes lettres.

on caporaux et soldats, chevaux et mulets qui ont été logés dans la
189 , faisant ressortir l'indemnité due à la commune.

OFFI-CIERS.	SOUS-OFFI-CIERS.	NOMBRE DE NUITS (1).		CHEVAUX et MULETS.
		BRIGADIERS OU CAPORAUX ET SOLDATS.		
		Pour les brigadiers ou caporaux et soldats, le nombre de nuits porté sur les états d'effectif doit être réduit de moitié, le décret du 2 août 1877 n'exigeant qu'un seul lit pour deux brigadiers ou caporaux, ou pour deux soldats.		
		(2)		

de la commune d , aux quantités ci-après de nuits donnant droit

fr. c. | fr. c. } fr. c.
1 »
» 20
» 05

le 189 .

Le Maire,

laquelle a été ordonnancée en un mandat n° , en date du 189

le 189 .
militaire,

moitié du nombre) et parce qu'elles donnent lieu au payement de la même indemnité (0 fr. 20).

RESSOURCES EN CANTONNEMENT

de la commune d   *pendant le mois d*   189 .

	PLACES D'OFFICIERS ET DE TROUPE.
Ressources d'après l'extrait, concernant la commune, des tableaux récapitulatifs des ressources de la région, envoyé au maire par le commandant du corps d'armée, en exécution de l'article 95 du décret du 2 août 1877.	
A augmenter pour les motifs ci-contre (1). }	
A diminuer pour les motifs ci-contre (2). }	
Ressources pendant le mois d 189	

Le Maire,

---

(1) Le maire consigne entre les deux accolades les circonstances qui ont pu accroître les ressources depuis l'établissement des tableaux récapitulatifs et inscrit dans les colonnes qui font suite le nombre de lits ou de places d'animaux procuré par cet accroissement.

(2) Le maire consigne entre les deux accolades les circonstances qui ont pu réduire les ressources depuis l'établissement des tableaux récapitulatifs, ou qui l'ont empêché de suivre l'ordre de l'état indicatif des ressources de chaque maison ainsi qu'il est prescrit par l'article 96 du décret du 2 août 1877. Il inscrit dans les colonnes qui font suite le nombre de lits ou de places à diminuer en raison de ces circonstances.

ÉTAT NUMÉRIQUE RÉCAPITULATIF des officiers et de la troupe qui ont été cantonnés, dans la commune d   pendant le mois d •   189   , faisant ressortir l'indemnité due à la commune.

DÉSIGNATION des corps et détachements.	PÉRIODES DE SÉJOUR.	NOMBRE de nuits (1) OFFICIERS ET TROUPE.
Total des nuits devant servir de base au règlement de l'indemnité.................................. Nombre de nuits dues par la commune à titre gratuit (ce nombre est celui inscrit à la page ci-contre comme représentant les ressources de la commune pendant le mois — la nuit correspondant à une place — *mais il doit être multiplié par trois*)...... Différence suivant le droit à indemnité..............		

Le présent état, appuyé de   états d'effectif (modèle n° 1 *bis*), est certifié par nous, maire de la commune d   , à la quantité de (2)   nuits d'officiers et de troupe donnant droit à l'indemnité de 0 fr. 05, et, par suite, à la somme de (3)

     A   , le   189   .

                Le Maire,

     Vu, vérifié et arrêté le présent état s'élevant à la somme de (3)   , laquelle a été ordonnancée en un mandat n°   , en date du   189   , au nom du receveur municipal de la commune d

     A   , le   189   .

        Le Sous-Intendant militaire,

---

(1) D'après les états d'effectif (modèle n° 1 *bis*) remis au maire par les commandants de troupes.
(2) Indiquer la quantité en toutes lettres.
(3) Inscrire la somme en toutes lettres.

LETTRE COLLECTIVE

du 10 juin 1882,

au sujet des avis à donner aux municipalités, en ce qui touche les réquisitions. (J, M., p. 321.)

Mon cher Général, mon attention a été appelée sur les difficultés qui se sont produites dans une ville à l'occasion du logement, par voie de réquisition, d'une troupe en cours de manœuvres.

Il résulte des renseignements qui m'ont été fournis que les dispositions nécessaires pour assurer le logement de cette troupe n'ont pas été prises à temps par le maire de la ville, en raison de l'envoi tardif, par l'officier commandant la troupe à loger, de la réquisition réglementaire.

En vue de prévenir, autant que possible, toute difficulté de cette nature, j'ai l'honneur de vous prier de prescrire toujours aux autorités militaires sous vos ordres, qui auront à effectuer des déplacements pouvant donner lieu à réquisition, d'avoir soin d'adresser plusieurs jours à l'avance, deux au moins, aux maires des communes où des troupes auront à séjourner, les réquisitions qu'elles auront à exercer en conformité de la loi du 3 juillet 1877 et du décret du 2 août 1877, et de leur faire connaître en même temps, très exactement, le nombre des militaires de tous grades et de chevaux à loger, ainsi que les conditions dans lesquelles il est à désirer, pour le bien du service, que des logements soient fournis.

Il conviendra aussi que l'officier auquel incombe le soin de donner l'avis dont il s'agit (art. 34 du décret du 2 août 1877) s'enquière avec soin des communications postales, afin de s'assurer que son avis parviendra à temps aux municipalités destinataires.

Signé : BILLOT.

CIRCULAIRE

DU 4 JUIN 1877

au sujet du droit au logement chez l'habitant des officiers ou assimilés voyageant isolément.

Les lois des 10 juillet 1791 et 23 mai 1792 ont, dans le but de pourvoir aux nécessités du service, imposé aux habitants la charge de loger, durant trois nuits consécutives, sous certaines conditions (décret du 12 juin 1867, art. 48, et circulaire du 5 août 1868) :

1° Les militaires de tous grades et de toutes armes et autres considérés comme tels, marchant en corps, en détachement, isolément, munis de feuilles de route qui leur attribuent cette prestation ;

2° Les hommes de troupe et sans troupe, en station dans les places ou cantonnements dans lesquels il n'y a pas de bâtiments militaires, ou lorsque les bâtiments militaires qui y existent sont reconnus insuffisants ou se trouvent dépourvus de fournitures.

Ces lois, règlements et décrets sont toujours en vigueur et il convient que les droits qu'ils confèrent à l'autorité militaire soient scrupuleusement sauvegardés. Cependant, au point de vue de la dignité même de l'armée, il importe de n'user de ce privilège, qui ne laisse pas que d'imposer une charge parfois assez lourde aux populations, que lorsque les besoins du service le réclament réellement.

Dans cet ordre d'idées, j'ai jugé que toutes les fois que des officiers ou assimilés se déplacent isolément en vertu de décisions leur donnant droit à des allocations spéciales, en sus de leur solde réglementaire, telles que : indemnité extraordinaire de voyage, indemnité de déplacement, allocations de voyage payées soit sur les fonds du service de l'indemnité de route, soit sur des fonds étrangers à ce service, etc., il n'y a pas lieu, pour ces officiers ou assimilés, de réclamer le bénéfice du logement en nature dans les localités où ils auront à séjourner.

Dans ces cas particuliers, un avis dans ce sens sera donné, par écrit, par les soins du fonctionnaire de l'intendance qui délivrera la feuille de route, à l'officier effectuant le déplacement ; mais comme il peut arriver que, dans certaines circonstances ou dans certaines localités, il soit impossible de se procurer un logement de gré à gré ou au moyen de la somme allouée à cet effet (art. 5 de la loi du 10 juillet 1791), l'officier ou assimilé qui se trouvera dans cette situation conserve le droit de réclamer du maire de la localité qu'il lui soit fourni, durant trois nuits, un logement en nature chez l'habitant.

Le Ministre de la guerre,
Signé : Général A. BERTHAUT.

INSTRUCTION ANNUELLE
pour le classement des animaux susceptibles d'être requis.

Au sujet du droit au logement des membres des commissions.

Les officiers et vétérinaires (à l'exclusion des vétérinaires civils) ont droit au logement chez l'habitant, ainsi que les sous-officiers ou caporaux secrétaires. Cette disposition doit être mentionnée sur l'ordre de service.

Afin de faciliter les opérations du classement, le personnel d'une commission peut séjourner dans une commune et se rendre de là, chaque jour, dans les communes environnantes, sans déplacer son gîte.

Le logement de ces militaires ne donne droit à l'indemnité, pour les communes, que dans le cas prévu par l'article 15 de la loi du 3 juillet 1877 et les articles 31 et 32 du décret du 2 août suivant.

Pour éviter toute difficulté, les préfets doivent mentionner sur les affiches que les membres militaires des commissions de classement, ainsi que les cavaliers qui les accompagnent, ont droit au logement chez l'habitant.

MODELES

(DÉCRET DU 2 AOUT 1877)

RENSEIGNEMENTS

Les services administratifs du département de la guerre sont les suivants :

1° *Vivres.* — Ce service comprend le blé, la farine, le pain, la viande abattue ou sur pied, le vin, l'eau-de-vie, etc., etc., en un mot les denrées et liquides destinés à l'alimentation des hommes; les sacs et autres récipients qui les contiennent, les ustensiles d'exploitation du service, ainsi que la nourriture de la troupe chez l'habitant.

Le prix est fixé par 100 kilogrammes pour les denrées et la viande, par hectolitre pour les liquides, par unité pour les récipients et objets mobiliers, par demi-journée, correspondant à un repas, pour la nourriture chez l'habitant.

2° *Chauffage et éclairage.* — Ce service comprend le bois, le charbon de terre, les fagots, l'huile, la chandelle et les ustensiles d'éclairage.

Le prix est fixé par 100 kilogrammes pour toutes les matières combustibles, et par unité pour les appareils d'éclairage.

3° *Fourrages.* — Ce service comprend le foin, la paille, l'avoine et autres denrées destinées à l'alimentation des chevaux et des bestiaux, ainsi que les objets mobiliers nécessaires à l'exploitation du service.

Le prix est fixé par 100 kilogrammes pour les denrées, et par unité pour les objets mobiliers.

4° *Hôpitaux.* — Ce service comprend la fourniture des médicaments et objets de pansement, le traitement des malades et blessés, les visites de médecin.

Le prix est fixé, suivant la nature des médicaments et objets de pansement, par kilogramme, par mètre ou par unité; par journée, pour le traitement des malades; par unité, pour les visites de médecin.

5° *Habillement et campement.* — Ces services comprennent les étoffes, effets et objets nécessaires pour l'habillement et le campement des troupes.

Le prix est fixé, suivant la nature des fournitures faites, par mètre ou par unité.

6° *Lits militaires.* — Ce service comprend les objets de couchage pour les troupes, le logement chez l'habitant avec lits, le cantonnement.

Le prix des objets de couchage est fixé par unité, s'ils sont achetés, et par nuit, s'ils sont occupés temporairement; le prix du logement et du cantonnement est fixé par nuit et par homme.

7° *Transports.* — Ce service comprend les voitures à un ou plusieurs colliers, les chevaux de renfort requis provisoirement et les embarcations.

Le prix est fixé par unité, s'il s'agit d'une prise de possession définitive. Quand il s'agit d'un usage temporaire, le prix est fixé par journée.

8° *Remonte générale.* — Ce service comprend l'achat des chevaux et mulets.

Le prix est fixé par unité.

9° *Harnachement.* — Ce service comprend les harnais et objets de sellerie pour les chevaux de l'armée, ainsi que la ferrure.

Le prix est fixé par unité.

10° *Artillerie.* — Ce service comprend les matières et objets requis pour le service spécial de cette arme.

Le prix est fixé par kilogramme ou par unité, suivant la nature du matériel requis.

11° *Génie.* — Ce service comprend les outils et matériaux requis pour les travaux à effectuer dans l'intérêt de l'armée et le salaire des ouvriers requis.

Le prix des outils est fixé par unité, s'il s'agit d'une prise de possession définitive, et par journée, s'il s'agit d'un usage temporaire; le prix des matériaux est fixé au poids ou au mètre cube, suivant leur nature; le prix des journées de travail est fixé par unité.

APPLICATION DU MODÈLE A.

Acquisition des objets requis.
(Règl. art. 37 à 51.)

L'état A est dressé en double expédition et par service séparé.

Les deux originaux sont envoyés à la commission d'évaluation par l'intermédiaire du préfet.

La commission reçoit un bordereau en double expédition des pièces justificatives et en renvoie un à titre de récépissé après visa.

La notification est faite par le sous-intendant sur les deux états.

Les réponses sont inscrites par le maire sur les deux états, dont l'un retourne à l'intendance, l'autre reste à la mairie.

DÉPARTEMENT

d —

COMMUNE

d —

(a) Indiquer ici le service administratif duquel dépendent les prestations fournies. (*Voir le note au bas du tableau.*)

MODÈ

Nᵒ 304 de la

SERVICE D(A)

RÉQUISITIONS MILITAI

DÉPE

ÉTAT NOMINATIF des habi qui ont droit au paiement de réquisitions.

NOMS et PRÉNOMS.	DATES des RÉQUISITIONS.	DÉCOMPTE DES INDEMNITÉS RÉCLAMÉES PAR LES HABITANTS (1).			
		(2) Nombre ou quantité. (3)	Prix (7)	DÉCOMPTE des indemnités afférentes à chaque réquisition.	MONTANT des indemnités réclamées par chaque habitant.
1	2	3	4	5	6
		(a)	fr. c.	fr. c.	fr. c.
TOTAL égal à celui des bons de fourniture et des certificats du service exécuté, qui sont ci-annexés..........				TOTAL des sommes réclamées......	

Le présent état, appuyé de   ordres de réquisition et de   bons de fournitures ou certificats constatant l'exécution du service requis, et de procès-verbaux, est certifié par nous, maire de la commune d   , aux quantités de (4)   et à la somme de (5)

A   , le   189 .

(a) Cet état comporte autant de colonnes semblables que cela est nécessaire.

LE A

nomenclature.

LEGENDE

Le présent modèle est employé pour les animaux, denrées, matières et objets de toute nature que l'autorité militaire a requis à titre définitif et qu'elle a conservés. Il est fourni par l'autorité militaire.

(1) Le maire ne doit remplir que la 1re partie de l'état (colonnes de 1 à 6 et les colonnes 10 et 11).

(2) Indiquer la nature de la prestation fournie.

(3) Indiquer l'unité (quintal métrique, kilogramme, hectolitre, demi-journée de nourriture, etc., etc.), qui sert de base au décompte.

RES FAITES A TITRE

NITIF.

(4) Indiquer, en toutes lettres, les totaux de chacune des prestations fournies (colonne 3).

(5) Indiquer, en toutes lettres, le total des sommes réclamées (colonne 6).

tants de la commune d
prestations fournies par suite de

(6) Le maire inscrira dans cette colonne, suivant le cas, l'une des trois mentions suivantes : accepte, refu   n'a pas répondu.

(7) Indiquer le prix de l'unité.

PRIX (col. 4). (7)	DÉCOMPTE des indemnités allouées pour chaque réquisition.	MONTANT des indemnités allouées à chaque habitant.	DATES des NOTIFICATIONS.	RÉPONSES (6) des HABITANTS INTÉRESSÉS.
7	8	9	10	11
fr. c. (a)	fr. c.	fr. c.		

DÉCISIONS DE L'AUTORITÉ MILITAIRE FIXANT LES INDEMNITÉS ALLOUÉES.

Le maire soussigné certifie que les décisions de l'autorité militaire ont été notifiées aux intéressés aux dates ci-dessous, et qu'ils ont fait à cette notification, dans le délai de quinze jours, les réponses suivantes :

TOTAL des indemnités allouées..........

A   , le   189   .

Le Maire,

Le présent état est arrêté par l'autorité militaire à la somme d

A   , le   189   .

Le Sous-Intendant militaire,

(a) Cet état comporte autant de colonnes semblables que cela est nécessaire.

APPLICATION DU MODÈLE A (*bis*).

Louage ou usage des objets requis.
(Règl., art. 87 à 54.)

L'état A *bis* est dressé en double expédition et par service séparé. Il est fourni par l'autorité militaire.

Les deux originaux sont envoyés à la commission d'évaluation par l'intermédiaire du préfet.

La commission dresse un bordereau en double expédition des pièces justificatives et en renvoie un à titre de récépissé après visa.

La notification est faite par le sous-intendant sur les deux états.

Les réponses à la notification sont inscrites en double sur les deux états, dont l'un retourne à l'intendance, l'autre reste à la mairie.

DÉPARTEMENT

d

COMMUNE

à

(A) Indiquer ici le service administratif auquel se rapporte la prestation fournie. (Voir le nota au bas du modèle A.)

MO

N° 395

SERVICE D(A)

RÉQUISITIONS MILITAI
TEMPORAI

(Indemnités pour tra
Cantonnement.

*ETAT NOMINATIF des habi
droit au paiement des presta
de réquisitions.*

NOMS ET PRÉNOMS.	DATES des réquisitions.	DURÉE de la RÉQUISITION.		(1) DÉCOMPTES DES INDEMNITÉS RÉCLAMÉES PAR LES HABITANTS.				
		du	au (inclus).	(2) Nombre.	Nombre de journées.	Prix par journée.	Décompte des indemnités afférentes à chaque réquisition.	Montant des indemnités réclamées par chaque habitant.
1	2	3	4	5	6	7	14	15
				(a)	(a)	fr. c. (a)	fr. c.	fr. c.
TOTAL égal à celui des bons de fournitures et des certificats du service exécuté, qui sont ci-annexés.....						TOTAL des sommes réclamées............		

Le présent état appuyé de   réquisitions et de   bons de fournitures ou certificats constatant l'exécution du service requis et de   procès-verbaux, est certifié par nous, maire de la commune de   aux quantités de (3) et à la somme de (4).

A   , le   189 .

(a) Ces colonnes sont répétées autant de fois que cela est nécessaire, sous les numéros 8, 9, 10, 11, 12 et 13, etc., etc.

DÈLE A (bis).

de la nomenclature.

DES FAITES A TITRE DE PRÊT
RE OU DE LOCATION

tement de malades. — Logement.
— Salaires d'ouvriers requis.)

touts de la commune d'   qui ont
tions fournies à l'autorité militaire par suite

LÉGENDE

Le présent modèle est employé pour les ani
maux, matières et objets de toute nature qu
n'ont été requis par l'autorité militaire que
pour un usage temporaire ou à titre de loca
tion pour le traitement des malades, pour le
logement et le cantonnement.

(1) Le maire remplit la première partie de
l'état (col. 1 à 15 et 21, 22).

(2) Indiquer la nature de la prestation
fournie.

(3) Indiquer *en toutes lettres* les totaux des
prestations fournies (colonnes 6, 9, 13).

(4) Indiquer *en toutes lettres* le total des
sommes réclamées (colonne 15).

(5) Le maire inscrira dans cette colonne, sui
vant le cas, l'une des mentions suivantes :
acceptée, refusée, n'a pas répondu.

DÉCISION DE L'AUTORITÉ MILITAIRE FIXANT LES INDEMNITÉS ALLOUÉES.			Le maire soussigné certifie que les décisions de l'autorité militaire ont été notifiées aux intéres- sés aux dates ci-dessous et qu'ils ont fait à cette notification, dans le délai de quinze jours, les ré- ponses suivantes :	
Prix par journée (col. 7).	DÉCOMPT. des indemnités allouées pour chaque réquisition.	MONTANT des indemnités allouées à chaque habitant.	DATES des NOTIFICATIONS.	RÉPONSES des HABITANTS INTÉRESSÉS.
18	19	20	21	22 (5)
fr. c. (a)	fr. c.	fr. c.		
	Total des indemnités allouées.........		A , le 180 . Le Maire,	
Le présent état est arrêté par l'au- torité militaire à la somme de (b; A , le 180 . Le Sous-Intendant militaire,				

(a) Les colonnes 17 et 18 sont semblables.
(b) En toutes lettres.

Réquisitions

DÉPARTEMENT

COMMUNE

MODÈLE B

Nº 396 de la nomenclature, art. 52 du décret du 2 août 1877

RÉQUISITIONS MILITAIRES

SERVICE D[1]

ÉTAT des sommes dues aux habitants de la commune d   qui sont dénommés ci-après, pour paiement des prestations qu'ils ont fournies par suite de réquisitions, et dont le détail suit, savoir :

NATURE DES PRESTATIONS.	QUANTITÉS	
	EN TOUTES LETTRES (2)	EN CHIFFRES.
		189 .

A   , le   *Le Maire.*

(3) Pris en charge le (4)   , le   souscigné.

(ERT)   189 .

(Voir ci-dessous).

La fourniture des prestations indiquées ci-dessus est justifiée par les pièces (5) ci-annexées au nombre de

A   . le   183 .

           Le Sous-Intendant militaire.

LÉGENDE

(1) Indiquer le service administratif (vivres, fourrages, logement, transports, etc., etc.) auquel les prestations fournies se rapportent. (Voir le nota au bas du modèle A.)

(2) Indiquer en toutes lettres la nature et l'importance des prestations fournies, dont le paiement a été accepté par les intéressés.

(3) À remplir par l'administration militaire.

(4) Désignation du comptable qui a reçu les fournitures ou qui est chargé de leur régularisation.

(5) Bordereau des certificats, constatant l'exécution des services requis, procès-verbaux, ou, à défaut, extraits des décisions de l'autorité militaire compétente.

Nº 398 de la Nomenclature.

Application du modèle B

(Régl., art. 52.)

L'état B est établi en trois expéditions, qui sont adressées avec un état A ou A bis, à l'intendance. L'état une est renvoyée à la mairie avec le mandat.

LÉGENDE

(1) Chaque habitant émarge au moment où il est payé par le receveur municipal et doit représenter le reçu délivré par le maire en échange du reçu annexé aux pièces justificatives fournies avec le présent état de paiement.

NOMS	SOMME	ÉMARGEMENT
ET PRÉNOMS.	à payer à chaque habitant.	PORTANT QUITTANCE (1).
		Les soussignés reconnaissent avoir reçu les sommes ci-contre pour paiement intégral des prestations auxquelles elles se rapportent.
TOTAL...........		

Certifié par nous, maire de la commune de   à la somme de (en toutes lettres)

A   , le   189 .

Vu, vérifié et arrêté le présent état à la somme de laquelle a été ordonnancée sur les crédits du budget de l'exercice 189 (chapitre , article), en un mandat nº , en date du au nom du receveur municipal de la commune de

A   , le   189 .

Le Sous-Intendant militaire.

DÉPARTEMENT

d ———

COMMUNE

d ———

MODÈLE C

———

SERVICE DE LA REMONTE

LÉGENDE

(1) Cet état doit être produit en deux expéditions.

(2) Indiquer la commune où siège la commission de réquisition.

(3) Indiquer le numéro de la catégorie suivi d'un O pour les chevaux d'officiers et d'un T pour les chevaux de troupe et les mulets.

(4) Chaque propriétaire émarge au moment où il est payé par le receveur municipal.

(5) Indiquer en toutes lettres le nombre de chevaux d'officier et le nombre de chevaux de troupe de chaque catégorie.

(6) Cette partie de l'état est remplie par le sous-intendant militaire.

ÉTAT (1) des sommes dues aux habitants de la commune de
qui sont dénommés ci-après, pour paiement des chevaux, juments, mulets
et mules qu'ils ont livrés à la commission de réquisition de (2)
à la date du   189 , SAVOIR :

NOMS ET PRÉNOMS des propriétaires.	CATÉGORIE (3) ANIMAUX REQUIS	NUMÉRO sur le tableau de classement de la commission	NUMÉRO matricule donné par la commission	PRIX DES ANIMAUX requis.	SOMMES REVENANT À chaque propriétaire.	ÉMARGEMENT PORTANT QUITTANCE (4) Les soussignés reconnaissent avoir reçu les sommes indiquées ci-contre pour paiement intégral des chevaux, juments, mulets et mules désignés au présent état.
			TOTAL........			

Le présent état est certifié par nous, maire de la commune de
aux quantités de (5)   et à la somme de

A   , le   189 .

(6) Il appert de l'extrait du procès-verbal rapporté, le   par
le président de la commission, n°   , siégeant à   , qu'il a
pris charge des animaux   indiqués ci-dessus.

A   , le   189 .

Le Sous-Intendant militaire,

Vu, vérifié et ARRÊTÉ le présent état à la somme de
laquelle a été ordonnancée en un mandat n°   en date du
au nom du receveur municipal de la commune de

A   , le   189 .

Le Sous-Intendant militaire,

APPLICATION DU MODÈLE C. — *Voir règlement, art.* 102. — L'état C est
dressé en double expédition et les deux originaux renvoyés à l'intendance.

DÉPARTEMENT

MODÈLE D.

COMMUNE

SERVICE d(1)

NOTA. — Il est établi un état pour les voitures et un autre pour les harnais.

LÉGENDE

(1) *Harnachement* s'il s'agit de harnais, et *équipages militaires* s'il s'agit de voitures.
(2) À produire en deux expéditions.
(3) *Voitures* ou *harnais*, suivant le cas.
(4) Commune où siège la commission.
(5) À 2 roues, s'il s'agit de voitures, et *de derrière*, s'il s'agit de harnais.
(6) À 4 roues, s'il s'agit de voitures, et *de devant*, s'il s'agit de harnais.
(7) Les propriétaires émargent au moment où ils sont payés par le receveur municipal.
(8) Indiquer en toutes lettres soit le nombre de voitures à 2 et à 4 roues, soit le nombre de harnais de devant et de derrière.
(9) Cette partie de l'état est remplie par le sous-intendant militaire.

ETAT (2) *des sommes dues aux habitants de la commune de qui sont dénommés ci-après, pour paiement des* (3) *qu'ils ont livrés à la commission de réquisition* (4)
SAVOIR :

NOMS ET PRÉNOMS des propriétaires.	NUMÉRO DE LA VOITURE sur le procès-verbal de tirage de la commune.	NOMBRE de (8) requis.		PRIX	découvert en deniers.	Sommes revenant à chaque propriétaire.	ÉMARGEMENT PORTANT QUITTANCE (7) Les soussignés reconnaissent avoir reçu les sommes indiquées ci-contre pour paiement intégral des (8) compris au présent état.
		(5)	(6)				
TOTAUX.........							

Le présent état est certifié par nous, maire de la commune de aux quantités de (8)   et à la somme totale de
A   , le   189   .

(9) Il appert de l'extrait du procès-verbal rapporté le   , par le président de la commission, n°   , siégeant à   , qu'il a pris à charge des (3)   indiqués ci-dessus.
A   , le   189   .
Le Sous-Intendant militaire,

Vu, VÉRIFIÉ ET ARRÊTÉ le présent état à la somme de laquelle a été ordonnancée en un mandat n°   , en date du   au nom du receveur municipal de la commune de
A   , le   189   .
Le Sous-Intendant militaire,

APPLICATION DU MODÈLE D. — *Voir règlement, article* 102. — L'état D est dressé en double expédition et les deux originaux envoyés à l'intendance.

DEPARTEMENT

d

COMMUNE

d

N° 898 de la Nomenclature,
art. 49
du décret du 2 août 1877.

MODÈLE E

RÉQUISITIONS MILITAIRES.

Ce bordereau doit être établi en double expédition.

Chaque pièce remise par l'habitant est annexée au bordereau et donne lieu à un reçu délivré par le maire en échange de la pièce. (Art. 45 du règlement.)

(1) Indiquer les autres pièces comprises dans le bordereau.

(2) Indiquer le service auquel se rapportent les pièces énumérées dans le bordereau. (Voir la note au bas du modèle A.)

SERVICE d (2)

BORDEREAU ÉNUMÉRATIF des pièces justificatives annexées à l'état nominatif A (ou A bis) des habitants de la commune d   qui ont droit au paiement de prestations fournies à l'autorité militaire par suite de réquisitions.

ANNÉES ET TRIMESTRES auxquels les pièces se rapportent	NATURE DES PIÈCES.	NOMBRE des pièces.	OBSERVATIONS
	Ordres de réquisition..........		
	Bons de distribution..........		
	Certificats d'exécution du service requis..............		
	Procès-verbaux..............		
	(1)		
	(1)		
	(1)		
	Nombre total des pièces annexées à l'état A (ou A bis) dressé le 189 et montant à la somme totale de f.		

A   , le   189 .

Le Maire d

Reçu les pièces désignées au présent bordereau,

A   , le   189 .

Le Président de la Commission départementale d'évaluation,

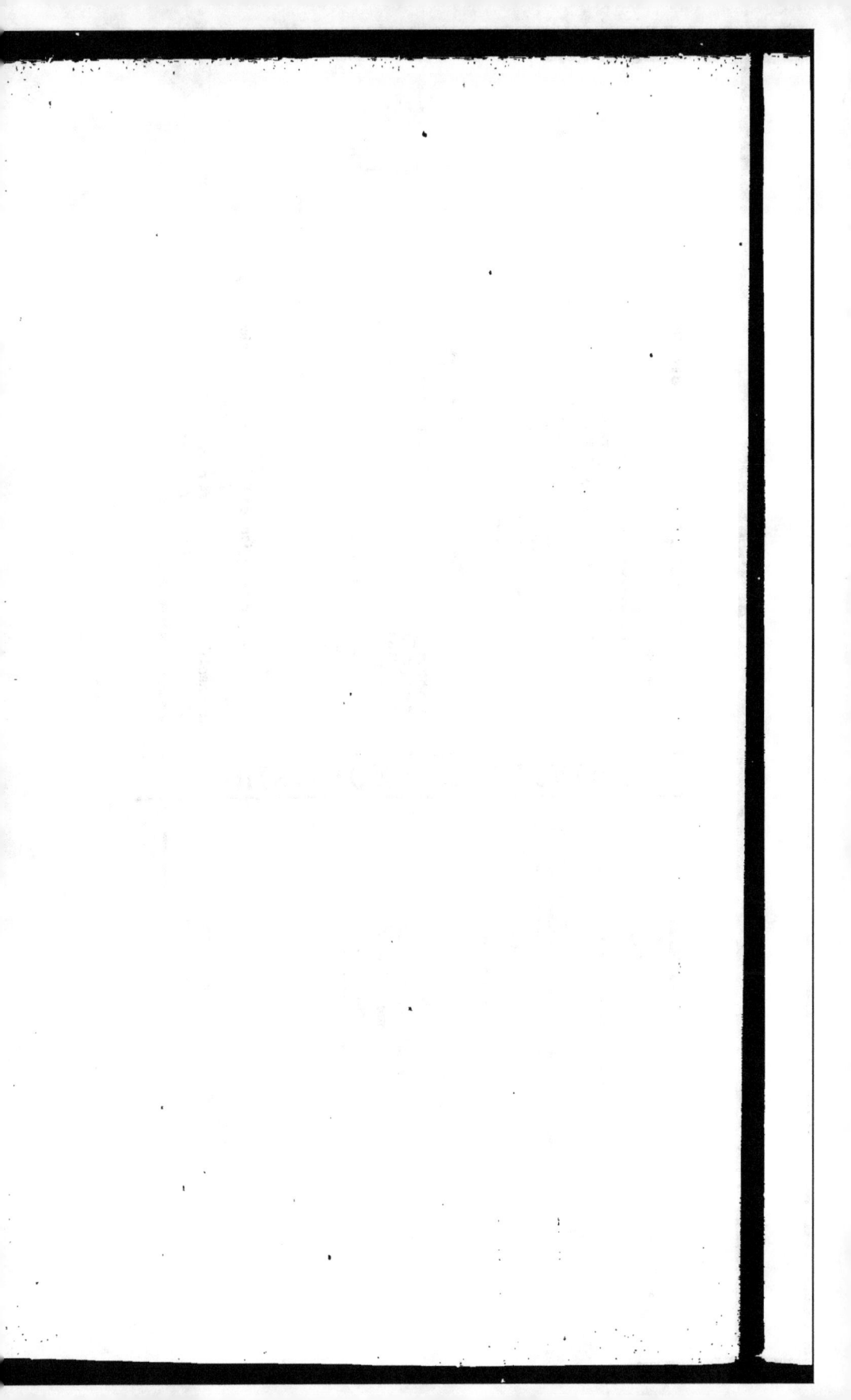

CARNET D'ORDRES DE RÉQUISITION

Feuille: n°

Carnet n°

> Il ne pourra être payé de prestations comprises dans la présente réquisition que sur la production de reçus qui seront délivrés par les autorités militaires pour les fournitures faites, ou de certificats établis par elle pour constater l'exécution du service requis.

ORDRE DE RÉQUISITION

* armée.
* corps d'armée.
* division de
* brigade

* régiment de
* bataillon ou escadron.
* compagnie ou batterie.

Etat-major de

Nom et grade du signataire (écrits très lisiblement).

Le maire de .... département d ....
(ou, par exception, en l'absence de la municipalité)

le sieur .... demeurant à ....

département de .... est requis de fournir à (1)

le .... 189 , à heures du

les prestations suivantes, savoir :

(2)

MODÈLE F

Feuillet n°

(1) Indiquer le lieu, la date et l'heure où la prestation doit être fournie.

(2) Indiquer en toutes lettres la nature et la quantité de denrées, voitures ou autres prestations requises et, s'il y a lieu, la durée probable du service à exécuter.

(3) Mêmes indications en chiffres.

Etat-major de
* régiment de
* bataillon ou escadron.
* compagnie ou batterie.

Effectif { Officiers.........
{ Troupe.........
{ Chevaux.........

Commune de ....
Département de ....
Date fixée pour la prestation ....
Heure fixée pour la prestation ....

(3)

RÉQUISITIONS MILITAIRES

RÉQUISITIONS MILITAIRES

NATURE DES FOURNITURES.	NOMBRE DE RATIONS.	TAUX DES RATIONS.	QUANTITÉS FOURNIES	
			EN CHIFFRES.	EN TOUTES LETTRES.
Vivres. { Pain...........				
Riz............				
Légumes secs...				
Pommes de terre..				
Sel............				
Sucre..........				
Café { vert... torréfié..				
Vin............				
Eau-de-vie......				
Viande { fraîche... sur pied..				
Lard salé.......				
1/2 journée de nourriture.....				
Chauffage. { Bois en bûches....				
Charbon de terre....				
Bois en fagots.....				
Fourrages. { Foin ou luzerne....				
Paille, avoine ou orge..				

Le (1)

(1) Indiquer le grade et la qualité du signataire.

CARNET D'ORDRES DE RÉQUISITION.

NATURE DES FOURNITURES.	NOMBRE DE RATIONS.	QUANTITÉS FOURNIES.
Pain...........		
Riz............		
Légumes secs...		
Pommes de terre..		
Sel............		
Sucre..........		
Café { vert... torréfié..		
Vin............		
Eau-de-vie......		
Viande { fraîche... sur pied..		
Lard salé.......		
1/2 journée de nourriture.....		
Bois en bûches....		
Charbon de terre....		
Bois en fagots.....		
Foin ou luzerne....		
Paille, avoine ou orge..		

Le (1)

Carnet n° MODÈLE G Feuillet n°

REÇU DE FOURNITURES REQUISES

Etat-major d ou
* régiment d
* bataillon ou escadron
* compagnie ou batterie

* armée.
* corps d'armée.
* division d
* brigade.

Nom et grade du signataire } (écrits très lisiblement).

189

JOURNÉE DU (2)

Reçu de la commune d , département
(ou par exception, en l'absence de la municipalité),

Reçu du sieur , demeurant à
département d , les prestations dont le
détail suit, savoir :

FOURNITURES PAR RÉQUISITIONS

Feuillet n°

(1) Cachet du conseil d'administration pour les livrets employés par les corps de troupes ou de sous-intendant militaire pour ceux qui sont remis aux officiers sans troupe.

(2) Indiquer la ou les journées pour lesquelles la fourniture est faite.

(1)

Etat-major d
ou
* régiment d
* bataillon ou escadron.
* compagnie ou batterie.

189

JOURNÉE DU (2)

Commune d , département d

Effectif { Officiers..... { de l'armée. { troupe.....
{ Chevaux { de réquisi- { conducteurs
{ ..... { tion..... { ou guides.
bestiaux.....

	NOMBRE TOTAL DE JOURNÉES DE SERVICE ou de nuits de logement et de cantonnement. (En toutes lettres.)	DURÉE de la prestation au (inclus.)	DURÉE de la prestation du	EFFECTIF OU NOMBRE.
Logement chez l'habitant.	Officiers logeant seuls......			
	Officiers logeant à deux......			
	Sous-officiers......			
	Caporaux et soldats......			
	Chevaux et bestiaux......			
Cantonnement.	Hommes......			
	Chevaux et bestiaux......			
Transports.	Voitures à collier......			
	Voitures à collier......			
	Chevaux de trait......			
	Embarcations......			
	Conducteurs ou mariniers......			

NOTA. — Le verso de cet état est absolument semblable au verso du carnet d'ordres de réquisition.

FOURNITURES PAR RÉQUISITIONS

	NOMBRE TOTAL en journées ou en nuits.	DURÉE de la prestation au (inclus.)	DURÉE de la prestation du	EFFECTIF OU NOMBRE.
Logement.	Officiers logeant seuls......			
	Officiers logeant à deux......			
	Sous-officiers......			
	Caporaux et soldats......			
	Chevaux et bestiaux......			
Cantonnement.	Hommes......			
	Chevaux et bestiaux......			
Transports.	Voitures à collier......			
	Voitures à collier......			
	Chevaux de trait......			
	Embarcations......			
	Conducteurs ou mariniers......			

TROISIÈME PARTIE

RENSEIGNEMENTS DIVERS

DES DIVERSES COMMISSIONS

dont l'existence temporaire ou permanente est motivée par l'application de la loi sur les réquisitions militaires.

PRÉAMBULE

La multiplicité des commissions jouant un rôle soit dans la préparation de la mobilisation, soit dans la mise en action des moyens dont la loi a doté le pays pour faciliter le passage du pied de paix au pied de guerre; la similitude sinon réelle, du moins apparente des attributions de ces commissions, et aussi, il faut le dire, le peu de précision des textes officiels, nous semblent susceptibles d'occasionner à un moment donné des méprises préjudiciables au fonctionnement régulier des différents services.

Pour faire cesser toute indécision, nous avons tenu à présenter, sous leur dénomination véritable, toutes les commissions qui ont à intervenir soit en temps de paix, soit en temps de guerre, quand il s'agit d'appliquer la loi du 23 juillet 1877.

Afin de faire mieux comprendre le mécanisme du système, assez compliqué, sur lequel repose une partie de la mobilisation de notre armée, nous avons classé ces commissions en trois catégories :

Dans la première, nous plaçons les commissions chargées de préparer les voies et moyens;

Dans la seconde, celle à qui échoit l'exécution ;

Dans la troisième, celles qui sont plus spécialement chargées de régulariser les opérations faites, c'est-à-dire de désintéresser les prestataires, de trancher les différends, enfin d'établir les comptes.

1re CATÉGORIE

Dans cette catégorie de commissions ayant le rôle de *préparer* la mobilisation, figurent, savoir :

1° Les commissions de classement des animaux et voitures susceptibles d'être requis;

2° La commission militaire supérieure des chemins de fer.

Commissions de classement (1).

Leur composition, leur rôle et leurs attributions sont exposés en détail dans l'annexe C.

Leur existence est temporaire et leurs pouvoirs limités à une circonscription sous-régionale; elles n'opèrent qu'en temps de paix.

On les appelle quelquefois à tort *commissions de recensement*. Elles ne recensent pas; elles classent les animaux et les voitures recensés par les soins des municipalités.

Ne pas les confondre non plus avec les *commissions de réquisition des chevaux et voitures* qui figurent dans la 2° catégorie (2), bien que ces dernières soient chargées de classer au moment de la mobilisation le matériel et les animaux qui ne l'auraient pas été par les commissions de classement.

Commission supérieure des chemins de fer (8).

Cette commission est permanente; ses pouvoirs sont très étendus, en temps de paix comme en temps de guerre. Elle siège au ministère de la guerre.

La composition de cette commission est réglée par l'article 1er du décret organique, et ses attributions par l'article 3 dudit décret.

2ᵉ CATÉGORIE

Dans cette catégorie de commissions investies des pouvoirs exécutifs, nous trouvons :

1° Les commissions sous-régionales de réquisition de chevaux et voitures;

2° Les commissions de réception de corps ou de fractions de corps;

3° Les commissions et sous-commissions de réseau,

4° Les commissions de gare,

} Fonctionnant en-deçà de la base d'opérations;

---

(1) Se reporter aux articles 37, 39, 41, 42, 43, 44 du 8 juillet 1877, aux articles correspondants du règlement du 2 août 1877 et enfin à l'annexe C du présent recueil.

(2) *Commissions exécutives.*

(3) Décret du 5 février 1889, *B. O.*, page 165, réglant la composition et les attributions de la commission militaire supérieure des chemins de fer.

Dans ce cas, à notre avis, elles dressent procès-verbal du refus motivé et l'envoient au sous-intendant militaire du ressort, qui fait le nécessaire.

C'est encore là un détail sur lequel nous attirons l'attention des bureaux compétents de la guerre.

Tout doit être prévu ; il y aurait donc lieu de publier une instruction destinée à régler complètement, dans tous ses détails, le fonctionnement de ce rouage de la mobilisation des corps de troupe.

Commissions de réseau.

Sur les lignes de la zone des armées dont l'exploitation est confiée au personnel des chemins de fer nationaux, le service est exécuté par les commissions de réseau organisées et composées conformément aux prescriptions du décret du 5 février 1889 (art. 8), inséré ci-après.

Les commissions de réseau fonctionnant dans la zone des armées ont les mêmes attributions que celles établies dans la zone de l'intérieur. Elles sont immédiatement subordonnées au directeur des chemins de fer aux armées.

Les commissions de réseau peuvent être assistées de *sous-commissions de réseau*. Elles disposent de *commissions de gare*. (Règlement du 19 novembre 1889, *B. O.*, p. 1191, art. 30 et 31.)

Sous-commissions de réseau et commissions de gare.

Les sous-commissions de réseau et commissions de gare ont la même composition et les mêmes attributions que les organes similaires qui fonctionnent dans la zone de l'intérieur. Leur nombre et leur emplacement sont fixés par le directeur des chemins de fer, sur la proposition des commissions de réseau intéressées. Le personnel militaire nécessaire à leur formation est fourni, s'il y a lieu, par le Ministre, sur la demande du directeur général provoquée par le directeur des chemins de fer. (Règlement du 19 novembre 1889, art. 31.)

Commissions des chemins de fer de campagne.

L'exploitation militaire des sections de voie ferrée au delà des stations de transition est confiée à des *commissions de chemins de fer de campagne* dont le nombre est déterminé par le directeur général des chemins de fer et des étapes.

Chaque commission comprend :

Un officier supérieur, président ;
Un ingénieur de chemins de fer.
(Même décret, art. 34.)

5° Direction d'ensemble du service,

6° La direction des chemins de fer aux armées,

7° Les commissions de chemins de fer de campagne,

8° Les commandements de gare,

} Fonctionnant au delà de la base d'opérations.

Commissions de réquisition.

Leur composition, leur rôle et leurs attributions sont exposés en détail dans l'instruction du 1er août 1879.

Bien que leurs membres doivent être désignés pendant le temps de paix, elles ne sont effectivement constituées et ne fonctionnent qu'en temps de guerre. Chacune de ces commissions se transporte, sans retard, dès le premier jour de la mobilisation, au chef-lieu de réquisition désigné à l'avance pour chaque canton.

Après avoir révisé les tableaux de classement dressés à la date la plus récente, elle opère la réquisition, fixe définitivement la valeur des animaux et véhicules requis, en prend possession au nom de l'État et en effectue la répartition entre les différents corps ou services, d'après les ressources de la région et tout en tenant compte des besoins de l'armée et des instructions émanant de l'état-major du corps d'armée.

Commissions de réception.

Il est nommé d'avance, dans chaque corps de troupe, une commission dont le rôle est assez mal défini par les instructions sur la mobilisation.

Cette commission, que nous désignons sous le nom de *commission de réception*, doit être chargée d'abord de la réception et ensuite de l'immatriculation des animaux et voitures recrutés par la commission de réquisition et amenés au corps par les cadres de conduite.

Elle doit procéder à la répartition de ces ressources et à leur affectation aux unités collectives ou aux individus. L'état sommaire n° 8 lui sert de registre d'immatriculation. (Art. 21 de l'instruction du 1er août 1879.)

Les corps attendent encore l'instruction que le Ministre a promis, en 1879, de rédiger pour réglementer l'immatriculation des animaux requis dans certaines conditions particulières.

Les instructions en vigueur ne prévoient pas le cas où les animaux requis ne pourraient pas être utilisés dans les corps ou services sur lesquels ils auraient été dirigés; mais, en faisant appel au bon sens, il est facile de combler cette lacune. Nous croyons donc pouvoir établir comme règle que la mission de refuser ces animaux incombe naturellement aux commissions de réception.

Commandements de gare.

Les présidents de commissions de chemins de fer de campagne ont sous leurs ordres directs les *commandements de gare*, dont ils déterminent les résidences dans les gares principales des sections que ces commissions exploitent.

Ces commandements sont ainsi composés :

Un officier commandant militaire;
Un chef de gare.
(Même décret, art. 40.)

Direction d'ensemble du service.

La direction générale des services de l'arrière, placée au grand état-major général des armées, sous les ordres du major général, est exercée par le directeur général des chemins de fer et des étapes. Il a la qualité d'aide-major général.

L'objet général du service des étapes consiste à assurer les communications et les transports par terre et par eau et à exploiter les ressources en arrière des armées.

Les transports par voie ferrée sont exécutés sous l'autorité immédiate du directeur des chemins de fer aux armées, subordonné au directeur général des chemins de fer et des étapes (1).
(Règlement du 20 novembre 1889, *B. O.*, p. 1339.)

Fonctionnement du service.

Le nombre et l'emplacement des commissions de réseau ou de chemins de fer de campagne sont fixés par le directeur des chemins de fer aux armées, dans la zone des armées. La répartition du personnel et du matériel est faite par ses soins.

Le directeur général, sur la proposition du directeur des chemins de fer, saisi par les commissions intéressées, adresse les demandes nécessaires au Ministre.

Les décrets reproduits ci-après fournissent, au sujet de l'organisation des chemins de fer, tous les renseignements nécessaires.

---

(1) Règlement du 20 novembre 1889 sur l'organisation et le fonctionnement du service des étapes aux armées, avec planches en couleurs hors texte. — Brochure in-8° de 128 pages. Prix, 1 fr. 20. Henri Charles-Lavauzelle, éditeur.

RAPPORT

au Président de la République française sur le service militaire des chemins de fer. (*B. O.*, p. 153.)

Paris, le 5 février 1889.

Monsieur le Président,

La loi du 28 décembre 1888 a établi les bases du service militaire des chemins de fer et défini l'autorité du Ministre sur les compagnies, soit en temps de paix, soit en temps de guerre.

Cette loi porte, en outre, que des décrets organiseront les diverses branches du service et régleront les attributions et la composition de la commission militaire supérieure des chemins de fer.

En conformité de ces prescriptions, j'ai l'honneur de soumettre à votre approbation divers décrets: l'un, qui détermine les rouages principaux et place le service dans les attributions de l'état-major général du Ministre de la guerre; l'autre, qui règle spécialement les sections techniques de chemins de fer; un troisième, enfin, qui constitue, d'après les nouvelles bases, la commission militaire supérieure.

Veuillez agréer, Monsieur le Président, l'hommage de mon respectueux dévouement.

Le Ministre de la guerre,

Signé : C. DE FREYCINET.

DÉCRET

portant organisation du service militaire des chemins de fer. (*B. O.*, p. 154.)

Paris, le 5 février 1889

LE PRÉSIDENT DE LA RÉPUBLIQUE FRANÇAISE,

Vu la loi du 24 septembre 1873;
Vu la loi du 13 mars 1875;
Vu la loi du 28 décembre 1888;
Sur le rapport du Ministre de la guerre,

DÉCRÈTE :

Art. 1er. Le service militaire des chemins de fer, prévu par la loi du 28 décembre 1888, est dirigé par le chef de l'état-major général, sous l'autorité du Ministre de la guerre.

Un bureau de l'état-major général (actuellement 4ᵉ Bureau) est chargé de centraliser ce service.

Art. 2. L'exécution du service militaire des chemins de fer, dans chacun des six grands réseaux de compagnies et dans le réseau de l'État, est confiée à une commission de réseau composée de deux membres, savoir :

Le représentant de l'administration du chemin de fer, désigné par elle et agréé par le Ministre de la guerre, en conformité de la loi du 28 décembre 1888, commissaire technique ;

Un officier supérieur, nommé par le Ministre de la guerre, commissaire militaire.

A cette commission peut être attaché un personnel technique et militaire, selon les besoins du service.

Chaque commissaire a un adjoint, institué dans les mêmes formes, lequel, en cas d'absence ou d'empêchement, peut le suppléer entièrement.

Art. 3. Les mesures d'exécution sur le réseau sont toujours prises au nom de la commission, agissant collectivement.

Chaque commissaire garde sa responsabilité propre. Le commissaire militaire est plus spécialement responsable des mesures prises au point de vue militaire. Le commissaire technique est plus spécialement responsable des mesures prises pour mettre en œuvre les ressources du chemin de fer.

Art. 4. En temps de paix, la commission de réseau a dans ses attributions :

L'instruction de toutes les affaires auxquelles donne lieu le service militaire des chemins de fer sur le réseau ;

L'étude de toutes les ressources en matériel et en personnel pour les besoins de la guerre ;

La préparation des transports stratégiques et l'établissement des documents y relatifs ;

La vérification de l'état des lignes, du matériel et des installations diverses (quais, alimentations d'eau, dépôts de machines, magasins, ateliers de réparations, etc.) ;

L'instruction spéciale des agents ;

La surveillance des voies et des ouvrages d'art ;

La direction des expériences de toute nature faites sur le réseau, en vue d'améliorer ou d'accélérer les transports militaires.

Art. 5. La commission de réseau étend sa compétence sur les lignes des compagnies secondaires situées dans le territoire occupé par le réseau.

Les compagnies secondaires peuvent se faire représenter auprès de la commission de réseau par un agent dûment accrédité.

Art. 6. Les commissions de réseau peuvent être réunies, aussi souvent qu'il est nécessaire, par le chef de l'état-major général

pour l'examen en commun des questions qui intéressent à la fois plusieurs réseaux.

Art. 7. En temps de guerre, la commission de réseau prend en main le service complet du réseau, sous l'autorité du Ministre de la guerre.

Elle entre en fonctions, à ce titre, dès le premier jour de la mobilisation.

Elle est aidée :

1° Par des sous-commissions de réseau, composées chacune d'un sous-commissaire militaire nommé par le Ministre et d'un sous-commissaire technique désigné par la commission de réseau ;

2° Par des commissions de gare, formées d'un officier et du chef de gare.

Un personnel technique et militaire peut être attaché à ces divers organes, si les besoins du service l'exigent.

Art. 8. Au quartier général de chaque groupe d'armées ou de chaque armée opérant isolément, le service des chemins de fer, dans la zone fixée par le Ministre, est dirigé, sous l'autorité du commandant en chef, par un officier général ou supérieur, assisté d'un ingénieur des chemins de fer.

L'exécution du service est assurée :

1° Par des commissions de réseau sur les lignes exploitées par les compagnies nationales ;

2° Par une commission des chemins de fer de campagne.

Les commissions de réseau sont formées, comme précédemment, par un commissaire militaire et un commissaire technique. Le commissaire technique est l'agent qui, aux termes de la loi du 28 décembre 1888, peut être désigné dès le temps de paix pour représenter l'administration du réseau auprès du commandant en chef. Si un réseau tout entier se trouve compris dans la zone d'opérations, la commission nommée en l'article 2 passe avec son personnel sous les ordres du commandant en chef.

La commission des chemins de fer de campagne se compose d'un officier et d'un agent technique. Elle a sous ses ordres :

1° Des sections de chemins de fer de campagne, recrutées dans le personnel des compagnies et du réseau de l'État ;

2° Des troupes de sapeurs de chemin de fer appartenant à l'arme du génie.

Des sections de télégraphie sont en outre mises à sa disposition, suivant les besoins.

Le général en chef peut, au cours des opérations, apporter dans cette organisation les modifications commandées par les circonstances. Mais il doit faire en sorte d'associer toujours l'élément technique avec l'élément militaire.

Le membre militaire a voix prépondérante.

Art. 9. Pour l'ensemble des lignes de l'Algérie et de la Tunisie, il est créé une commission de réseau analogue à celle qui est prévue à l'article 2. Le commissaire technique est désigné à l'agrément du Ministre par l'ensemble des compagnies intéressées.

En temps de guerre, cette commission est sous les ordres du général commandant le 19ᵉ corps d'armée.

Une commission spéciale de réseau pourra être organisée pour l'ensemble des lignes ferrées de la Corse.

Art. 10. Des décrets et règlements détermineront la constitution et le fonctionnement des divers organes du service militaire des chemins de fer.

Art. 11. Sont et demeurent abrogées toutes les dispositions antérieures contraires au présent décret.

Art. 12. Le Ministre de la guerre est chargé de l'exécution du présent décret.

Fait à Paris, le 5 février 1889.

Signé : CARNOT.

Par le Président de la République :

Le Ministre de la guerre,
Signé : C. DE FREYCINET.

DÉCRET

DU 5 FÉVRIER 1889

portant organisation des sections de chemins de fer de campagne. (*B. O.*, p. 187.)

LE PRÉSIDENT DE LA RÉPUBLIQUE FRANÇAISE,

Vu la loi du 27 juillet 1873 ;
Vu la loi du 13 mars 1875 ;
Vu la loi du 28 décembre 1888 ;
Vu le décret, en date de ce jour, sur l'organisation du service militaire des chemins de fer ;
Sur le rapport du Ministre de la guerre,

DÉCRÈTE :

Art. 1er. Les sections de chemins de fer de campagne sont des corps militaires organisés en tout temps et chargés, en temps de guerre, concurremment avec les troupes de sapeurs de chemins de fer, de la construction, de la réparation et de l'exploitation des

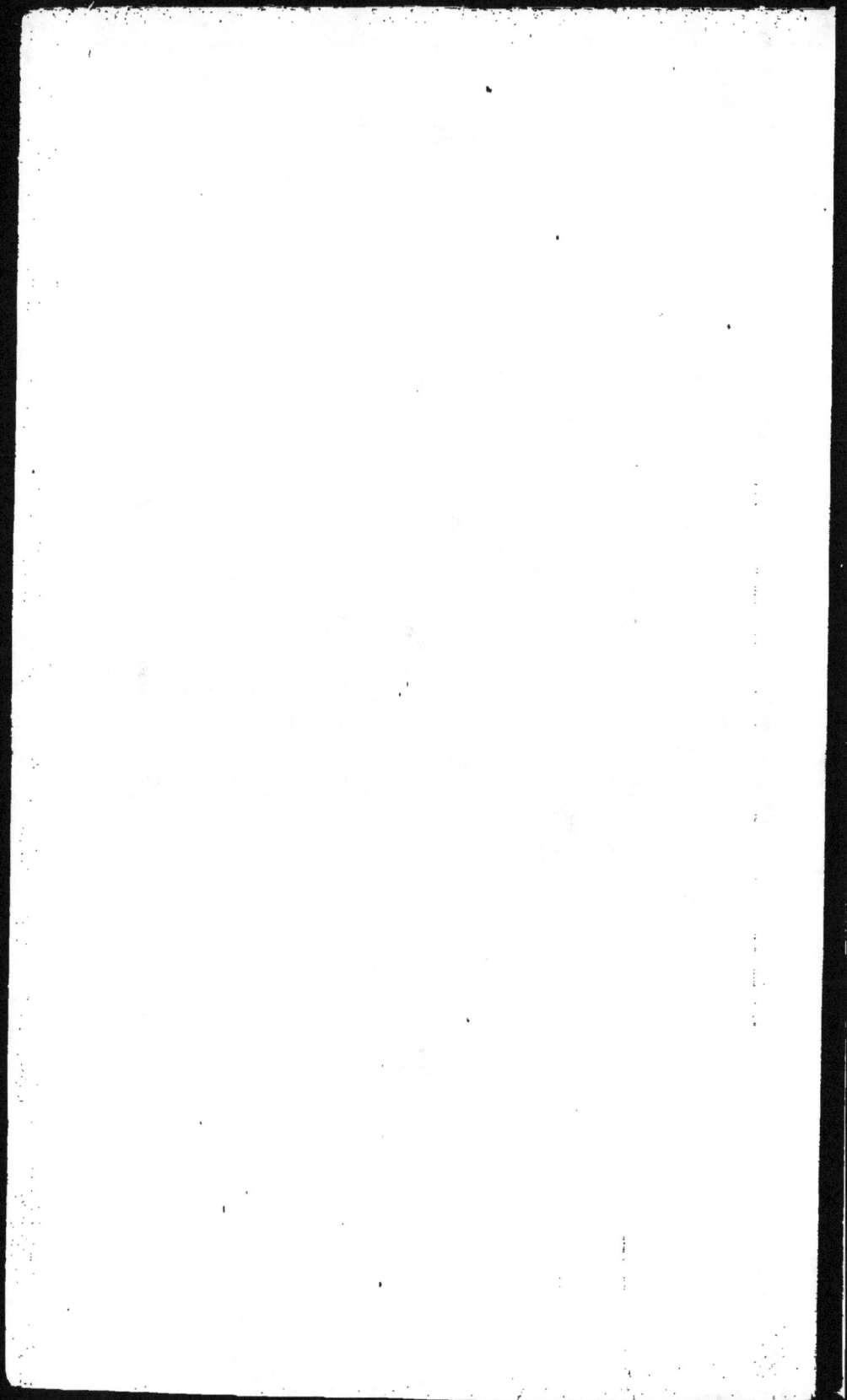

CARNET D'ORDRES DE RÉQUISITION

Feuille: n°

Carnet n°

> Il ne pourra être payé de prestations comprises dans la présente réquisition que sur la production de reçus qui seront délivrés par les autorités militaires pour les fournitures faites, ou de certificats établis par elle pour constater l'exécution du service requis.

ORDRE DE RÉQUISITION

• armée
• corps d'armée.
• division de
• brigade

État-major de
• régiment de
• bataillon ou escadron.
• compagnie ou batterie.

Nom et grade du signataire { (écrits très lisiblement).

Le maire de .... département d ....
(ou, par exception, en l'absence de la municipalité)
le sieur .... demeurant à ....
département de .... est requis de fournir à (1)
le .... 189 , à .... heures du
les prestations suivantes, savoir :
(2)

MODÈLE F

Feuillet n°

(1) Indiquer le lieu, la date et l'heure où la prestation doit être fournie.

(2) Indiquer en toutes lettres la nature et la quantité de denrées, voitures ou autres prestations requises et, s'il y a lieu, la durée probable du service à exécuter.

(3) Mêmes indications en chiffres.

État-major de
• régiment de
• bataillon ou escadron.
• compagnie ou batterie.

Effectif { Officiers...........
Troupe...........
Chevaux...........

Commune de
Département de
Date fixée pour la prestation
Heure fixée pour la prestation
(3)

RÉQUISITIONS MILITAIRES

RÉQUISITIONS MILITAIRES

CARNET D'ORDRES DE RÉQUISITION.

NATURE DES FOURNITURES.	NOMBRE DE RATIONS.	TAUX DES RATIONS.	QUANTITÉS FOURNIES	
			EN CHIFFRES.	EN TOUTES LETTRES.
Pain.				
Riz.				
Légumes secs				
Pommes de terre.				
Sel.				
Sucre.				
Café } vert. } torréfié.				
Vin.				
Eau-de-vie.				
Viande } fraîche } sur pied.				
Lard salé.				
1/2 journée de nourriture.				
Bois en bûches.				
Charbon de terre.				
Bois en fagots.				
Foin ou luzerne.				
Paille, avoine ou orge.				

Le (1)

(1) Indiquer le grade ou la qualité du signataire.

NATURE DES FOURNITURES.	NOMBRE DE RATIONS.	QUANTITÉS FOURNIES.
Pain.		
Riz.		
Légumes secs.		
Pommes de terre.		
Sel.		
Sucre.		
Café } vert. } torréfié.		
Vin.		
Eau-de-vie.		
Viande } fraîche } sur pied.		
Lard salé.		
1/2 journée de nourriture.		
Bois en bûches.		
Charbon de terre.		
Bois en fagots.		
Foin ou luzerne.		
Paille, avoine ou orge.		

Le (1)

Carnet n°   MODÈLE G   Feuillet n°

REÇU DE FOURNITURES REQUISES

État-major d *ou*
* régiment d
* bataillon ou escadron.
* compagnie ou batterie.

* armée.
* corps d'armée.
* division d
* brigade.

Nom et grade du signataire }
(écrits très lisiblement).

JOURNÉE DU (2)

Reçu de la commune d   , département
(ou, par exception, en l'absence de la municipalité),

Reçu du sieur   , demeurant à
département d   , les prestations dont le
détail suit, savoir :

189

FOURNITURES PAR RÉQUISITIONS

Feuillet n°

(1) Cachet du conseil d'administration pour les livrets employés par les corps de troupes ou de sous-intendant militaire pour ceux qui sont remis aux officiers sans troupe.

(2) Indiquer la ou les journées pour lesquelles la fourniture est faite.

État-major d   (1)

ou

* régiment d
* bataillon ou escadron.
* compagnie ou batterie.

JOURNÉE DU (2)

Commune d   , département
ment d   189

Effectif { Officiers..... } de l'armée. { trompe..... conducteurs ou guides. }
{ Chevaux } de réquisi- { bestiaux..... }
tion.....

NOMBRE TOTAL de journées de service ou de nuits de logement et de cantonnement. (En toutes lettres.)	DURÉE de la prestation au (inclus.)	du	EFFECTIF ou NOMBRE.			

	Logement chez l'habitant.	Officiers logeant seuls........	
		Officiers logeant à deux.........	
		Sous-officiers...	
		Caporaux et soldats...........	
		Chevaux et bestiaux..........	
	Cantonnement.	Hommes........	
		Chevaux et bestiaux..........	
	Transports.	Voitures à collier	
		Voitures à collier	
		Chevaux de trait.	
		Embarcations...	
		Conducteurs ou mariniers......	

NOTA. — Le verso de cet état est absolument semblable au verso du carnet d'ordres de réquisition.

FOURNITURES PAR RÉQUISITION

NOMBRE TOTAL de journées ou de nuits.	DURÉE de la prestation au (inclus.)	du	EFFECTIF ou NOMBRE.			

	Logement.	Officiers logeant seuls...	
		Officiers logeant à deux	
		Sous-officiers	
		Caporaux et soldats	
		Chevaux et bestiaux....	
	Cantonnement.	Hommes......	
		Chevaux et bestiaux....	
	Transports.	Voitures à collier........	
		Voitures à collier........	
		Chevaux de trait........	
		Embarcations	
		Conducteurs ou mariniers	

TROISIÈME PARTIE

RENSEIGNEMENTS DIVERS

DES DIVERSES COMMISSIONS

dont l'existence temporaire ou permanente est motivée par l'application de la loi sur les réquisitions militaires.

PRÉAMBULE

La multiplicité des commissions jouant un rôle soit dans la préparation de la mobilisation, soit dans la mise en action des moyens dont la loi a doté le pays pour faciliter le passage du pied de paix au pied de guerre; la similitude sinon réelle, du moins apparente des attributions de ces commissions, et aussi, il faut le dire, le peu de précision des textes officiels, nous semblent susceptibles d'occasionner à un moment donné des méprises préjudiciables au fonctionnement régulier des différents services.

Pour faire cesser toute indécision, nous avons tenu à présenter, sous leur dénomination véritable, toutes les commissions qui ont à intervenir soit en temps de paix, soit en temps de guerre, quand il s'agit d'appliquer la loi du 23 juillet 1877.

Afin de faire mieux comprendre le mécanisme du système, assez compliqué, sur lequel repose une partie de la mobilisation de notre armée, nous avons classé ces commissions en trois catégories :

Dans la première, nous plaçons les commissions chargées de préparer les voies et moyens;

Dans la seconde, celle à qui échoit l'exécution ;

Dans la troisième, celles qui sont plus spécialement chargées de régulariser les opérations suites, c'est-à-dire de désintéresser les prestataires, de trancher les différends, enfin d'établir les comptes.

1re CATÉGORIE

Dans cette catégorie de commissions ayant le rôle *de préparer* la mobilisation, figurent, savoir :

1° Les commissions de classement des animaux et voitures susceptibles d'être requis ;
2° La commission militaire supérieure des chemins de fer.

Commissions de classement (1).

Leur composition, leur rôle et leurs attributions sont exposés en détail dans l'annexe C.

Leur existence est temporaire et leurs pouvoirs limités à une circonscription sous-régionale ; elles n'opèrent qu'en temps de paix.

On les appelle quelquefois à tort *commissions de recensement*. Elles ne recensent pas ; elles classent les animaux et les voitures recensés par les soins des municipalités.

Ne pas les confondre non plus avec les *commissions de réquisition des chevaux et voitures* qui figurent dans la 2ᵉ catégorie (2), bien que ces dernières soient chargées de classer au moment de la mobilisation le matériel et les animaux qui ne l'auraient pas été par les commissions de classement.

Commission supérieure des chemins de fer (8).

Cette commission est permanente ; ses pouvoirs sont très étendus, en temps de paix comme en temps de guerre. Elle siège au ministère de la guerre.

La composition de cette commission est réglée par l'article 1ᵉʳ du décret organique, et ses attributions par l'article 3 dudit décret.

2ᵉ CATÉGORIE

Dans cette catégorie de commissions investies des pouvoirs exécutifs, nous trouvons :

1° Les commissions sous-régionales de réquisition de chevaux et voitures ;
2° Les commissions de réception de corps ou de fractions de corps ;
3° Les commissions et sous-commissions de réseau, } Fonctionnant en deçà de la base
4° Les commissions de gare, } d'opérations ;

---

(1) Se reporter aux articles 37, 39, 41, 42, 43, 44 du 8 juillet 1877, aux articles correspondants du règlement du 2 août 1877 et enfin à l'annexe C du présent recueil.

(2) *Commissions exécutives.*

(3) Décret du 5 février 1889, *B. O.*, page 164, réglant la composition et les attributions de la commission militaire supérieure des chemins de fer.

Dans ce cas, à notre avis, elles dressent procès-verbal du refus motivé et l'envoient au sous-intendant militaire du ressort, qui fait le nécessaire.

C'est encore là un détail sur lequel nous attirons l'attention des bureaux compétents de la guerre.

Tout doit être prévu ; il y aurait donc lieu de publier une instruction destinée à régler complètement, dans tous ses détails, le fonctionnement de ce rouage de la mobilisation des corps de troupe.

Commissions de réseau.

Sur les lignes de la zone des armées dont l'exploitation est confiée au personnel des chemins de fer nationaux, le service est exécuté par les commissions de réseau organisées et composées conformément aux prescriptions du décret du 5 février 1889 (art. 8), inséré ci-après.

Les commissions de réseau fonctionnant dans la zone des armées ont les mêmes attributions que celles établies dans la zone de l'intérieur. Elles sont immédiatement subordonnées au directeur des chemins de fer aux armées.

Les commissions de réseau peuvent être assistées de *sous-commissions de réseau*. Elles disposent de *commissions de gare*. (Règlement du 19 novembre 1889, *B. O.*, p. 1191, art. 30 et 31.)

Sous-commissions de réseau et commissions de gare.

Les sous-commissions de réseau et commissions de gare ont la même composition et les mêmes attributions que les organes similaires qui fonctionnent dans la zone de l'intérieur. Leur nombre et leur emplacement sont fixés par le directeur des chemins de fer, sur la proposition des commissions de réseau intéressées. Le personnel militaire nécessaire à leur formation est fourni, s'il y a lieu, par le Ministre, sur la demande du directeur général provoquée par le directeur des chemins de fer. (Règlement du 19 novembre 1889, art. 31.)

Commissions des chemins de fer de campagne.

L'exploitation militaire des sections de voie ferrée au delà des stations de transition est confiée à des *commissions de chemins de fer de campagne* dont le nombre est déterminé par le directeur général des chemins de fer et des étapes.

Chaque commission comprend :

Un officier supérieur, président ;
Un ingénieur de chemin de fer.
(Même décret, art. 34.)

5° Direction d'ensemble du service,

6° La direction des chemins de fer aux armées,

7° Les commissions de chemins de fer de campagne,

8° Les commandements de gare,

} Fonctionnant au delà de la base d'opérations.

Commissions de réquisition.

Leur composition, leur rôle et leurs attributions sont exposés en détail dans l'instruction du 1er août 1879.

Bien que leurs membres doivent être désignés pendant le temps de paix, elles ne sont effectivement constituées et ne fonctionnent qu'en temps de guerre. Chacune de ces commissions se transporte, sans retard, dès le premier jour de la mobilisation, au chef-lieu de réquisition désigné à l'avance pour chaque canton.

Après avoir révisé les tableaux de classement dressés à la date la plus récente, elle opère la réquisition, fixe définitivement la valeur des animaux et véhicules requis, en prend possession au nom de l'État et en effectue la répartition entre les différents corps ou services, d'après les ressources de la région et tout en tenant compte des besoins de l'armée et des instructions émanant de l'état-major du corps d'armée.

Commissions de réception.

Il est nommé d'avance, dans chaque corps de troupe, une commission dont le rôle est assez mal défini par les instructions sur la mobilisation.

Cette commission, que nous désignons sous le nom de *commission de réception*, doit être chargée d'abord de la réception et ensuite de l'immatriculation des animaux et voitures recrutés par la commission de réquisition et amenés au corps par les cadres de conduite.

Elle doit procéder à la répartition de ces ressources et à leur affectation aux unités collectives ou aux individus. L'état sommaire n° 8 lui sert de registre d'immatriculation. (Art. 21 de l'instruction du 1er août 1879.)

Les corps attendent encore l'instruction que le Ministre a promis, en 1879, de rédiger pour réglementer l'immatriculation des animaux requis dans certaines conditions particulières.

Les instructions en vigueur ne prévoient pas le cas où les animaux requis ne pourraient pas être utilisés dans les corps ou services sur lesquels ils auraient été dirigés; mais, en faisant appel au bon sens, il est facile de combler cette lacune. Nous croyons donc pouvoir établir comme règle que la mission de refuser ces animaux incombe naturellement aux commissions de réception.

Commandements de gare.

Les présidents de commissions de chemins de fer de campagne ont sous leurs ordres directs les *commandements de gare,* dont ils déterminent les résidences dans les gares principales des sections que ces commissions exploitent.

Ces commandements sont ainsi composés :

Un officier commandant militaire;
Un chef de gare.
(Même décret, art. 40.)

Direction d'ensemble du service.

La direction générale des services de l'arrière, placée au grand état-major général des armées, sous les ordres du major général, est exercée par le directeur général des chemins de fer et des étapes. Il a la qualité d'aide-major général.

L'objet général du service des étapes consiste à assurer les communications et les transports par terre et par eau et à exploiter les ressources en arrière des armées.

Les transports par voie ferrée sont exécutés sous l'autorité immédiate du directeur des chemins de fer aux armées, subordonné au directeur général des chemins de fer et des étapes (1).
(Règlement du 20 novembre 1889, *B. O.*, p. 1339.)

Fonctionnement du service.

Le nombre et l'emplacement des commissions de réseau ou de chemins de fer de campagne sont fixés par le directeur des chemins de fer aux armées, dans la zone des armées. La répartition du personnel et du matériel est faite par ses soins.

Le directeur général, sur la proposition du directeur des chemins de fer, saisi par les commissions intéressées, adresse les demandes nécessaires au Ministre.

Les décrets reproduits ci-après fournissent, au sujet de l'organisation des chemins de fer, tous les renseignements nécessaires.

---

(1) Règlement du 20 novembre 1889 sur l'organisation et le fonctionnement du service des étapes aux armées, avec planches en couleurs hors texte. — Brochure in-8° de 128 pages. Prix, 1 fr. 20. Henri Charles-Lavauzelle, éditeur.

RAPPORT

au Président de la République française sur le service militaire des chemins de fer. (*B. O.*, p. 153.)

Paris, le 5 février 1889.

Monsieur le Président,

La loi du 28 décembre 1888 a établi les bases du service militaire des chemins de fer et défini l'autorité du Ministre sur les compagnies, soit en temps de paix, soit en temps de guerre.

Cette loi porte, en outre, que des décrets organiseront les diverses branches du service et régleront les attributions et la composition de la commission militaire supérieure des chemins de fer.

En conformité de ces prescriptions, j'ai l'honneur de soumettre à votre approbation divers décrets: l'un, qui détermine les rouages principaux et place le service dans les attributions de l'état-major général du Ministre de la guerre; l'autre, qui règle spécialement les sections techniques de chemins de fer; un troisième, enfin, qui constitue, d'après les nouvelles bases, la commission militaire supérieure.

Veuillez agréer, Monsieur le Président, l'hommage de mon respectueux dévouement.

Le Ministre de la guerre,
Signé : C. DE FREYCINET.

DÉCRET

portant organisation du service militaire des chemins de fer. (*B. O.*, p. 154.)

Paris, le 5 février 1889

LE PRÉSIDENT DE LA RÉPUBLIQUE FRANÇAISE,

Vu la loi du 24 septembre 1873;
Vu la loi du 13 mars 1875;
Vu la loi du 28 décembre 1888;
Sur le rapport du Ministre de la guerre,

DÉCRÈTE :

Art. 1er. Le service militaire des chemins de fer, prévu par la loi du 28 décembre 1888, est dirigé par le chef de l'état-major général, sous l'autorité du Ministre de la guerre.

Un bureau de l'état-major général (actuellement 4ᵉ Bureau) est chargé de centraliser ce service.

Art. 2. L'exécution du service militaire des chemins de fer, dans chacun des six grands réseaux de compagnies et dans le réseau de l'État, est confiée à une commission de réseau composée de deux membres, savoir :

Le représentant de l'administration du chemin de fer, désigné par elle et agréé par le Ministre de la guerre, en conformité de la loi du 28 décembre 1888, commissaire technique;

Un officier supérieur, nommé par le Ministre de la guerre, commissaire militaire.

A cette commission peut être attaché un personnel technique et militaire, selon les besoins du service.

Chaque commissaire a un adjoint, institué dans les mêmes formes, lequel, en cas d'absence ou d'empêchement, peut le suppléer entièrement.

Art. 3. Les mesures d'exécution sur le réseau sont toujours prises au nom de la commission, agissant collectivement.

Chaque commissaire garde sa responsabilité propre. Le commissaire militaire est plus spécialement responsable des mesures prises au point de vue militaire. Le commissaire technique est plus spécialement responsable des mesures prises pour mettre en œuvre les ressources du chemin de fer.

Art. 4. En temps de paix, la commission de réseau a dans ses attributions :

L'instruction de toutes les affaires auxquelles donne lieu le service militaire des chemins de fer sur le réseau;

L'étude de toutes les ressources en matériel et en personnel pour les besoins de la guerre;

La préparation des transports stratégiques et l'établissement des documents y relatifs;

La vérification de l'état des lignes, du matériel et des installations diverses (quais, alimentations d'eau, dépôts de machines, magasins, ateliers de réparations, etc.);

L'instruction spéciale des agents;

La surveillance des voies et des ouvrages d'art;

La direction des expériences de toute nature faites sur le réseau, en vue d'améliorer ou d'accélérer les transports militaires.

Art. 5. La commission de réseau étend sa compétence sur les lignes des compagnies secondaires situées dans le territoire occupé par le réseau.

Les compagnies secondaires peuvent se faire représenter auprès de la commission de réseau par un agent dûment accrédité.

Art. 6. Les commissions de réseau peuvent être réunies, aussi souvent qu'il est nécessaire, par le chef de l'état-major général

pour l'examen en commun des questions qui intéressent à la fois plusieurs réseaux.

Art. 7. En temps de guerre, la commission de réseau prend en main le service complet du réseau, sous l'autorité du Ministre de la guerre.

Elle entre en fonctions, à ce titre, dès le premier jour de la mobilisation.

Elle est aidée :

1° Par des sous-commissions de réseau, composées chacune d'un sous-commissaire militaire nommé par le Ministre et d'un sous-commissaire technique désigné par la commission de réseau ;

2° Par des commissions de gare, formées d'un officier et du chef de gare.

Un personnel technique et militaire peut être attaché à ces divers organes, si les besoins du service l'exigent.

Art. 8. Au quartier général de chaque groupe d'armées ou de chaque armée opérant isolément, le service des chemins de fer, dans la zone fixée par le Ministre, est dirigé, sous l'autorité du commandant en chef, par un officier général ou supérieur, assisté d'un ingénieur des chemins de fer.

L'exécution du service est assurée :

1° Par des commissions de réseau sur les lignes exploitées par les compagnies nationales ;

2° Par une commission des chemins de fer de campagne.

Les commissions de réseau sont formées, comme précédemment, par un commissaire militaire et un commissaire technique. Le commissaire technique est l'agent qui, aux termes de la loi du 28 décembre 1888, peut être désigné dès le temps de paix pour représenter l'administration du réseau auprès du commandant en chef. Si un réseau tout entier se trouve compris dans la zone d'opérations, la commission nommée en l'article 2 passe avec son personnel sous les ordres du commandant en chef.

La commission des chemins de fer de campagne se compose d'un officier et d'un agent technique. Elle a sous ses ordres :

1° Des sections de chemins de fer de campagne, recrutées dans le personnel des compagnies et du réseau de l'État ;

2° Des troupes de sapeurs de chemin de fer appartenant à l'arme du génie.

Des sections de télégraphie sont en outre mises à sa disposition, suivant les besoins.

Le général en chef peut, au cours des opérations, apporter dans cette organisation les modifications commandées par les circonstances. Mais il doit faire en sorte d'associer toujours l'élément technique avec l'élément militaire.

Le membre militaire a voix prépondérante.

Art. 9. Pour l'ensemble des lignes de l'Algérie et de la Tunisie, il est créé une commission de réseau analogue à celle qui est prévue à l'article 2. Le commissaire technique est désigné à l'agrément du Ministre par l'ensemble des compagnies intéressées.

En temps de guerre, cette commission est sous les ordres du général commandant le 19ᵉ corps d'armée.

Une commission spéciale de réseau pourra être organisée pour l'ensemble des lignes ferrées de la Corse.

Art. 10. Des décrets et règlements détermineront la constitution et le fonctionnement des divers organes du service militaire des chemins de fer.

Art. 11. Sont et demeurent abrogées toutes les dispositions antérieures contraires au présent décret.

Art. 12. Le Ministre de la guerre est chargé de l'exécution du présent décret.

Fait à Paris, le 5 février 1889.

Signé : CARNOT.

Par le Président de la République :

Le Ministre de la guerre,
Signé : C. DE FREYCINET.

DÉCRET

DU 5 FÉVRIER 1889

portant organisation des sections de chemins de fer de campagne. (*B. O.*, p. 157.)

LE PRÉSIDENT DE LA RÉPUBLIQUE FRANÇAISE,

Vu la loi du 27 juillet 1873 ;
Vu la loi du 13 mars 1875 ;
Vu la loi du 28 décembre 1888 ;
Vu le décret, en date de ce jour, sur l'organisation du service militaire des chemins de fer ;
Sur le rapport du Ministre de la guerre,

DÉCRÈTE :

Art. 1ᵉʳ. Les sections de chemins de fer de campagne sont des corps militaires organisés en tout temps et chargés, en temps de guerre, concurremment avec les troupes de sapeurs de chemins de fer, de la construction, de la réparation et de l'exploitation des

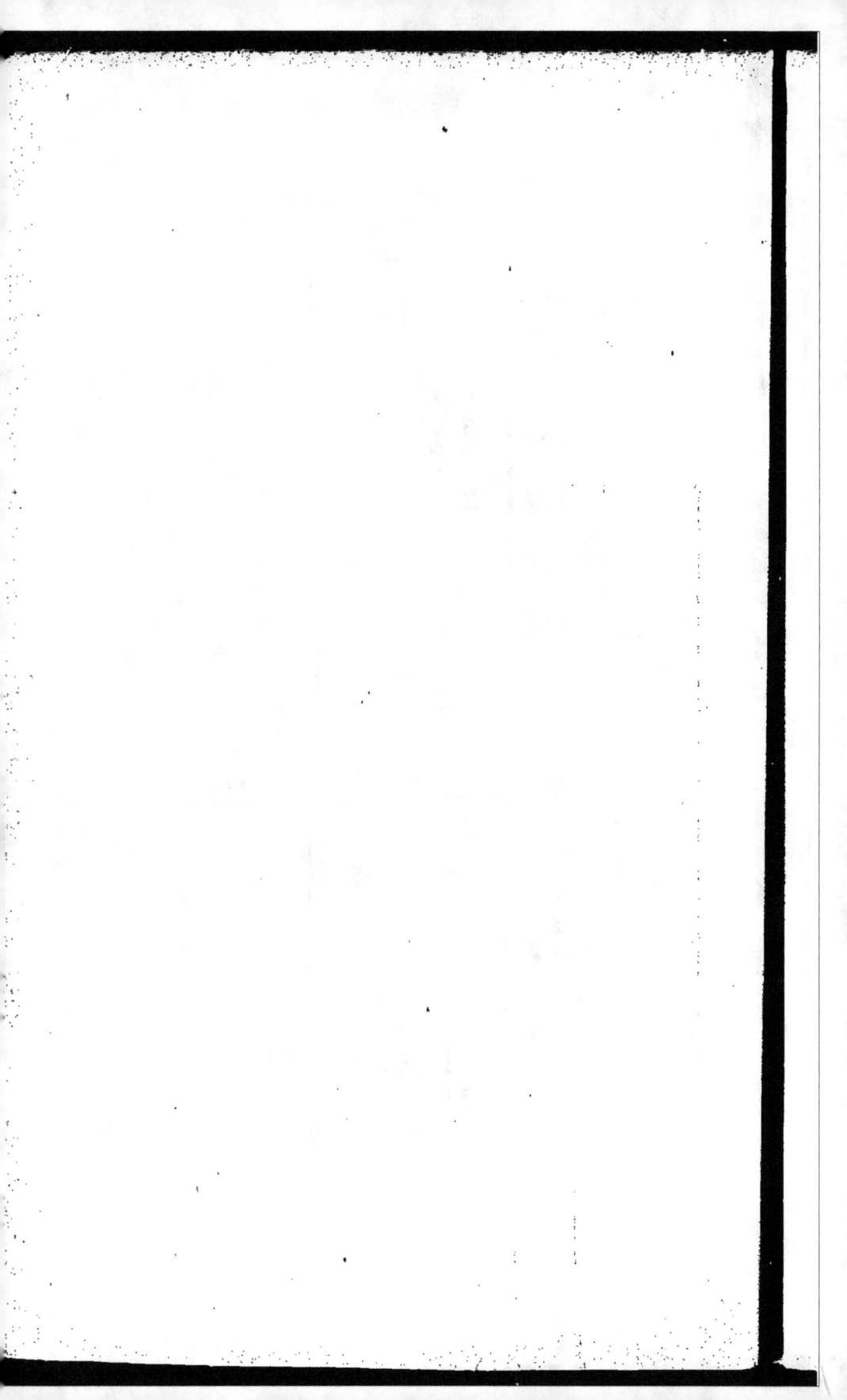

RÉQUISITIONS MILITAIRES

CARNET D'ORDRES DE RÉQUISITION

Feuillet n°

Carnet n°

> Il ne pourra être payé de prestations comprises dans la présente réquisition que sur la production de reçus qui seront délivrés par les autorités militaires pour les fournitures faites, ou de certificats établis par elle pour constater l'exécution du service requis.

ORDRE DE RÉQUISITION

• armée
• corps d'armée.
• division de
• brigade

Nom et grade du signataire (écrit très lisiblement).

État-major de
• régiment de
• bataillon ou escadron.
• compagnie ou batterie.

Le maire de   département d
(ou, par exception, en l'absence de la municipalité)

le sieur   demeurant à

département de   est requis de fournir à (1)

le   189 . à   heures du

les prestations suivantes, savoir :

(2)

MODÈLE F

Feuillet n°

(1) Indiquer le lieu, la date et l'heure où la prestation doit être fournie.

(2) Indiquer en toutes lettres la nature et la quantité de denrées, voitures ou autres prestations requises et, s'il y a lieu, la durée probable du service à exécuter.

(3) Mêmes indications en chiffres.

État-major de
• régiment de
• bataillon ou escadron.
• compagnie ou batterie.

Effectif { Officiers..........
{ Troupe............
{ Chevaux...........

Commune de

Département de

Date fixée pour la prestation

Heure fixée pour la prestation

(3)

NATURE DES FOURNITURES.	NOMBRE DE RATIONS.	TAUX DES RATIONS.	QUANTITÉS FOURNIES	
			EN CHIFFRES.	EN TOUTES LETTRES.
Vivres. Pain................				
Riz................				
Légumes secs........				
Pommes de terre.....				
Sel................				
Sucre..............				
Café) vert.......				
(torréfié...				
Vin................				
Eau-de-vie.........				
Viande) fraîche...				
(sur pied..				
Lard salé..........				
1/2 journée de nourri-ture.........				
Chauf-) Bois en bûches....				
fage. (Charbon de terre...				
(Bois en fagots.....				
Four-) Foin ou luzerne....				
rages. (Paille, avoine ou orge.				

Le (1)

(1) Indiquer le grade et la qualité du signataire.

RÉQUISITIONS MILITAIRES

NATURE DES FOURNITURES.	NOMBRE DE RATIONS.	QUANTITÉS FOURNIES.
Pain................		
Riz................		
Légumes secs........		
Pommes de terre.....		
Sel................		
Sucre..............		
Café) vert.......		
(torréfié...		
Vin................		
Eau-de-vie.........		
Viande) fraîche...		
(sur pied..		
Lard salé..........		
1/2 journée de nourriture...		
Bois en bûches....		
Charbon de terre...		
Bois en fagots.....		
Foin ou luzerne....		
Paille, avoine ou orge.		

Le (1)

FOURNITURES PAR RÉQUISITIONS

Feuillet n°

(1) Cachet du conseil d'administration pour les livrets employés par les corps de troupes ou de sous-intendant militaire pour ceux qui vont remis aux officiers sans troupe.

(2) Indiquer la ou les journées pour lesquelles la fourniture est faite.

État-major d .... (1)

ou

• régiment d
• bataillon ou escadron.
• compagnie ou batterie.

JOURNÉE DU (2) 189

Commune d , départe-
ment d

Effectif { Officiers...... {de l'armée.. {troupe......
{Chevaux...... {de réquisi- {conducteurs
{ {tion...... {ou guides...
{ {bestiaux....

Feuillet n°

Carnet n°

MODÈLE G

REÇU DE FOURNITURES REQUISES

• armée.
• corps d'armée.
• division d
• brigade.

Nom et grade du signataire (écrits très lisiblement).

État-major d

ou

• régiment d
• bataillon ou escadron.
• compagnie ou batterie.

JOURNÉE DU (2) 189

Reçu de la commune d , département.

(ou, par exception, en l'absence de la municipalité),

Reçu du sieur , demeurant à
département d , les prestations dont le
détail suit, savoir :

FOURNITURES PAR RÉQUISITIONS

	EFFECTIF OU NOMBRE.	DURÉE de la prestation du	au (inclus.)	NOMBRE TOTAL de journées ou de nuitées.
Logement.	Officiers logeant seuls...			
	Officiers logeant à deux...			
	Sous-officiers...			
	Caporaux et soldats...			
	Chevaux et bestiaux...			
Cantonnement.	Hommes...			
	Chevaux et bestiaux...			
Transports.	Voitures à collier...			
	Voitures à col-lier...			
	Chevaux de trait...			
	Embarcations...			
	Conducteurs ou mariniers...			

	EFFECTIF OU NOMBRE.	DURÉE de la prestation du	au (inclus.)	NOMBRE TOTAL de journées de service ou de nuits de logement et de cantonnement. (En toutes lettres.)
Logement chez l'habitant.	Officiers logeant seuls...			
	Officiers logeant à deux...			
	Sous-officiers...			
	Caporaux et soldats...			
	Chevaux et bestiaux...			
Cantonnement.	Hommes...			
	Chevaux et bestiaux...			
Transports.	Voitures à collier...			
	Voitures à collier...			
	Chevaux de trait...			
	Embarcations ou mariniers...			
	Conducteurs ou mariniers...			

Nota. — Le verso de cet état est absolument semblable au verso du carnet d'ordres de réquisition.

TROISIÈME PARTIE

RENSEIGNEMENTS DIVERS

DES DIVERSES COMMISSIONS

dont l'existence temporaire ou permanente est motivée par l'application de la loi sur les réquisitions militaires.

PRÉAMBULE

La multiplicité des commissions jouant un rôle soit dans la préparation de la mobilisation, soit dans la mise en action des moyens dont la loi a doté le pays pour faciliter le passage du pied de paix au pied de guerre; la similitude sinon réelle, du moins apparente des attributions de ces commissions, et aussi, il faut le dire, le peu de précision des textes officiels, nous semblent susceptibles d'occasionner à un moment donné des méprises préjudiciables au fonctionnement régulier des différents services.

Pour faire cesser toute indécision, nous avons tenu à présenter, sous leur dénomination véritable, toutes les commissions qui ont à intervenir soit en temps de paix, soit en temps de guerre, quand il s'agit d'appliquer la loi du 23 juillet 1877.

Afin de faire mieux comprendre le mécanisme du système, assez compliqué, sur lequel repose une partie de la mobilisation de notre armée, nous avons classé ces commissions en trois catégories :

Dans la première, nous plaçons les commissions chargées de préparer les voies et moyens;

Dans la seconde, celle à qui échoit l'exécution ;

Dans la troisième, celles qui sont plus spécialement chargées de régulariser les opérations faites, c'est-à-dire de désintéresser les prestataires, de trancher les différends, enfin d'établir les comptes.

1re CATÉGORIE

Dans cette catégorie de commissions ayant le rôle *de préparer* la mobilisation, figurent, savoir :

1° Les commissions de classement des animaux et voitures susceptibles d'être requis;

2° La commission militaire supérieure des chemins de fer.

Commissions de classement (1).

Leur composition, leur rôle et leurs attributions sont exposés en détail dans l'annexe C.

Leur existence est temporaire et leurs pouvoirs limités à une circonscription sous-régionale; elles n'opèrent qu'en temps de paix.

On les appelle quelquefois à tort *commissions de recensement*. Elles ne recensent pas; elles classent les animaux et les voitures recensés par les soins des municipalités.

Ne pas les confondre non plus avec les *commissions de réquisition des chevaux et voitures* qui figurent dans la 2° catégorie (2), bien que ces dernières soient chargées de classer au moment de la mobilisation le matériel et les animaux qui ne l'auraient pas été par les commissions de classement.

Commission supérieure des chemins de fer (8).

Cette commission est permanente; ses pouvoirs sont très étendus, en temps de paix comme en temps de guerre. Elle siège au ministère de la guerre.

La composition de cette commission est réglée par l'article 1er du décret organique, et ses attributions par l'article 3 dudit décret.

2° CATÉGORIE

Dans cette catégorie de commissions investies des pouvoirs exécutifs, nous trouvons :

1° Les commissions sous-régionales de réquisition de chevaux et voitures;

2° Les commissions de réception de corps ou de fractions de corps;

3° Les commissions et sous-commissions de réseau,

4° Les commissions de gare,

} Fonctionnant en deçà de la base d'opérations;

---

(1) Se reporter aux articles 37, 39, 41, 42, 43, 44 du 3 juillet 1877, aux articles correspondants du règlement du 2 août 1877 et enfin à l'annexe C du présent recueil.

(2) *Commissions exécutives.*

(3) Décret du 5 février 1889, *B. O.*, page 164, réglant la composition et les attributions de la commission militaire supérieure des chemins de fer.

Dans ce cas, à notre avis, elles dressent procès-verbal du refus motivé et l'envoient au sous-intendant militaire du ressort, qui fait le nécessaire.

C'est encore là un détail sur lequel nous attirons l'attention des bureaux compétents de la guerre.

Tout doit être prévu ; il y aurait donc lieu de publier une instruction destinée à régler complètement, dans tous ses détails, le fonctionnement de ce rouage de la mobilisation des corps de troupe.

Commissions de réseau.

Sur les lignes de la zone des armées dont l'exploitation est confiée au personnel des chemins de fer nationaux, le service est exécuté par les commissions de réseau organisées et composées conformément aux prescriptions du décret du 5 février 1889 (art. 8), inséré ci-après.

Les commissions de réseau fonctionnant dans la zone des armées ont les mêmes attributions que celles établies dans la zone de l'intérieur. Elles sont immédiatement subordonnées au directeur des chemins de fer aux armées.

Les commissions de réseau peuvent être assistées de *sous-commissions de réseau*. Elles disposent de *commissions de gare*. (Règlement du 19 novembre 1889, *B. O.*, p. 1191, art. 30 et 31.)

Sous-commissions de réseau et commissions de gare.

Les sous-commissions de réseau et commissions de gare ont la même composition et les mêmes attributions que les organes similaires qui fonctionnent dans la zone de l'intérieur. Leur nombre et leur emplacement sont fixés par le directeur des chemins de fer, sur la proposition des commissions de réseau intéressées. Le personnel militaire nécessaire à leur formation est fourni, s'il y a lieu, par le Ministre, sur la demande du directeur général provoquée par le directeur des chemins de fer. (Règlement du 19 novembre 1889, art. 31.)

Commissions des chemins de fer de campagne.

L'exploitation militaire des sections de voie ferrée au delà des stations de transition est confiée à des *commissions de chemins de fer de campagne* dont le nombre est déterminé par le directeur général des chemins de fer et des étapes.

Chaque commission comprend :

Un officier supérieur, président ;
Un ingénieur de chemins de fer.
(Même décret, art. 34.)

5° Direction d'ensemble du service,

6° La direction des chemins de fer aux armées,

7° Les commissions de chemins de fer de campagne,

8° Les commandements de gare,

} Fonctionnant au delà de la base d'opérations.

Commissions de réquisition.

Leur composition, leur rôle et leurs attributions sont exposés en détail dans l'instruction du 1er août 1879.

Bien que leurs membres doivent être désignés pendant le temps de paix, elles ne sont effectivement constituées et ne fonctionnent qu'en temps de guerre. Chacune de ces commissions se transporte, sans retard, dès le premier jour de la mobilisation, au chef-lieu de réquisition désigné à l'avance pour chaque canton.

Après avoir révisé les tableaux de classement dressés à la date la plus récente, elle opère la réquisition, fixe définitivement la valeur des animaux et véhicules requis, en prend possession au nom de l'État et en effectue la répartition entre les différents corps ou services, d'après les ressources de la région et tout en tenant compte des besoins de l'armée et des instructions émanant de l'état-major du corps d'armée.

Commissions de réception.

Il est nommé d'avance, dans chaque corps de troupe, une commission dont le rôle est assez mal défini par les instructions sur la mobilisation.

Cette commission, que nous désignons sous le nom de *commission de réception*, doit être chargée d'abord de la réception et ensuite de l'immatriculation des animaux et voitures recrutés par la commission de réquisition et amenés au corps par les cadres de conduite.

Elle doit procéder à la répartition de ces ressources et à leur affectation aux unités collectives ou aux individus. L'état sommaire n° 8 lui sert de registre d'immatriculation. (Art. 21 de l'instruction du 1er août 1879.)

Les corps attendent encore l'instruction que le Ministre a promis, en 1879, de rédiger pour réglementer l'immatriculation des animaux requis dans certaines conditions particulières.

Les instructions en vigueur ne prévoient pas le cas où les animaux requis ne pourraient pas être utilisés dans les corps ou services sur lesquels ils auraient été dirigés; mais, en faisant appel au bon sens, il est facile de combler cette lacune. Nous croyons donc pouvoir établir comme règle que la mission de refuser ces animaux incombe naturellement aux commissions de réception.

Commandements de gare.

Les présidents de commissions de chemins de fer de campagne ont sous leurs ordres directs les *commandements de gare*, dont ils déterminent les résidences dans les gares principales des sections que ces commissions exploitent.

Ces commandements sont ainsi composés :

Un officier commandant militaire ;
Un chef de gare.
(Même décret, art. 40.)

Direction d'ensemble du service.

La direction générale des services de l'arrière, placée au grand état-major général des armées, sous les ordres du major général, est exercée par le directeur général des chemins de fer et des étapes. Il a la qualité d'aide-major général.

L'objet général du service des étapes consiste à assurer les communications et les transports par terre et par eau et à exploiter les ressources en arrière des armées.

Les transports par voie ferrée sont exécutés sous l'autorité immédiate du directeur des chemins de fer aux armées, subordonné au directeur général des chemins de fer et des étapes (1).
(Règlement du 20 novembre 1889, *B. O.*, p. 1339.)

Fonctionnement du service.

Le nombre et l'emplacement des commissions de réseau ou de chemins de fer de campagne sont fixés par le directeur des chemins de fer aux armées, dans la zone des armées. La répartition du personnel et du matériel est faite par ses soins.

Le directeur général, sur la proposition du directeur des chemins de fer, saisi par les commissions intéressées, adresse les demandes nécessaires au Ministre.

Les décrets reproduits ci-après fournissent, au sujet de l'organisation des chemins de fer, tous les renseignements nécessaires.

---

(1) Règlement du 20 novembre 1889 sur l'organisation et le fonctionnement du service des étapes aux armées, avec planches en couleurs hors texte. — Brochure in-8° de 128 pages. Prix, 1 fr. 20. Henri Charles-Lavauzelle, éditeur.

RAPPORT

au Président de la République française sur le service militaire des chemins de fer. (*B. O.*, p. 183.)

Paris, le 5 février 1889.

Monsieur le Président,

La loi du 28 décembre 1888 a établi les bases du service militaire des chemins de fer et défini l'autorité du Ministre sur les compagnies, soit en temps de paix, soit en temps de guerre.

Cette loi porte, en outre, que des décrets organiseront les diverses branches du service et régleront les attributions et la composition de la commission militaire supérieure des chemins de fer.

En conformité de ces prescriptions, j'ai l'honneur de soumettre à votre approbation divers décrets: l'un, qui détermine les rouages principaux et place le service dans les attributions de l'état-major général du Ministre de la guerre; l'autre, qui règle spécialement les sections techniques de chemins de fer; un troisième, enfin, qui constitue, d'après les nouvelles bases, la commission militaire supérieure.

Veuillez agréer, Monsieur le Président, l'hommage de mon respectueux dévouement.

Le Ministre de la guerre,
Signé : C. DE FREYCINET.

DÉCRET

portant organisation du service militaire des chemins de fer.
(*B. O.*, p. 184.)

Paris, le 5 février 1889

LE PRÉSIDENT DE LA RÉPUBLIQUE FRANÇAISE,

Vu la loi du 24 septembre 1873 ;
Vu la loi du 13 mars 1875 ;
Vu la loi du 28 décembre 1888 ;
Sur le rapport du Ministre de la guerre,

DÉCRÈTE :

Art. 1er. Le service militaire des chemins de fer, prévu par la loi du 28 décembre 1888, est dirigé par le chef de l'état-major général, sous l'autorité du Ministre de la guerre.

Un bureau de l'état-major général (actuellement 4° Bureau) est chargé de centraliser ce service.

Art. 2. L'exécution du service militaire des chemins de fer, dans chacun des six grands réseaux de compagnies et dans le réseau de l'État, est confiée à une commission de réseau composée de deux membres, savoir :

Le représentant de l'administration du chemin de fer, désigné par elle et agréé par le Ministre de la guerre, en conformité de la loi du 28 décembre 1888, commissaire technique ;

Un officier supérieur, nommé par le Ministre de la guerre, commissaire militaire.

A cette commission peut être attaché un personnel technique et militaire, selon les besoins du service.

Chaque commissaire a un adjoint, institué dans les mêmes formes, lequel, en cas d'absence ou d'empêchement, peut le suppléer entièrement.

Art. 3. Les mesures d'exécution sur le réseau sont toujours prises au nom de la commission, agissant collectivement.

Chaque commissaire garde sa responsabilité propre. Le commissaire militaire est plus spécialement responsable des mesures prises au point de vue militaire. Le commissaire technique est plus spécialement responsable des mesures prises pour mettre en œuvre les ressources du chemin de fer.

Art. 4. En temps de paix, la commission de réseau a dans ses attributions :

L'instruction de toutes les affaires auxquelles donne lieu le service militaire des chemins de fer sur le réseau ;

L'étude de toutes les ressources en matériel et en personnel pour les besoins de la guerre ;

La préparation des transports stratégiques et l'établissement des documents y relatifs ;

La vérification de l'état des lignes, du matériel et des installations diverses (quais, alimentations d'eau, dépôts de machines, magasins, ateliers de réparations, etc.);

L'instruction spéciale des agents ;

La surveillance des voies et des ouvrages d'art ;

La direction des expériences de toute nature faites sur le réseau, en vue d'améliorer ou d'accélérer les transports militaires.

Art. 5. La commission de réseau étend sa compétence sur les lignes des compagnies secondaires situées dans le territoire occupé par le réseau.

Les compagnies secondaires peuvent se faire représenter auprès de la commission de réseau par un agent dûment accrédité.

Art. 6. Les commissions de réseau peuvent être réunies, aussi souvent qu'il est nécessaire, par le chef de l'état-major général

pour l'examen en commun des questions qui intéressent à la fois plusieurs réseaux.

Art. 7. En temps de guerre, la commission de réseau prend en main le service complet du réseau, sous l'autorité du Ministre de la guerre.

Elle entre en fonctions, à ce titre, dès le premier jour de la mobilisation.

Elle est aidée :

1° Par des sous-commissions de réseau, composées chacune d'un sous-commissaire militaire nommé par le Ministre et d'un sous-commissaire technique désigné par la commission de réseau;

2° Par des commissions de gare, formées d'un officier et du chef de gare.

Un personnel technique et militaire peut être attaché à ces divers organes, si les besoins du service l'exigent.

Art. 8. Au quartier général de chaque groupe d'armées ou de chaque armée opérant isolément, le service des chemins de fer, dans la zone fixée par le Ministre, est dirigé, sous l'autorité du commandant en chef, par un officier général ou supérieur, assisté d'un ingénieur des chemins de fer.

L'exécution du service est assurée :

1° Par des commissions de réseau sur les lignes exploitées par les compagnies nationales;

2° Par une commission des chemins de fer de campagne.

Les commissions de réseau sont formées, comme précédemment, par un commissaire militaire et un commissaire technique. Le commissaire technique est l'agent qui, aux termes de la loi du 28 décembre 1888, peut être désigné dès le temps de paix pour représenter l'administration du réseau auprès du commandant en chef. Si un réseau tout entier se trouve compris dans la zone d'opérations, la commission nommée en l'article 2 passe avec son personnel sous les ordres du commandant en chef.

La commission des chemins de fer de campagne se compose d'un officier et d'un agent technique. Elle a sous ses ordres :

1° Des sections de chemins de fer de campagne, recrutées dans le personnel des compagnies et du réseau de l'État;

2° Des troupes de sapeurs de chemin de fer appartenant à l'arme du génie.

Des sections de télégraphie sont en outre mises à sa disposition, suivant les besoins.

Le général en chef peut, au cours des opérations, apporter dans cette organisation les modifications commandées par les circonstances. Mais il doit faire en sorte d'associer toujours l'élément technique avec l'élément militaire.

Le membre militaire a voix prépondérante.

Art. 9. Pour l'ensemble des lignes de l'Algérie et de la Tunisie, il est créé une commission de réseau analogue à celle qui est prévue à l'article 2. Le commissaire technique est désigné à l'agrément du Ministre par l'ensemble des compagnies intéressées.

En temps de guerre, cette commission est sous les ordres du général commandant le 19ᵉ corps d'armée.

Une commission spéciale de réseau pourra être organisée pour l'ensemble des lignes ferrées de la Corse.

Art. 10. Des décrets et règlements détermineront la constitution et le fonctionnement des divers organes du service militaire des chemins de fer.

Art. 11. Sont et demeurent abrogées toutes les dispositions antérieures contraires au présent décret.

Art. 12. Le Ministre de la guerre est chargé de l'exécution du présent décret.

Fait à Paris, le 5 février 1889.

Signé : CARNOT.

Par le Président de la République :

Le Ministre de la guerre,
Signé : C. DE FREYCINET.

DÉCRET

DU 5 FÉVRIER 1889

portant organisation des sections de chemins de fer de campagne. (*B. O.*, p. 157.)

LE PRÉSIDENT DE LA RÉPUBLIQUE FRANÇAISE,

Vu la loi du 27 juillet 1873 ;
Vu la loi du 13 mars 1875 ;
Vu la loi du 28 décembre 1888 ;
Vu le décret, en date de ce jour, sur l'organisation du service militaire des chemins de fer ;
Sur le rapport du Ministre de la guerre,

DÉCRÈTE :

Art. 1ᵉʳ. Les sections de chemins de fer de campagne sont des corps militaires organisés en tout temps et chargés, en temps de guerre, concurremment avec les troupes de sapeurs de chemins de fer, de la construction, de la réparation et de l'exploitation des

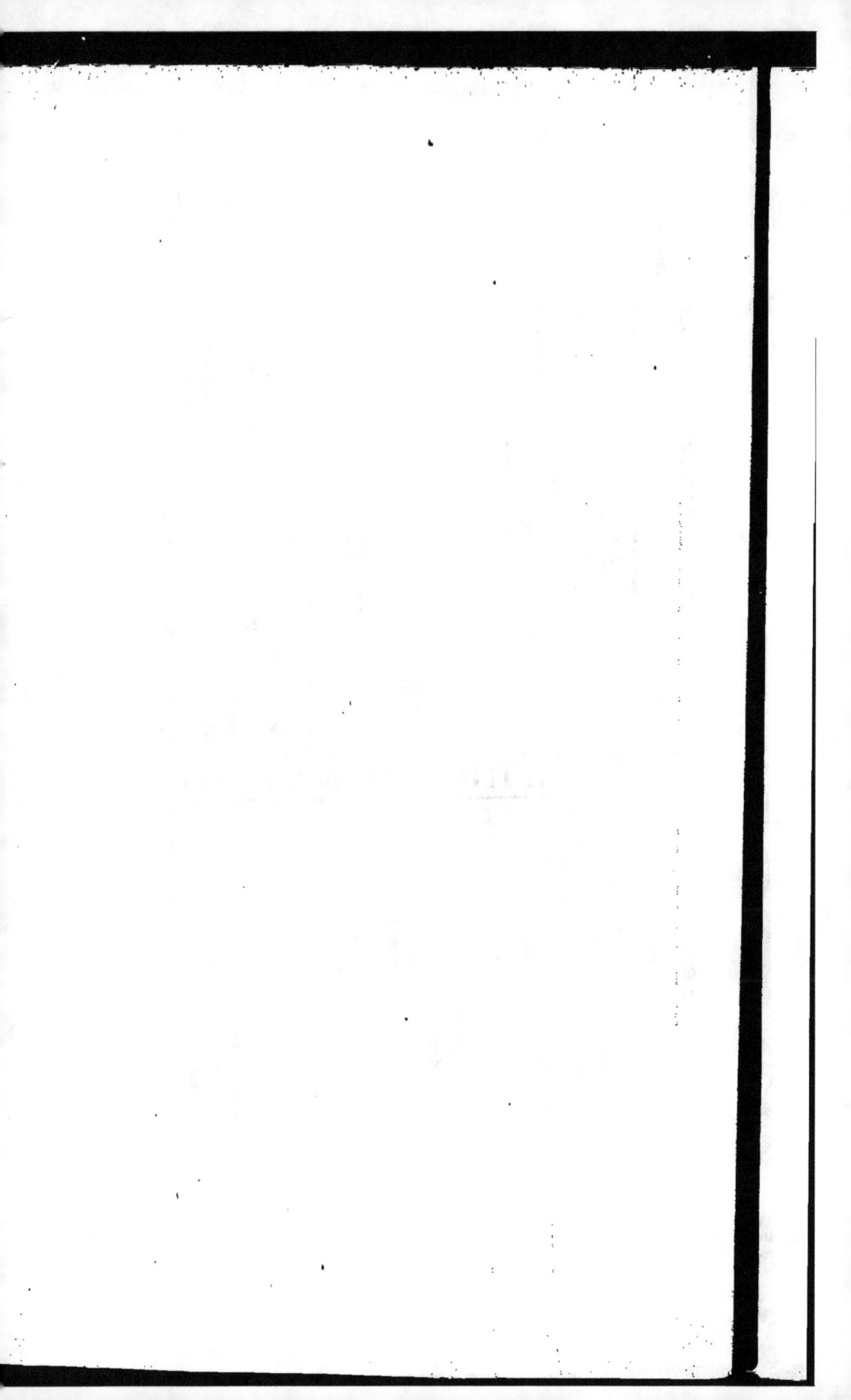

MODÈLE F

Feuillet n°

(1) Indiquer le lieu, la date et l'heure où la prestation doit être fournie.

(2) Indiquer en toutes lettres la nature et la quantité de denrées, voitures ou autres prestations requises et, s'il y a lieu, la durée probable du service à exécuter.

(3) Mêmes indications en chiffres.

Est-major de
  • régiment de
  • bataillon ou escadron.
  • compagnie ou batterie.

Effectif { Officiers..........
           Troupe...........
           Chevaux..........

Commune de
Département de
Date fixée pour la prestation
Heure fixée pour la prestation
(3)

RÉQUISITIONS MILITAIRES

CARNET D'ORDRES DE RÉQUISITION

Carnet n° Feuille: n°

> Il ne pourra être payé de prestations comprises dans la présente réquisition que sur la production de reçus qui seront délivrés par les autorités militaires pour les fournitures faites, ou de certificats établis par elle pour constater l'exécution du service requis.

ORDRE DE RÉQUISITION

  • armée   Etat-major de
  • corps d'armée   • régiment de
  • division de   • bataillon ou escadron.
  • brigade   • compagnie ou batterie.

Nom et grade du signataire (écrits lisiblement).

Le maire de   département d
(ou, par exception, en l'absence de la municipalité)
le sieur   demeurant à
département de   est requis de fournir à (1)
le   189 , à   heures du
les prestations suivantes, savoir :
(2)

NATURE DES FOURNITURES.	NOMBRE DE RATIONS.	TAUX DES RATIONS.	QUANTITÉS FOURNIES EN CHIFFRES.	QUANTITÉS FOURNIES EN TOUTES LETTRES.
Vivres. { Pain............				
Riz.............				
Légumes secs.......				
Pommes de terre......				
Sel.............				
Sucre...........				
Café { vert...... { torréfié......				
Vin............				
Eau-de-vie........				
Viande { fraîche { sur pied				
Lard salé.........				
1/2 journée de nourriture...				
Chauf- { Bois en bûches..... fage. { Charbon de terre.... { Bois en fagots......				
Four- { Foin ou luzerne..... rages. { Paille, avoine ou orge...				

▲
Le (1)
(1) Indiquer le grade et la qualité du signataire.

RÉQUISITIONS MILITAIRES

CARNET D'ORDRES DE RÉQUISITION.

NATURE DES FOURNITURES.	NOMBRE DE RATIONS.	QUANTITÉS FOURNIES.
Pain............		
Riz.............		
Légumes secs.......		
Pommes de terre......		
Sel.............		
Sucre...........		
Café { vert...... { torréfié......		
Vin............		
Eau-de-vie........		
Viande { fraîche { sur pied		
Lard salé.........		
1/2 journée de nourriture...		
Bois en bûches.....		
Charbon de terre....		
Bois en fagots......		
Foin ou luzerne.....		
Paille, avoine ou orge...		

▲
Le (1)

Feuillet n°

Carnet n°   MODÈLE G   Feuillet n°

REÇU DE FOURNITURES REQUISES

{ État-major d ou
  * régiment d
  * bataillon ou escadron.
  * compagnie ou batterie.

* armée.
* corps d'armée.
* division d
* brigade.

Nom et grade du signataire
(écrits très lisiblement).

189

Journée du (2)

Reçu de la commune d   , département
(ou, par exception, en l'absence de la municipalité),

Reçu du sieur   , demeurant à
département à   , les prestations dont le
détail suit, savoir :

FOURNITURES PAR RÉQUISITIONS

Feuillet n°

(1) Cachet du conseil d'administration pour les livrets employés par les corps de troupes ou de sous-intendant militaire pour ceux qui sont remis aux officiers sans troupe.

(2) Indiquer la ou les journées pour lesquelles la fourniture est faite.

(1)

État-major d   ou

* régiment d
* bataillon ou escadron.
* compagnie ou batterie.

Journée du (2)   189

Commune d   , départe-
ment d

Effectif { Officiers... de l'armée. troupe...... conducteurs
{ Chevaux de réquisi- ou guides.
{ tion...... bestiaux...

	EFFECTIF OU NOMBRE.	DURÉE de la prestation du	au (inclus.)	NOMBRE TOTAL de journées de service ou de nuits de logement et de cantonnement. (En toutes lettres.)
Logement chez l'habitant. Officiers logeant seuls....				
Officiers logeant à deux				
Sous-officiers....				
Caporaux et soldats....				
Chevaux et bestiaux..........				
Cantonnement. Hommes.....				
Chevaux et bestiaux....				
Transports. Voitures à collier				
Voitures à collier				
Chevaux de trait.				
Embarcations ou mariniers.....				
Conducteurs ou mariniers.....				

NOTA. — Le verso de cet état est absolument semblable au verso du carnet d'ordres de réquisition.

FOURNITURES PAR RÉQUISITIONS

	EFFECTIF OU NOMBRE.	DURÉE de la prestation du	au (inclus.)	NOMBRE TOTAL de journées ou de nuits.
Logement. Officiers logeant seuls..				
Officiers logeant à deux				
Sous-officiers				
Caporaux et soldats				
Chevaux et bestiaux				
Cantonnement. Hommes.....				
Chevaux et bestiaux				
Transports. Voitures à collier				
Voitures à collier				
Chevaux de trait				
Embarcations ou mariniers...				
Conducteurs ou mariniers...				

TROISIÈME PARTIE

RENSEIGNEMENTS DIVERS

DES DIVERSES COMMISSIONS

dont l'existence temporaire ou permanente est motivée par l'application de la loi sur les réquisitions militaires.

PRÉAMBULE

La multiplicité des commissions jouant un rôle soit dans la préparation de la mobilisation, soit dans la mise en action des moyens dont la loi a doté le pays pour faciliter le passage du pied de paix au pied de guerre; la similitude sinon réelle, du moins apparente des attributions de ces commissions, et aussi, il faut le dire, le peu de précision des textes officiels, nous semblent susceptibles d'occasionner à un moment donné des méprises préjudiciables au fonctionnement régulier des différents services.

Pour faire cesser toute indécision, nous avons tenu à présenter, sous leur dénomination véritable, toutes les commissions qui ont à intervenir soit en temps de paix, soit en temps de guerre, quand il s'agit d'appliquer la loi du 23 juillet 1877.

Afin de faire mieux comprendre le mécanisme du système, assez compliqué, sur lequel repose une partie de la mobilisation de notre armée, nous avons classé ces commissions en trois catégories :

Dans la première, nous plaçons les commissions chargées de préparer les voies et moyens;

Dans la seconde, celle à qui échoit l'exécution ;

Dans la troisième, celles qui sont plus spécialement chargées de régulariser les opérations faites, c'est-à-dire de désintéresser les prestataires, de trancher les différends, enfin d'établir les comptes.

1re CATÉGORIE

Dans cette catégorie de commissions ayant le rôle *de préparer* la mobilisation, figurent, savoir :

1° Les commissions de classement des animaux et voitures susceptibles d'être requis;

2° La commission militaire supérieure des chemins de fer.

Commissions de classement (1).

Leur composition, leur rôle et leurs attributions sont exposés en détail dans l'annexe C.

Leur existence est temporaire et leurs pouvoirs limités à une circonscription sous-régionale; elles n'opèrent qu'en temps de paix.

On les appelle quelquefois à tort *commissions de recensement*. Elles ne recensent pas; elles classent les animaux et les voitures recensés par les soins des municipalités.

Ne pas les confondre non plus avec les *commissions de réquisition des chevaux et voitures* qui figurent dans la 2ᵉ catégorie (2), bien que ces dernières soient chargées de classer au moment de la mobilisation le matériel et les animaux qui ne l'auraient pas été par les commissions de classement.

Commission supérieure des chemins de fer (8).

Cette commission est permanente; ses pouvoirs sont très étendus, en temps de paix comme en temps de guerre. Elle siège au ministère de la guerre.

La composition de cette commission est réglée par l'article 1ᵉʳ du décret organique, et ses attributions par l'article 3 dudit décret.

2ᵉ CATÉGORIE

Dans cette catégorie de commissions investies des pouvoirs exécutifs, nous trouvons :

1° Les commissions sous-régionales de réquisition de chevaux et voitures;

2° Les commissions de réception de corps ou de fractions de corps;

3° Les commissions et sous-commissions de ⎱ Fonctionnant en-
réseau,   ⎰ deçà de la base
4° Les commissions de gare,   d'opérations;

---

(1) Se reporter aux articles 37, 39, 41, 42, 43, 44 du 3 juillet 1877, aux articles correspondants du règlement du 2 août 1877 et enfin à l'annexe C du présent recueil.

(2) *Commissions exécutives.*

(3) Décret du 5 février 1889, *B. O.*, page 164, réglant la composition et les attributions de la commission militaire supérieure des chemins de fer.

Dans ce cas, à notre avis, elles dressent procès-verbal du refus motivé et l'envoient au sous-intendant militaire du ressort, qui fait le nécessaire.

C'est encore là un détail sur lequel nous attirons l'attention des bureaux compétents de la guerre.

Tout doit être prévu ; il y aurait donc lieu de publier une instruction destinée à régler complètement, dans tous ses détails, le fonctionnement de ce rouage de la mobilisation des corps de troupe.

Commissions de réseau.

Sur les lignes de la zone des armées dont l'exploitation est confiée au personnel des chemins de fer nationaux, le service est exécuté par les commissions de réseau organisées et composées conformément aux prescriptions du décret du 5 février 1889 (art. 8), inséré ci-après.

Les commissions de réseau fonctionnant dans la zone des armées ont les mêmes attributions que celles établies dans la zone de l'intérieur. Elles sont immédiatement subordonnées au directeur des chemins de fer aux armées.

Les commissions de réseau peuvent être assistées de *sous-commissions de réseau*. Elles disposent de *commissions de gare*. (Règlement du 19 novembre 1889, *B. O.*, p. 1191, art. 30 et 31.)

Sous-commissions de réseau et commissions de gare.

Les sous-commissions de réseau et commissions de gare ont la même composition et les mêmes attributions que les organes similaires qui fonctionnent dans la zone de l'intérieur. Leur nombre et leur emplacement sont fixés par le directeur des chemins de fer, sur la proposition des commissions de réseau intéressées. Le personnel militaire nécessaire à leur formation est fourni, s'il y a lieu, par le Ministre, sur la demande du directeur général provoquée par le directeur des chemins de fer. (Règlement du 19 novembre 1889, art. 31.)

Commissions des chemins de fer de campagne.

L'exploitation militaire des sections de voie ferrée au delà des stations de transition est confiée à des *commissions de chemins de fer de campagne* dont le nombre est déterminé par le directeur général des chemins de fer et des étapes.

Chaque commission comprend :

Un officier supérieur, président ;
Un ingénieur de chemins de fer.
(Même décret, art. 34.)

5° Direction d'ensemble du service,
6° La direction des chemins de fer aux armées,
7° Les commissions de chemins de fer de campagne,
8° Les commandements de gare,

} Fonctionnant au delà de la base d'opérations.

Commissions de réquisition.

Leur composition, leur rôle et leurs attributions sont exposés en détail dans l'instruction du 1er août 1879.

Bien que leurs membres doivent être désignés pendant le temps de paix, elles ne sont effectivement constituées et ne fonctionnent qu'en temps de guerre. Chacune de ces commissions se transporte, sans retard, dès le premier jour de la mobilisation, au chef-lieu de réquisition désigné à l'avance pour chaque canton.

Après avoir révisé les tableaux de classement dressés à la date la plus récente, elle opère la réquisition, fixe définitivement la valeur des animaux et véhicules requis, en prend possession au nom de l'État et en effectue la répartition entre les différents corps ou services, d'après les ressources de la région et tout en tenant compte des besoins de l'armée et des instructions émanant de l'état-major du corps d'armée.

Commissions de réception.

Il est nommé d'avance, dans chaque corps de troupe, une commission dont le rôle est assez mal défini par les instructions sur la mobilisation.

Cette commission, que nous désignons sous le nom de *commission de réception*, doit être chargée d'abord de la réception et ensuite de l'immatriculation des animaux et voitures recrutés par la commission de réquisition et amenés au corps par les cadres de conduite.

Elle doit procéder à la répartition de ces ressources et à leur affectation aux unités collectives ou aux individus. L'état sommaire n° 8 lui sert de registre d'immatriculation. (Art. 21 de l'instruction du 1er août 1879.)

Les corps attendent encore l'instruction que le Ministre a promis, en 1879, de rédiger pour réglementer l'immatriculation des animaux requis dans certaines conditions particulières.

Les instructions en vigueur ne prévoient pas le cas où les animaux requis ne pourraient pas être utilisés dans les corps ou services sur lesquels ils auraient été dirigés ; mais, en faisant appel au bon sens, il est facile de combler cette lacune. Nous croyons donc pouvoir établir comme règle que la mission de refuser ces animaux incombe naturellement aux commissions de réception.

Commandements de gare.

Les présidents de commissions de chemins de fer de campagne ont sous leurs ordres directs les *commandements de gare*, dont ils déterminent les résidences dans les gares principales des sections que ces commissions exploitent.

Ces commandements sont ainsi composés :

Un officier commandant militaire ;
Un chef de gare.
(Même décret, art. 40.)

Direction d'ensemble du service.

La direction générale des services de l'arrière, placée au grand état-major général des armées, sous les ordres du major général, est exercée par le directeur général des chemins de fer et des étapes. Il a la qualité d'aide-major général.

L'objet général du service des étapes consiste à assurer les communications et les transports par terre et par eau et à exploiter les ressources en arrière des armées.

Les transports par voie ferrée sont exécutés sous l'autorité immédiate du directeur des chemins de fer aux armées, subordonné au directeur général des chemins de fer et des étapes (1). (Règlement du 20 novembre 1889, *B. O.*, p. 1339.)

Fonctionnement du service.

Le nombre et l'emplacement des commissions de réseau ou de chemins de fer de campagne sont fixés par le directeur des chemins de fer aux armées, dans la zone des armées. La répartition du personnel et du matériel est faite par ses soins.

Le directeur général, sur la proposition du directeur des chemins de fer, saisi par les commissions intéressées, adresse les demandes nécessaires au Ministre.

Les décrets reproduits ci-après fournissent, au sujet de l'organisation des chemins de fer, tous les renseignements nécessaires.

---

(1) Règlement du 20 novembre 1889 sur l'organisation et le fonctionnement du service des étapes aux armées, avec planches en couleurs hors texte. — Brochure in-8° de 128 pages. Prix, 1 fr. 20. Henri Charles-Lavauzelle, éditeur.

RAPPORT

au Président de la République française sur le service militaire des chemins de fer. (*B. O.*, p. 153.)

Paris, le 5 février 1889.

Monsieur le Président,

La loi du 28 décembre 1888 a établi les bases du service militaire des chemins de fer et défini l'autorité du Ministre sur les compagnies, soit en temps de paix, soit en temps de guerre.

Cette loi porte, en outre, que des décrets organiseront les diverses branches du service et régleront les attributions et la composition de la commission militaire supérieure des chemins de fer.

En conformité de ces prescriptions, j'ai l'honneur de soumettre à votre approbation divers décrets: l'un, qui détermine les rouages principaux et place le service dans les attributions de l'état-major général du Ministre de la guerre; l'autre, qui règle spécialement les sections techniques de chemins de fer; un troisième, enfin, qui constitue, d'après les nouvelles bases, la commission militaire supérieure.

Veuillez agréer, Monsieur le Président, l'hommage de mon respectueux dévouement.

Le Ministre de la guerre,
Signé : C. DE FREYCINET.

DÉCRET

portant organisation du service militaire des chemins de fer. (*B. O.*, p. 154.)

Paris, le 5 février 1889

LE PRÉSIDENT DE LA RÉPUBLIQUE FRANÇAISE,

Vu la loi du 24 septembre 1873 ;
Vu la loi du 13 mars 1875 ;
Vu la loi du 28 décembre 1888 ;
Sur le rapport du Ministre de la guerre,

DÉCRÈTE :

Art. 1er. Le service militaire des chemins de fer, prévu par la loi du 28 décembre 1888, est dirigé par le chef de l'état-major général, sous l'autorité du Ministre de la guerre.

Un bureau de l'état-major général (actuellement 4ᵉ Bureau) est chargé de centraliser ce service.

Art. 2. L'exécution du service militaire des chemins de fer, dans chacun des six grands réseaux de compagnies et dans le réseau de l'État, est confiée à une commission de réseau composée de deux membres, savoir :

Le représentant de l'administration du chemin de fer, désigné par elle et agréé par le Ministre de la guerre, en conformité de la loi du 28 décembre 1888, commissaire technique ;

Un officier supérieur, nommé par le Ministre de la guerre, commissaire militaire.

A cette commission peut être attaché un personnel technique et militaire, selon les besoins du service.

Chaque commissaire a un adjoint, institué dans les mêmes formes, lequel, en cas d'absence ou d'empêchement, peut le suppléer entièrement.

Art. 3. Les mesures d'exécution sur le réseau sont toujours prises au nom de la commission, agissant collectivement.

Chaque commissaire garde sa responsabilité propre. Le commissaire militaire est plus spécialement responsable des mesures prises au point de vue militaire. Le commissaire technique est plus spécialement responsable des mesures prises pour mettre en œuvre les ressources du chemin de fer.

Art. 4. En temps de paix, la commission de réseau a dans ses attributions :

L'instruction de toutes les affaires auxquelles donne lieu le service militaire des chemins de fer sur le réseau ;

L'étude de toutes les ressources en matériel et en personnel pour les besoins de la guerre ;

La préparation des transports stratégiques et l'établissement des documents y relatifs ;

La vérification de l'état des lignes, du matériel et des installations diverses (quais, alimentations d'eau, dépôts de machines, magasins, ateliers de réparations, etc.);

L'instruction spéciale des agents ;

La surveillance des voies et des ouvrages d'art ;

La direction des expériences de toute nature faites sur le réseau, en vue d'améliorer ou d'accélérer les transports militaires.

Art. 5. La commission de réseau étend sa compétence sur les lignes des compagnies secondaires situées dans le territoire occupé par le réseau.

Les compagnies secondaires peuvent se faire représenter auprès de la commission de réseau par un agent dûment accrédité.

Art. 6. Les commissions de réseau peuvent être réunies, aussi souvent qu'il est nécessaire, par le chef de l'état-major général

pour l'examen en commun des questions qui intéressent à la fois plusieurs réseaux.

Art. 7. En temps de guerre, la commission de réseau prend en main le service complet du réseau, sous l'autorité du Ministre de la guerre.

Elle entre en fonctions, à ce titre, dès le premier jour de la mobilisation.

Elle est aidée :

1° Par des sous-commissions de réseau, composées chacune d'un sous-commissaire militaire nommé par le Ministre et d'un sous-commissaire technique désigné par la commission de réseau ;

2° Par des commissions de gare, formées d'un officier et du chef de gare.

Un personnel technique et militaire peut être attaché à ces divers organes, si les besoins du service l'exigent.

Art. 8. Au quartier général de chaque groupe d'armées ou de chaque armée opérant isolément, le service des chemins de fer, dans la zone fixée par le Ministre, est dirigé, sous l'autorité du commandant en chef, par un officier général ou supérieur, assisté d'un ingénieur des chemins de fer.

L'exécution du service est assurée :

1° Par des commissions de réseau sur les lignes exploitées par les compagnies nationales ;

2° Par une commission des chemins de fer de campagne.

Les commissions de réseau sont formées, comme précédemment, par un commissaire militaire et un commissaire technique. Le commissaire technique est l'agent qui, aux termes de la loi du 28 décembre 1888, peut être désigné dès le temps de paix pour représenter l'administration du réseau auprès du commandant en chef. Si un réseau tout entier se trouve compris dans la zone d'opérations, la commission nommée en l'article 2 passe avec son personnel sous les ordres du commandant en chef.

La commission des chemins de fer de campagne se compose d'un officier et d'un agent technique. Elle a sous ses ordres :

1° Des sections de chemins de fer de campagne, recrutées dans le personnel des compagnies et du réseau de l'État ;

2° Des troupes de sapeurs de chemin de fer appartenant à l'arme du génie.

Des sections de télégraphie sont en outre mises à sa disposition, suivant les besoins.

Le général en chef peut, au cours des opérations, apporter dans cette organisation les modifications commandées par les circonstances. Mais il doit faire en sorte d'associer toujours l'élément technique avec l'élément militaire.

Le membre militaire a voix prépondérante.

Art. 9. Pour l'ensemble des lignes de l'Algérie et de la Tunisie, il est créé une commission de réseau analogue à celle qui est prévue à l'article 2. Le commissaire technique est désigné à l'agrément du Ministre par l'ensemble des compagnies intéressées.

En temps de guerre, cette commission est sous les ordres du général commandant le 19ᵉ corps d'armée.

Une commission spéciale de réseau pourra être organisée pour l'ensemble des lignes ferrées de la Corse.

Art. 10. Des décrets et règlements détermineront la constitution et le fonctionnement des divers organes du service militaire des chemins de fer.

Art. 11. Sont et demeurent abrogées toutes les dispositions antérieures contraires au présent décret.

Art. 12. Le Ministre de la guerre est chargé de l'exécution du présent décret.

Fait à Paris, le 5 février 1889.

Signé : CARNOT.

Par le Président de la République :

Le Ministre de la guerre,
Signé : C. DE FREYCINET.

DÉCRET

DU 5 FÉVRIER 1889

portant organisation des sections de chemins de fer de campagne. (*B. O.*, p. 157.)

LE PRÉSIDENT DE LA RÉPUBLIQUE FRANÇAISE,

Vu la loi du 27 juillet 1873 ;
Vu la loi du 13 mars 1875 ;
Vu la loi du 28 décembre 1888 ;
Vu le décret, en date de ce jour, sur l'organisation du service militaire des chemins de fer ;
Sur le rapport du Ministre de la guerre,

DÉCRÈTE :

Art. 1ᵉʳ. Les sections de chemins de fer de campagne sont des corps militaires organisés en tout temps et chargés, en temps de guerre, concurremment avec les troupes de sapeurs de chemins de fer, de la construction, de la réparation et de l'exploitation des

voies ferrées dont le service n'est pas assuré par les compagnies nationales.

Art. 2. Le personnel des sections de chemins de fer est recruté parmi les ingénieurs, employés et ouvriers attachés au service des six grandes compagnies et du réseau de l'Etat, soit volontaires, soit assujettis au service militaire par la loi de recrutement.

Art. 3. Les sections de chemins de fer de campagne forment un corps distinct, ayant sa hiérarchie propre, sans aucune assimilation avec la hiérarchie militaire proprement dite.

L'organisation et la composition de chaque section sont déterminées conformément au tableau A, annexé au présent décret.

La hiérarchie spéciale des emplois est fixée par le tableau B.

Le commandant de la section exerce à l'égard du personnel les fonctions de chef de corps ; il en possède toutes les attributions. Il est directement subordonné à la commission des chemins de fer de campagne.

Art. 4. Il est constitué, dès le temps de paix, neuf sections ayant chacune un numéro distinct et qui sont formées avec le personnel des diverses compagnies et du réseau de l'Etat, comme il est indiqué ci-après :

1re section. — Compagnie de Paris à Lyon et à la Méditerranée ;
2e section. — Compagnie de Paris à Lyon et à la Méditerranée ;
3e section. — Compagnie de Paris à Orléans ;
4e section. — Compagnie de l'Ouest ;
5e section. — Compagnie du Nord ;
6e section. — Compagnie de l'Est ;
7e section. — Compagnie du Midi ;
8e section. — Compagnie de l'Est ; — Compagnie de l'Ouest ; — Compagnie du Nord ;
9e section. — Chemins de fer de l'Etat.

En temps de guerre le Ministre de la guerre peut procéder à la création de nouvelles sections.

Art. 5. Les sections sont, en temps de paix, soumises à des inspections, appels, revues et réunions d'instruction, sur l'ordre du Ministre de la guerre.

Les appels, revues et réunions sont faits par section ou subdivision de section et non par classes.

Art. 6. Toutes les dispositions relatives à la mobilisation de chaque section sont étudiées et arrêtées dès le temps de paix. Chaque section doit toujours être prête, de la façon la plus complète, à être utilisée par le Ministre de la guerre.

Art. 7. Des décrets, règlements et instructions fixeront les détails de l'organisation du recrutement et du fonctionnement de l'inspection, des appels, revues et réunions des sections de chemins de fer.

Art. 8. Toutes les dispositions contraires au présent décret sont abrogées.

Art. 9. Le Ministre de la guerre est chargé de l'exécution du présent décret.

Fait à Paris, le 5 février 1889.

Signé : CARNOT.

Par le Président de la République :

Le Ministre de la guerre,
Signé : C. DE FREYCINET.

TABLEAU A. — *Personnel d'une section de chemins de fer de campagne.*

COMPOSITION DU PERSONNEL.	NOMBRE D'AGENTS.
§ I. — SERVICE CENTRAL	
Commandant de la section............................	1
1° BUREAU DU COMMANDANT	
Secrétaire...	1
Employé principal de 1re classe.......................	1
Employé principal de 2e classe.......................	1
Total......................	4
2° BUREAU DE LA COMPTABILITÉ	
Chef de comptabilité.................................	1
Chef du bureau de la comptabilité....................	1
Caissier..	1
Employés principaux de la comptabilité { 1re classe........	2
2e classe........	1
Employés de la comptabilité..........................	2
Total......................	8
3° BUREAU MÉDICAL (1).	
Médecin-major de 1re classe..........................	1
Médecins aides-majors de 1re classe..................	2
Total......................	3

(1) Pour mémoire : les médecins font partie des cadres du service de santé de l'armée. Ils sont pris de préférence parmi les médecins de la réserve ou de l'armée territoriale qui sont attachés, en temps de paix, au service des compagnies.

COMPOSITION DU PERSONNEL.	PAR SUBDIVISION.	PAR SECTION TECHNIQUE.
§ II. — BUREAUX ET SUBDIVISIONS DE SECTION.		
1° COMPOSITION DU BUREAU DU MOUVEMENT.		
Chef du mouvement......................	»	1
Inspecteur du mouvement.................	»	1
Chef du bureau du mouvement............	»	1
Sous-inspecteur du mouvement chargé de la surveillance du service télégraphique.....	»	1
Garde-magasin du mouvement.............	»	1
Employés principaux du mou- (1re classe..	»	2
vement................... (2e classe..	»	2
Contrôleur-chef des agents des trains......	»	1
Employés du mouvement.................	»	2
Total..................	»	12
2° COMPOSITION D'UNE SUBDIVISION DU MOUVEMENT.		
Inspecteurs du mouvement...............	1	3
Sous-inspecteurs du mouvement..........	2	6
Contrôleurs du télégraphe...............	1	3
Employés du mouvement................	1	3
Chefs de grande gare...................	3	9
Sous-chefs de gare.....................	6	18
Chefs de station.......................	9	27
Employés comptables télégraphistes........	21	63
Facteurs-pointeurs......................	8	24
Chefs d'équipe du mouvement............	4	12
Sous-chefs d'équipe du mouvement........	10	30
Aiguilleurs...........................	32	96
Hommes d'équipe.... .... (1re classe..	14	42
(2e classe..	14	42
Agents des trains ....) 1re classe..	10	30
) 2e classe..	20	60
Totaux..................	156	468
3° COMPOSITION DU BUREAU DE LA VOIE.		
Ingénieur de la voie....................	»	1
Inspecteurs de la voie..................	»	2
Chef du bureau de la voie...............	»	1
Sous-inspecteurs de la voie..............	»	2
Garde-magasin de la voie................	»	1
Employés principaux de la voie,) 1re classe.	»	2
dessinateurs ou autres........) 2e classe.	»	2
Employés de la voie, dessinateurs ou autres.	»	4
Surveillant de magasin de la voie.........	»	1
Total..................	»	16

Réquisitions — 7

COMPOSITION DU PERSONNEL.	PAR SUBDIVISION.	PAR SECTION TECHNIQUE.
4° COMPOSITION D'UNE SUBDIVISION DE LA VOIE.		
(Chaque subdivision du service de la voie est composée d'une section de la voie et d'un district mobile.)		
(a). — Composition de la section de la voie.		
Chefs de section.............................	1	3
Sous-chefs de section.......................	1	3
Employés principaux de la voie de 2e classe.	1	3
Employés de la voie.........................	3	9
Gardes-magasins de la voie.................	1	3
Chefs de district...........................	4	12
Chefs d'équipe de la voie...................	12	36
Sous-chefs d'équipe de la voie.............	12	36
Poseurs.................... 1re classe..	24	72
2e classe..	48	144
(b). — Composition du district mobile.		
Chefs de district...........................	1	3
Contremaîtres : charpentier, forgeron, maçon-mineur..	3	9
Chefs poseurs...............................	1	3
Chefs d'équipe de la voie...................	3	9
Sous-chefs d'équipe de la voie.............	3	9
Poseurs..... 1re classe..................	6	18
2e classe...................	12	36
Ouvriers d'art. Chefs charpentiers..........	3	9
Chefs forgerons............	1	3
Chefs maçons-mineurs......	1	3
Sous-chefs charpentiers.....	3	9
Sous-chefs forgerons... ...	1	3
Sous-chefs maçons-mineurs.	1	3
Charpentiers................	6	18
Forgerons..................	2	6
Maçons-mineurs....	2	6
Totaux.......	156	468
5° COMPOSITION DU BUREAU DE LA TRACTION.		
Ingénieur de la traction....................	»	1
Inspecteur de la traction...................	»	1
Chef du bureau de la traction.............	»	1
Sous-inspecteur de la traction.............	»	1
Garde-magasin de la traction..............	»	1
Employés principaux de la 1re classe....	»	1
traction................ 2e classe....	»	1
Employés de la traction....................	»	5
Total.......	»	12

(1) Ces ouvriers d'art sont pris parmi les hommes appartenant à l'armée territoriale, à l'exclusion de sa réserve.

COMPOSITION DU PERSONNEL.	PAR SUBDIVISION.	PAR SECTION TECHNIQUE.
6° COMPOSITION D'UNE SUBDIVISION DE LA TRACTION.		
(Chaque subdivision du service de la traction est constitué par un dépôt.)		
Chefs de dépôt...........................	1	3
Sous-chefs de dépôt......................	2	6
Employés de la traction..................	2	6
Surveillants de magasin de la traction.....	1	3
Mécaniciens.............................	20	60
Chauffeurs de 1re classe (pouvant remplacer les mécaniciens).........................	20	60
Chauffeurs de 2e classe (graisseurs, visiteurs, charbonniers)........................	20	60
Chefs d'équipe d'ouvriers................	1	3
Sous-chefs d'équipe d'ouvriers...........	2	6
Chaudronniers, ferblantiers et aides, forgerons et frappeurs, { 1re classe..	4	12
ajusteurs et ferreurs, menui- { 2e classe..	8	24
siers et charrons............		
Chefs d'équipe de manœuvres de la traction.	1	3
Manœuvres............... { 1re classe..	3	9
{ 2e classe..	6	18
Chauffeurs de machines hydrauliques......	3	9
Totaux......	94	282
RÉCAPITULATION.		
§ 1. SERVICE CENTRAL.		
Bureau du commandant...................	»	4
Bureau de la comptabilité...............	»	8
Bureau médical.........................	»	3
Total......	....	15
§ 2. BUREAUX ET SUBDIVISIONS DE SECTIONS.		
Bureau du mouvement....................	»	12
Subdivisions du mouvement...............	»	468
Bureau de la voie.......................	»	16
Subdivisions de la voie..................	»	468
Bureau de la traction...................	»	12
Subdivisions de la traction...............	»	282
Total......	....	1.258
Total pour une section technique.....	....	1.273

TABLEAU B. — *Désignation des emplois correspondant aux déno-
minations hiérarchiques du personnel d'une section de chemins de
fer de campagne.*

Commandant de la section.	
Chef du mouvement, ingénieur de la voie, ingé-nieur de la traction, chef de comptabilité, mé-decin-major......................................	Chefs de service.
Secrétaire, inspecteur du mouvement, de la voie, de la traction, chef du bureau du mouvement, chef du bureau de la voie, chef du bureau de la traction, chef du bureau de la comptabilité.	Sous-chefs de service de 1re classe.
Sous-inspecteur du mouvement, sous-inspec-teur de la voie, sous-inspecteur de la traction, caissier, chef de grande gare, chef de section, chef de dépôt..................................	Sous-chefs de service de 2e classe.
Employé principal de 1re classe, contrôleur-chef des agents des trains, sous-chef de gare, sous-chef de dépôt, sous-chef de section, médecin aide-major...................................	Employés principaux de 1re classe.
Contrôleur du télégraphe, employé principal de 2e classe, chef de station, chef de district, garde-magasin..................................	Employés principaux de 2e classe.
Employé comptable télégraphiste, employé chef poseur, agents des trains de 1re classe, surveil-lant de magasin de la voie et de la traction, mécanicien, contremaître charpentier, forge-ron, maçon-mineur.............................	Employés et chefs ouvriers.
Facteur-pointeur, chef d'équipe du mouvement, de la voie, de la traction, agents des trains de 2e classe, chef charpentier, forgeron, maçon-mineur, chauffeur de 1re classe................	Sous-chefs ouvriers.
Aiguilleur, sous-chef d'équipe du mouvement de la voie et de la traction, sous-chef charpentier, forgeron, maçon-mineur, chauffeur de 2e classe, graisseur, visiteur, charbonnier.............	Premiers ouvriers.
Homme d'équipe de 1re et de 2e classe, poseurs de toutes classes, charpentier, forgeron, ma-çon-mineur de la voie, ouvriers de toutes classes et manœuvre de la traction, chauffeur de machines hydrauliques......................	Ouvriers.

DÉCRET

DU 5 FÉVRIER 1889.

réglant la composition et les attributions de la commission militaire supérieure des chemins de fer (*B. O.*, page 164.)

LE PRÉSIDENT DE LA RÉPUBLIQUE FRANÇAISE,

Vu la loi du 24 juillet 1873 ;
Vu la loi du 13 mars 1875 ;
Vu la loi du 28 décembre 1888 ;
Vu le décret, en date de ce jour, organisant le service militaire des chemins de fer ;
Sur le rapport du Ministre de la guerre,

DÉCRÈTE :

Art. 1er. La commission militaire supérieure des chemins de fer, instituée dès le temps de paix auprès du Ministre de la guerre, est composée de la manière suivante :

Le général chef d'état-major général du Ministre de la guerre, *président;*
L'officier général désigné pour exercer aux armées la direction supérieure des chemins de fer et des étapes, *vice-président;*

Membres civils :

Le directeur des chemins de fer au ministère des travaux publics ;
Deux inspecteurs généraux ou ingénieurs en chef des mines ou des ponts et chaussées ;
Les commissaires techniques des sept commissions de réseau.

Membres militaires :

L'officier supérieur placé à la tête du bureau des chemins de fer à l'état-major général ;
Un officier supérieur d'artillerie ;
Un officier supérieur des troupes de chemins de fer ;
Un officier de l'armée de mer ;
Les commissaires militaires des sept commissions de réseau ;
Le sous-chef du bureau des chemins de fer, secrétaire.

Art. 2. Les membres de la commission sont nommés par décret, sur la proposition du Ministre de la guerre.

Art. 3. La commission militaire supérieure des chemins de fer est consultative.

Elle est chargée d'émettre son avis sur toutes les questions relatives à l'emploi des chemins de fer pour les besoins de l'armée et notamment celles qui concernent :

1° La préparation des transports stratégiques ;

2° L'examen de tous les projets de lignes nouvelles et de raccordements ou de modifications aux lignes existantes, ainsi que de tous les projets concernant les aménagements principaux (gares, quais, alimentations d'eau, dépôts de machines, etc.) ;

3° La détermination des conditions à remplir par le matériel roulant en vue des transports militaires, et les modifications à apporter à ce matériel;

4° L'instruction spéciale à donner aux troupes de toutes armes en vue des transports;

5° Les traités à passer entre les compagnies et le département de la guerre pour les transports militaires, les fournitures de matériel et la constitution d'approvisionnements;

6° L'organisation, l'instruction et le mode d'emploi des troupes spéciales de chemins de fer ;

7° Les mesures à prendre pour assurer la surveillance et la protection des voies ferrées et de leurs abords ;

8° Les moyens de destruction et de réparation rapide des lignes.

Art. 4. Le Ministre de la guerre saisit la commission de toutes les questions sur lesquelles elle est appelée à délibérer.

Elle prononce à la majorité des voix ; en cas de partage, la voix du président est prépondérante.

Art. 5. Les directeurs des divers services du ministère de la guerre peuvent être admis à la commission à titre consultatif pour la discussion des affaires de leur ressort.

La commission peut aussi demander au Ministre de convoquer devant elle toute personne qu'elle juge utile d'entendre.

Art. 6. Le Ministre de la guerre est chargé de l'exécution du présent décret.

Fait à Paris, le 5 février 1889.

Signé : CARNOT.

Par le Président de la République :

Le Ministre de la guerre,
Signé : C. DE FREYCINET.

3° CATÉGORIE

Les commissions de cette catégorie ont, ainsi que nous l'avons dit, mission de régulariser ou plutôt de préparer la régularisation des opérations effectuées.

Ce sont :

1° La commission centrale d'évaluation ;
2° Les commissions départementales d'évaluation ;

3° Les commissions régionales d'expertise.

Fonctionnant
en temps
de mobilisation.
Fonctionnant en
temps de paix.

Il est à remarquer que, dans cette troisième catégorie, il ne figure pas de commission chargée de la régularisation des opérations pour ce qui concerne l'usage des chemins de fer et les réquisitions quelconques de cette nature spéciale.

Le rôle régularisateur incombe naturellement à la commission
militaire supérieure des chemins de fer, laquelle n'aura, du reste,
à connaître que des litiges soulevés dans des circonstances exceptionnelles et fort rares, car tout est prévu et convenu à l'avance
entre l'État et les compagnies concessionnaires.

La création de commissions d'évaluation ou d'expertises spéciales en ce qui concerne les chemins de fer serait donc une super-
fétation.

Les commissions d'évaluation n'ont pas à s'immiscer dans les
opérations des commissions de réquisition des chevaux et voitures, lesquelles cumulent avec leurs attributions celles des commissions d'évaluation.

INSTRUCTION MINISTÉRIELLE

**relative à la constitution et au fonctionnement de la commis-
sion centrale et des commissions départementales d'évaluation des réquisitions sur le territoire national en cas de
mobilisation générale.**

Paris, le 10 mai 1895.

CHAPITRE Iᵉʳ.

COMMISSION CENTRALE.

La commission centrale prévue à l'article 44 du décret du 2
août 1877 pour l'exécution de la loi relative aux réquisitions militaires est constituée en temps de paix.

Sa composition est la suivante :

Un contrôleur général de l'administration de l'armée, prési-
dent ;
Un représentant du ministère de l'intérieur ;
Un représentant du ministère des finances ;
Un représentant du ministère de l'agriculture ;

Un représentant du ministère du commerce et de l'industrie;

Deux membres de la chambre de commerce de Paris;

Deux fonctionnaires du corps du contrôle de l'administration de l'armée;

Un sous-intendant militaire attaché à la 5° direction (services administratifs).

Le président choisit le secrétaire parmi les membres militaires de la commission.

Cette assemblée peut s'adjoindre, à titre de membre consultatif, toute personne qu'elle juge propre à éclairer ses travaux.

Le président et les membres de la commission sont nommés par le Ministre de la guerre.

Les membres civils sont désignés sur la proposition des ministres dont le département est représenté au sein de la commission et, en ce qui concerne les représentants de la chambre de commerce de Paris, sur la proposition du président de cette chambre.

La liste des membres d la commission est constamment tenue à jour, au ministère de la guerre, de concert avec les autres ministères et administrations intéressées.

La commission est convoquée, en temps de paix, lorsque le Ministre de la guerre le juge nécessaire; en temps de guerre, elle doit se réunir sur la convocation du président le deuxième jour de la mobilisation.

Le fonctionnement de la commission centrale est rattaché au bureau du contentieux et de liquidation qui relève de la direction du contrôle au ministère de la guerre.

Les attributions principales de la commission centrale embrassent :

1° Les rapports avec les commissions départementales d'évaluation des réquisitions;

2° Les mesures pour assurer l'uniformité et la régularité des liquidations;

3° Les avis à émettre sur toutes les difficultés auxquelles peut donner lieu le règlement des indemnités relatives aux réquisitions militaires.

§ 1er. — *Rapports avec les commissions départementales.*

Les tarifs établis par les commissions d'évaluation doivent être arrêtés par le Ministre de la guerre (art. 48 du décret du 2 août 1877). La commission centrale est, pour cet objet, le conseil du Ministre. Elle provoque les explications des commissions départementales et se fait communiquer les éléments qui ont servi de base à la détermination des prix.

Il lui appartient de choisir le mode de tarification uniforme qui devra être mis en pratique pour les divers objets susceptibles d'être réquisitionnés dans chaque département, d'en préparer ou d'en contrôler l'application.

Pour les objets non compris dans les tarifs, la commission comparera les prix payés dans les diverses régions; elle rapprochera les propositions faites par les commissions départementales des fixations arrêtées par l'intendant de corps d'armée, et elle s'efforcera d'assurer, dans l'appréciation des dommages, l'uniformité compatible avec les différences qui peuvent exister dans la situation économique des diverses régions.

La commission aura également à examiner l'opportunité de certaines réquisitions sur lesquelles le Ministre peut être appelé à se prononcer (emploi anormal d'établissements industriels, art. 6 de la loi du 3 juillet 1877); elle émettra, à cet égard, un avis motivé.

§ 2. — Liquidation et payement.

La commission centrale, à qui seront adressés les rapports de liquidation, s'assurera, par l'examen de ces rapports et des pièces justificatives qui y sont jointes (états A, A bis, B, etc.), que les délais fixés par la loi, soit pour la notification des indemnités allouées (art. 25 de la loi du 3 juillet 1877), soit pour l'acceptation ou le refus (art. 51 du décret du 2 août 1877), soit pour la délivrance du mandat de payement (art. 53 du décret), ont été ponctuellement observés, que les formalités prescrites par les articles 49, 51 et 52 du décret du 2 août 1877 ont été exactement suivies, et, d'une manière générale, que les droits des prestataires, comme ceux de l'État ont été sauvegardés.

La commission pourra être appelée à formuler son avis sur les catégories de réquisition dont le paiement pourra être fait en bons du Trésor. (Art. 27 de la loi du 3 juillet 1877.)

§ 3. — Difficultés contentieuses.

Il importe de prévoir les difficultés auxquelles l'application de la loi sur les réquisitions pourrait donner lieu. Bien que les affaires contentieuses de cette nature ne ressortissent pas à la juridiction ministérielle, le Ministre de la guerre aura, dans certains cas, à y intervenir.

a) Il interviendra préventivement lorsque des difficultés lui seront soumises soit par les commissions départementales d'évaluation, soit par les fonctionnaires de l'intendance chargés de poursuivre le règlement des indemnités.

b) L'appel en conciliation implique, pour le fonctionnaire de l'intendance, le droit de transiger. Lorsqu'il s'agira de fournitures importantes, ce fonctionnaire aura évidemment le droit de prendre, au préalable, les instructions du Ministre.

c) Si le tribunal saisi de la contestation ne statue qu'en premier

Réquisitions. 7.

ressort (art. 26 de la loi du 3 juillet 1877), il appartiendra au Ministre de décider s'il sera fait appel. Même dans le cas où l'appel ne sera pas possible, il y aura encore à examiner si le jugement n'est pas susceptible d'être déféré à la Cour de cassation pour vice de forme ou violation de la loi.

d) Enfin, en cette matière comme en toute autre, à côté de la juridiction légale, il y a encore ce que l'on appelle la juridiction gracieuse, et celle-ci est exclusivement du ressort du Ministre.

Dans ces diverses éventualités, la commission centrale aura à préparer un projet de décision.

CHAPITRE II.

COMMISSION DÉPARTEMENTALE.

Les commissions départementales d'évaluation, dont la création est prévue aux articles 24 de la loi du 3 juillet 1877, 45 et 46 du décret du 2 août 1877, sont également constituées dès le temps de paix. Elles sont uniformément composées de cinq membres (trois civils et deux militaires).

Le président, le secrétaire et les membres militaires sont nommés par les gouverneurs militaires et les généraux commandants de corps d'armée; les préfets désignent à la nomination de ces officiers généraux les membres civils, qui seront pris, autant que possible, dans le sein du comité départemental de ravitaillement.

Les officiers appelés à faire partie des commissions départementales doivent être choisis parmi ceux qui sont dégagés de toute obligation militaire et reconnus aptes à remplir des fonctions sédentaires (dépêche ministérielle n° 2909 du 21 juillet 1893, état-major de l'armée).

La liste des membres de chaque commission est constamment tenue à jour de concert avec le préfet du département; cette liste comprend des membres suppléants.

Les membres titulaires ou suppléants sont informés, dès le temps de paix, de leur désignation.

Les commissions départementales fonctionnent dans les conditions indiquées aux articles 25 de la loi du 3 juillet 1877, 47, 49 et 50 du décret du 2 août 1877.

En cas de mobilisation, les commissions départementales d'évaluation se réunissent d'office sur la convocation de leur président et, au plus tard, le deuxième jour au matin.

Elles déterminent, suivant la situation économique du département, les catégories de prestations pour lesquelles il y a lieu d'établir des tarifs; elles dressent ensuite les projets de tarifs départementaux et les soumettent, le plus tôt possible, à l'approbation du Ministre.

Lorsque ces tarifs ont été acceptés par le Ministre, ils sont notifiés par l'autorité militaire régionale aux autorités civiles et militaires qui sont appelées à en faire usage. Dans l'intérêt des particuliers, ces tarifs sont également insérés dans les principaux organes locaux de publicité.

Les objets, denrées ou services susceptibles d'être réquisitionnés et qui ne sont pas compris dans les tarifs départementaux ne sont pas l'objet d'une évaluation à fixer préalablement. Les commissions départementales sont appelées à donner leur avis sur les prix de chaque prestation et sur les différences qui peuvent se produire entre les quantités réclamées et celles qui résultent des reçus de réquisition dans les conditions prévues à l'article 50 du décret du 2 août 1877.

Les commissions départementales seront appelées à donner leur avis lorsque le général commandant le corps d'armée aura à se prononcer d'urgence sur l'opportunité des réquisitions relatives à l'emploi d'établissements industriels pour la fourniture de produits autres que ceux qui résultent de leur fabrication normale. (Art. 6 de la loi du 3 juillet 1877.)

Les modifications qu'il y aurait lieu d'apporter aux tarifs départementaux sont étudiées, proposées, approuvées et notifiées dans les mêmes conditions que pour le premier établissement de ces tarifs.

Les rapports des commissions départementales avec la commission centrale sont indiqués dans la partie de la présente instruction qui traite de cette assemblée.

Les commissions départementales pourront, sur l'ordre ou l'autorisation du Ministre de la guerre, être convoquées, dès le temps de paix, afin de poser les bases de leurs travaux et de préparer l'exécution de la mission qui leur sera confiée à la mobilisation.

Le commandement territorial pourra désigner des officiers et fonctionnaires de l'armée active pour assister à ces réunions du temps de paix et participer, avec voix consultative seulement, aux travaux d'études des commissions départementales.

Le Ministre de la guerre,
Signé : A. MERCIER.

NOTE MINISTÉRIELLE

re' ve aux indemnités à allouer en cas de mol ation, aux membres des commissions départementales d'évaluation des réquisitions.

Paris, le 17 août 1894.

Le Ministre, consulté au sujet des indemnités à allouer, en cas de mobilisation, aux membres des commissions d'évaluation des réquisitions dont la création est prévue aux articles 24 de la loi du 3 juillet 1877, 45 et 46 du décret du 2 août de la même année et dont la constitution et le fonctionnement sont réglés par le chapitre II de l'instruction ministérielle du 10 mai dernier, a décidé, à la date de ce jour, qu'il y aura lieu d'appliquer au personnel de ces commissions les règles et taux d'allocation qui figurent à l'article 2 du l'instruction du 1er août 1879, relatif aux indemnités dues aux membres des commissions de réquisition de chevaux et voitures.

Les indemnités seront payées et justifiées dans la forme prescrite par les articles 24, 25 et 26 de cette dernière instruction.

INSTRUCTION MINISTÉRIELLE

DU 23 FÉVRIER 1889

sur le règlement des dommages causés aux propriétés pendant les manœuvres ou exercices exécutés annuellement par les corps de troupe. (B. O. p. 309.)

PRÉLIMINAIRES

Les dispositions de la présente instruction s'appliquent, non-seulement aux règlements d'indemnités dues pour les dégâts occasionnés aux propriétés privées pendant les grandes manœuvres annuelles d'automne, mais aussi à ceux résultant du passage ou du stationnement, dans ces propriétés, des troupes, soit dans des manœuvres spéciales, soit dans des marches, opérations d'ensemble et exercices divers, exécutés en vertu d'ordres spéciaux, pendant le cours de l'année, quelle qu'en soit l'époque.

D'une manière générale, toute réunion de troupes, d'un effectif minimum de deux compagies, d'un escadron ou d'une batterie, exécutant des manœuvres, marches, évolutions ou exercices d'ensemble, d'une durée de plusieurs jours, en dehors des conditions habituelles de l'instruction de la garnison, donne lieu à la constitution d'une commission, chargée d'apprécier la nature et la valeur des dégâts commis par elle, pendant ces opérations, et d'en régler le montant.

Les exercices du tir à la cible des troupes d'infanterie, sur les champs de tir, ou les écoles à feu de l'artillerie, sur les polygones, ne rentrent pas dans ces conditions. Les dégâts aux propriétés riveraines, ou les accidents qui peuvent en résulter, font toujours l'objet d'un examen spécial de la part de l'autorité militaire supérieure, qui, après enquête, saisit directement le Ministre (*Direction de la Cavalerie; Bureau de la Justice militaire*) des demandes d'indemnité qui peuvent se produire.

Il convient, pour déterminer la composition de chaque commission, de tenir compte de l'effectif des troupes réunies, et, par suite, de l'importance des dégâts qu'elles peuvent commettre.

Dans ce but, l'énumération ci-après établit le classement des différentes catégories d'opérations ou exercices pouvant donner lieu à des dégâts, proportionnellement à l'effectif des troupes qui y prennent part :

1° Grandes manœuvres annuelles de corps d'armée ;
2° Manœuvres de division (*infanterie* ou *cavalerie*) ;
3° Manœuvres de brigade (*infanterie* ou *cavalerie*) ;
4° Manœuvres en pays de montagnes ;
5° Manœuvres de forteresse ;
6° Tirs de combat exécutés par l'infanterie sur les champs de tir temporaires ;
7° Exercices de tir simulé de l'artillerie contre l'infanterie en formation de combat ;
8° Manœuvres de batteries attelées en terrain varié et manœuvres en terrain varié de batteries et de groupes de batteries mises sur le pied de guerre ;
9° Manœuvres de ponts militaires

COMPOSITION DES COMMISSIONS.

D'après ce qui précède, les commissions d'évaluation des dégâts aux propriétés et du règlement des indemnités se divisent, au point de vue du personnel à leur affecter, en deux groupes distincts, suivant la catégorie des opérations à exécuter.

1er *groupe*. — Commission de corps d'armée et de division ;
2e *groupe*. — Commission de brigade, de régiment, de bataillon ou de fraction de corps, d'un effectif égal au moins à celui de deux compagnies, d'un escadron ou d'une batterie.

1ᵉʳ GROUPE.

Manœuvres de corps d'armée. — Manœuvres de division (1).

Les commissions sont composées, dans chaque corps d'armée et dans chaque division (*infanterie* ou *cavalerie*), conformément aux prescriptions de l'article 108 du décret du 2 août 1877 pour les corps d'armée opérant isolément.

Un adjoint du génie ou un officier comptable d'un des services administratifs, muni d'une avance de fonds, accompagne la commission, ainsi qu'il est prescrit à l'article 110.

2ᵉ GROUPE.

Manœuvres de brigade. — Manœuvres en pays de montagnes (2). — Manœuvres de forteresse. — Tirs de combat sur les champs de tir temporaires. — Exercices de tir simulé de l'artillerie contre l'infanterie en formation de combat. — Manœuvres de batteries attelées en terrain varié et manœuvres en terrain varié de batteries et de groupes de batteries mises sur le pied de guerre. — Manœuvres de ponts militaires.

En raison de l'impossibilité de trouver dans ces unités tactiques tous les éléments nécessaires à la constitution de commissions d'après les prescriptions réglementaires, chacune d'elles n'est composée que de trois membres :

1° Un officier, président, avec voix prépondérante, représentant l'Etat;

2° Le maire, représentant les intérêts de sa commune et de ses administrés avec voix délibérative;

3° Un expert, adjoint à l'officier, *à titre de conseil*, avec voix consultative.

De la désignation des membres des commissions.

Les membres militaires entrant dans la constitution des commissions de chaque groupe sont désignés, quinze jours au moins avant le commencement des opérations, par les soins du général commandant le corps d'armée sur le territoire duquel ont lieu ces opérations et choisis parmi les officiers des troupes y prenant part.

(1) Dans les divisions de cavalerie, où les manœuvres d'ensemble sont précédées d'évolutions de brigades, exécutées isolément pendant une période de huit jours, la commission, dans chaque brigade, est constituée, pendant la durée de ces évolutions, d'après le type déterminé pour le second groupe.

(2) Les manœuvres en pays de montagnes font l'objet de dispositions particulières annexées à la présente instruction.

Les membres civils (*experts*) sont choisis par le préfet du département, sur le territoire de la région que chaque commission doit parcourir. Ces dernières désignations sont, au besoin, provoquées, en temps utile, par le général commandant le corps d'armée.

Dispositions particulières destinées à faciliter le fonctionnement des commissions (1).

Aussitôt que la région dans laquelle les troupes devront manœuvrer sera connue, le sous-intendant militaire, président de la commission, inscrira sur un registre (modèle F) toutes les communes comprises dans cette région. En face de chacune d'elles, il indiquera la brigade de gendarmerie dans le territoire de laquelle se trouve cette commune. Ce dernier renseignement lui sera fourni, sur sa demande, par les commandants des compagnies de chaque département (2).

Le sous-intendant enverra ensuite, à chaque commandant de brigade, une lettre (modèle A) avec autant de notes (modèle B) qu'il y aura de communes dans la brigade. Au besoin, cette lettre pourra être complétée par les demandes de renseignements que des circonstances exceptionnelles viendraient à nécessiter. Toutefois, on devra s'abstenir de réclamer le concours de la gendarmerie pour l'estimation des dommages.

A la lettre (modèle A) sera joint un état récapitulatif (modèle C) qui devra être ultérieurement rempli et renvoyé par le commandant de chaque brigade.

Les adresses des notes modèle B et des états modèle C seront remplies à l'avance.

Les bureaux indiqués pour l'envoi de ces pièces, *poste restante*, seront échelonnés par le sous-intendant selon les étapes probables de sa tournée.

En même temps qu'il fera partir les lettres (modèle A), le sous-intendant en adressera une autre (modèle A *bis*) à chacun des maires dont les communes figureront sur le registre F. Le but de cette communication sera de fixer les maires sur la nouvelle marche à suivre pour régler rapidement et sûrement les indemnités susceptibles de revenir à leurs administrés.

---

(1) Ces dispositions sont particulièrement applicables aux manœuvres *de corps d'armée et de division*. Toutefois, elles devront également être mises en pratique à l'occasion des manœuvres de brigade et des exercices des unités de moindre importance, en y apportant les tempéraments qu'exigeront les circonstances spéciales à chaque exercice.

(2) Il serait de toute utilité que ce tableau de correspondance des brigades de gendarmerie avec les cantons et les communes des départements figurât constamment dans les archives de chaque sous-intendance, au moins pour les départements du corps d'armée.

Conformément aux prescriptions de la lettre modèle A, les gendarmes se présenteront à la mairie de chaque commune durant le quatrième jour qui suivra le départ ou le passage des troupes. Ils feront remplir et signer par le maire l'avis (modèle B), recueilleront toutes les réclamations dont le nombre sera accusé par ledit avis, et remettront immédiatement toutes ces pièces à leur chef de brigade, dès qu'ils seront de retour. De la sorte, on sera certain qu'aucune réclamation ne pourra plus être admise après le délai de trois jours accordé par l'article 54 de la loi du 3 juillet 1877.

Après le retour des gendarmes, le commandant de la brigade remplira l'état (modèle C) récapitulant les demandes des communes intéressées, et adressera ensuite par la poste, *avant le départ du courrier*, tous ces documents au président de la commission, en réponse à la lettre A.

Muni de ces renseignements, le sous-intendant aura les plus grandes facilités pour organiser sa tournée, qu'il ne commencera d'ailleurs qu'après avoir reçu toutes les notes (modèle B) et les états récapitulatifs C, dont il aura provoqué l'envoi. Il éliminera d'abord de son itinéraire toutes les communes dans lesquelles aucune réclamation n'aura été faite, ce qui abrègera de moitié la tournée de la commission. Il n'aura d'ailleurs aucune réclamation ultérieure à appréhender de ce côté, puisqu'un avis, signé du maire, aura constaté qu'aucun habitant n'avait réclamé dans les délais légaux.

Pour les autres communes, il pourra se guider d'après le nombre de réclamations. Il préviendra chaque maire de l'arrivée de la commission, au moyen d'un avis (modèle D) envoyé par la poste au moins deux jours à l'avance. Pour les communes qui sont très rapprochées du chef-lieu de la brigade de gendarmerie, on pourra faire prévenir directement par les gendarmes.

Il est utile, pour éviter tout mécompte, d'indiquer sur ces avis que la commission se présentera à la mairie à la date indiquée, ou, en cas d'empêchement, le lendemain.

Enfin, il arrive trop souvent que les maires comprennent des réclamations relatives au cantonnement dans celles qui sont relatives aux dommages causés par les manœuvres proprement dites, et qui, seules, doivent être réglées par la commission d'expertise. Dans le cas où la commission ne pourra pas donner suite à une réclamation de cette nature, le président pourra le constater au moyen d'une déclaration (modèle E) qui sera complétée suivant les circonstances. Cette pièce permettra au maire de poursuivre la réclamation auprès de qui de droit.

Le système indiqué ci-dessus a l'avantage d'abréger beaucoup les opérations des commissions et de permettre au président de régler à coup sûr son itinéraire, sans même avoir besoin d'être informé, à aucune époque, de la marche et des mouvements divers des troupes qui prennent part aux manœuvres.

De la nature des dégâts ouvrant droit à indemnité.

Indépendamment des dégâts causés aux propriétés privées (champs, récoltes, etc.), par leurs évolutions et manœuvres, les troupes sont encore, en temps de paix, responsables, aux termes des articles 14 de la loi du 8 juillet 1877 et 28 du décret du 2 août suivant, des dommages qu'elles causent aux propriétés des habitants chez lesquels elles sont logées ou cantonnées.

Dans ce dernier cas, les réclamations des ayants droit doivent être adressées, par l'intermédiaire de la municipalité, au commandant de la troupe, avant le départ de cette troupe, ou, au plus tard, trois heures après, à l'officier laissé en arrière pour constater les dégâts et dresser contradictoirement procès-verbal.

Il y a lieu, au point de vue de l'imputation de la dépense, d'établir une distinction entre les dommages résultant de la faute ou de la négligence des hommes, ou d'un défaut de surveillance de leurs chefs, et ceux, au contraire, provenant uniquement des conditions mêmes du cantonnement ou du logement, qui ne sont pas toujours aménagés d'une manière suffisante pour la circonstance.

Suivant l'esprit de la loi, la dépense doit, dans le premier cas, rester à la charge des corps de troupe (elle est alors imputée à la masse d'habillement et d'entretien); dans le second cas, les dommages sont assimilés à ceux occasionnés aux propriétés par les manœuvres elles-mêmes, et leur réparation incombe au budget du service de la Justice militaire (crédits spéciaux).

Dans cette dernière hypothèse, une copie du procès-verbal dressé est immédiatement transmise à la commission d'expertise militaire, qui se rend sur les lieux et donne, dans les conditions ordinaires, son appréciation sur la valeur du dommage causé et sur l'indemnité à allouer.

Du règlement des indemnités, allocations et dépenses diverses.

Les commissions du premier et du deuxième groupe acquittent, séance tenante, *à bureau ouvert*, au moyen des avances de fonds mises à leur disposition, les indemnités fixées par elles, *quelle qu'en soit l'importance*, sauf refus d'acceptation de la partie intéressée, en se conformant aux prescriptions des articles 110 et 111 du décret du 2 août 1877.

Aux termes de la décision ministérielle du 2 mai 1877, les indemnités allouées pour dommages causés aux propriétés privées, pendant les grandes manœuvres, ainsi que tous les frais se rapportant au fonctionnement des commissions d'expertise, sont imputés sur les crédits du budget de la Justice militaire affectés au payement des frais généraux de ce service.

Ces dispositions s'étendent aujourd'hui à toutes les dépenses résultant des opérations militaires analogues, exécutées dans l courant de l'année.

Leur payement en est effectué conformément aux prescriptions des articles 169 et 170 du règlement du 3 avril 1869 sur la comptabilité du département de la guerre. A cet effet, les intendants militaires, directeurs du service de l'intendance de chaque corps d'armée, sont autorisés à mettre à la disposition des adjoints du génie ou des officiers d'administration comptables, attachés comme payeurs aux commissions, les fonds nécessaires pour acquitter, contre émargement ou reçu (1), les indemnités allouées pour dommages causés aux propriétés, ainsi que les frais se rapportant au fonctionnement des commissions, savoir :

1° Indemnité de 25 francs par journée de déplacement, attribuée aux membres civils des commissions instituées en vertu de l'article 108 du décret du 2 août 1877, y compris, par analogie, les commissions de division (commissions du 1er groupe);

2° Frais de location des voitures mises à la disposition des commissions *pour le transport gratuit, sans exception, et sur tout le parcours*, des membres et des comptables de ces commissions. Les officiers ne doivent, par suite, emmener ni ordonnances, ni chevaux ;

Ces dépenses sont acquittées par le comptable de la commission, sur facture visée par le président.

3° Une allocation spéciale de 6 francs par jour, accordée, pour frais de déplacement, aux membres militaires des commissions, sans distinction de grade, à l'exclusion de toute autre indemnité sur d'autres fonds;

4° L'indemnité journalière attribuée à l'expert civil désigné par le préfet pour être adjoint, *à titre de conseil*, à l'officier constituant l'élément militaire dans les commissions du second groupe. Cette indemnité est de 6 francs, quand l'expert opère sur le territoire de

---

(1) Dans le cas où la partie prenante ayant droit à une indemnité de 150 francs ou supérieure à cette somme ne sait ou ne peut signer, il est exceptionnellement procédé, *par analogie avec les dispositions adoptées à l'égard des éleveurs illettrés*, comme l'indique le § 4 de l'article 12 des Dispositions générales concernant l'ordonnancement, le payement et la justification des dépenses, qui font suite au règlement du 3 avril 1869.

« Art. 12, § 4. — Si la partie prenante est illettrée ou dans l'impossibilité de signer, la déclaration en est faite au comptable chargé du payement, qui la transcrit sur l'extrait d'ordonnance ou sur le mandat, la signe et la fait signer par deux témoins présents au payement, pour toutes les créances qui n'excèdent pas 150 francs.

« Pour tout payement au-dessus de 150 francs, il est exigé une quittance authentique enregistrée gratis, à moins qu'il ne s'agisse d'éleveurs illettrés, ceux-ci devant continuer à jouir de l'exception consacrée pour eux par l'article 14 du règlement du 23 mars 1837, c'est-à-dire à recevoir le prix de leurs chevaux en présence de deux témoins, comme il est dit ci-dessus. »

sa commune; de 12 francs, chaque fois qu'il est appelé à exercer en dehors de ce territoire;

Les préfets ne doivent pas omettre, en désignant les experts de cette catégorie, de bien leur indiquer la quotité de l'allocation journalière à laquelle ils ont droit.

5° Frais d'achat de papier, d'imprimés ou d'autographies pour la confection des états dont les modèles sont annexés à la présente instruction.

Les commissions doivent se procurer elles-mêmes ces fournitures dans le commerce. Elles peuvent, au besoin, faire autographier les feuilles de tête des états à fournir.

Des avances de fonds aux officiers payeurs.

Les avances de fonds nécessaires au payement des diverses dépenses que doivent acquitter les officiers payeurs des commissions, sont faites uniquement sur les crédits délégués aux intendants militaires, directeurs du service de l'intendance des corps d'armée, au titre du service de la justice militaire, et les adjoints du génie et officiers d'administration comptables justifient de leur emploi dans la forme déterminée par le règlement de comptabilité pour les services régis par économie.

Des états et pièces justificatives à produire.

A la fin des manœuvres ou exercices, les intendants militaires, directeurs du service de l'intendance, font parvenir au Ministre (*Direction de la Cavalerie; Bureau de la Justice militaire*), par l'intermédiaire du général commandant le corps d'armée, dans un délai d'un mois au plus et qui ne doit pas dépasser le 31 décembre pour les opérations des grandes manœuvres, les états n°s 1, 2 et 3, accompagnés de toutes les pièces justificatives des paiements et dépenses effectués.

Ils transmettent également (*même Bureau*) le 15 octobre de chaque année, à l'issue des grandes manœuvres d'automne, le relevé sommaire des dépenses faites par les commissions dans leur corps d'armée (état n° 4).

Cet état indique :

1° Le montant des sommes mises à la disposition de chaque commission sur les crédits délégués au titre du budget de la Justice militaire (chapitre des frais généraux);

2° Le chiffre des dépenses faites par elle sur ces sommes.

Ce relevé est accompagné des récépissés de versement au Trésor des crédits restés sans emploi entre les mains des officiers payeurs des commissions (adjoints du génie ou officiers d'administration comptables).

Du refus des offres faites par les commissions et de la procédure à suivre en cas de contestation.

Toutes les fois que les réclamants n'acceptent pas les offres de la commission d'expertise, un extrait du procès-verbal est transmis au juge de paix, suivant les prescriptions de l'article 111 du décret du 2 août 1877.

Par analogie avec les dispositions de l'article 56 de ce décret, le soin de représenter l'autorité militaire dans cette circonstance appartient à l'intendant militaire, directeur du service de l'intendance du corps d'armée sur le territoire duquel les dégâts se sont produits, sauf à lui à se faire suppléer, s'il y a lieu, par le fonctionnaire de l'intendance qui a présidé la commission d'expertise, ou par tel autre qui se trouve le plus à proximité du chef-lieu de la justice de paix devant laquelle est portée la contestation. Ce fonctionnaire maintient les offres faites précédemment par la commission; mais il a la faculté de transiger, dans les limites qu'il juge les plus compatibles avec les intérêts du Trésor.

Lorsque l'affaire n'aboutit pas en conciliation et est appelée devant le tribunal de première instance, l'intendant militaire, directeur du service de l'intendance, constitue, au nom du département de la guerre (1), un avoué, qui prend la défense des intérêts de l'État.

Dispositions générales.

Les crédits budgétaires alloués pour le paiement des indemnités relatives aux dommages causés aux propriétés ayant été sensiblement réduits, les directeurs de manœuvres et les commandants de troupes ou de détachements doivent prendre toutes les précautions nécessaires pour éviter, autant que possible, de commettre des dégâts et, par suite, de soulever des réclamations de la part des propriétaires.

Toutefois, dans le cours des opérations, les troupes ne sont pas obligées de respecter, d'une manière absolue, les limites indiquées par les signes apparents placés sur les terrains susceptibles d'être endommagés par leur passage; mais ces limites ne peuvent être franchies que dans le cas où l'exécution de la manœuvre l'exige et seulement sur l'ordre, soit des chefs de détachements, soit des arbitres de la manœuvre.

Les troupes doivent toujours remettre en état les terres non ensemencées sur lesquelles elles ont exécuté des ouvrages de campagne ou des installations de bivouac.

---

(1) Par dérogation aux dispositions du 8e paragraphe de la circulaire du 20 septembre 1884. (*Direction de la Comptabilité et du Contentieux, 1er Bureau*).

Dispositions particulières aux manœuvres en pays de montagnes.

Les troupes doivent éviter avec le plus grand soin tout dégât aux propriétés privées. Dans les cas exceptionnels où des dégâts de cette nature sont commis, on se conforme, pour le mode d'évaluation des indemnités, tant pendant les marches de dix ou de quinze jours que pendant les marches-manœuvres et cantonnements, aux dispositions suivantes :

Le chef de détachement a la faculté d'arrêter, séance tenante, après débat avec la partie lésée, le montant de l'indemnité à accorder. La dépense est régularisée ultérieurement, au moyen de pièces établies par l'officier d'approvisionnement.

En cas de refus par le plaignant d'accepter l'indemnité offerte, la gendarmerie locale dresse procès-verbal des dégâts causés, en présence d'un membre civil faisant partie, autant que possible, de la municipalité. Ce procès-verbal, qui constate le refus de l'offre faite, ainsi que de son montant, est destiné à éclairer ultérieurement la commission d'évaluation des dégâts, constituée dans les formes prescrites pour les commissions du second groupe. Toutefois, l'officier d'approvisionnement remplit dans cette commission les fonctions attribuées à l'officier d'administration. L'avance des fonds nécessaires est faite à l'officier d'approvisionnement par le trésorier du corps, ou, au besoin, par le comptable des subsistances le plus rapproché, sur l'acquit du conseil d'administration du corps.

Les commandants de détachement ou les commissions d'évaluation des dégâts font usage des états dont les modèles sont annexés à la présente instruction.

Le Ministre de la guerre,
Signé : C. DE FREYCINET.

MODELES.

Les imprimés nécessaires pour ces divers états ne sont plus fournis, comme précédemment, par l'administration centrale de la guerre.

Tous ces imprimés sont en vente à la librairie Militaire Henri CHARLES-LAVAUZELLE, 11, place Saint-André-des-Arts, Paris.

MODÈLES.	DÉSIGNATION DES MODÈLES.	PRIX du CENT.
A	Lettre au commandant de brigade......................	3 »
A *bis.*	Lettre au maire............................	5 »
B	Note adressée par le maire...................	5 »
»	Enveloppe imprimée pour l'envoi de cet état...........	1 60
C	État récapitulatif...........................	5 »
»	Enveloppe imprimée pour l'envoi de cet état...........	1 60
D	Avis au maire du passage de la commission............	3 »
»	Enveloppe imprimée pour l'envoi de cet état........	1 60
E	Avis aux maires d'un rejet de demande d'indemnité.......	3 »
»	Enveloppe imprimée pour l'envoi de cet état...........	1 60
F	Registre des communes occupées ou traversées par les troupes............................... titre.	5 »
—	*Idem*............................ intercalaire.	5 »
1.	Livre de détail des récoltes endommagées, titre...........	8 »
—	— — intercalaire....	8 »
2.	État des paiements effectués.....................	8 »
3.	— des indemnités qui n'ont pas été acceptées..........	8 »
4.	Relevé des dépenses effectuées par les commissions.......	8 »
»	État des paiements effectués (instruction ministérielle du 18 février 1895)......................	8 »

Instruction ministérielle du 18 février 1895, relative à l'exécution des manœuvres. — Brochure in-8° de 94 pages................. » 75

Instruction du 23 février 1889, pour le règlement des dommages causés aux propriétés privées par les manœuvres et exercices exécutés annuellement par les corps de troupe, 2° édition. — Brochure in-8° de 52 pages. » 50

Instruction ministérielle
du 23 février 1889.
—
MODÈLE A.

° CORPS D'ARMÉE.

—

MANŒUVRES DE 189 .

Commission de règle-
ment des dommages cau-
sés aux propriétés pri-
vées.

A , le 189 .

*Le Sous-Intendant militaire, prési-
dent de la commission de règlement des dommages
causés aux propriétés privées pendant les manœuvres, à Monsieur le Commandant
de la brigade de gendarmerie.*

MONSIEUR LE COMMANDANT DE BRIGADE,

Les communes désignées ci-après, qui constituent votre arrondissement, seront, très probable-
ment, occupées ou traversées par des troupes du
° corps d'armée pendant les manœuvres.

En exécution des ordres de Monsieur le général
commandant le corps d'armée, vous voudrez bien
prendre les mesures nécessaires pour que, trois
jours après celui du passage ou du départ des
troupes, et pendant le premier jour qui suivra
ce délai, un gendarme se rende à la Mairie de chacune de ces communes.

Ce gendarme fera signer une des notes ci-jointes
(modèle B) par le Maire ou son adjoint, après y
avoir fait consigner le nombre des réclamations
faites à la Mairie, par les habitants de la commune, pendant les trois jours précédents. En
même temps, il se fera remettre toutes les réclamations individuelles qui auront dû être établies
d'après le modèle indiqué à MM. les maires par
le président de la commission des dégâts.

Dans le cas où aucune réclamation n'aurait été
faite, on mettra le mot *Néant*.

Ces différentes notes vous seront remises immédiatement, à son retour, par le gendarme qui en
sera porteur, ainsi que toutes les réclamations
individuelles dont le chiffre sera accusé.

Les renseignements ainsi recueillis seront réca-
pitulés par vos soins sur l'état (modèle C) également ci-annexé, qui devra me parvenir, le plus
tôt possible, par la poste, avec les notes B et les
demandes à l'appui.

Il n'y aura pas lieu de vous occuper des adresses qui sont mises à l'avance.

Je vous adresse, dès maintenant, tous mes
remerciements pour le concours que vous voudrez
bien me prêter dans cette circonstance. Vous n'i-
gnorez pas combien est importante la mission de
la commission de règlement des indemnités. Je
compte sur votre zèle habituel pour en faciliter
l'exécution.

Ci-joints : un imprimé d'état récapitulatif, et
imprimés à remplir par les maires, pour les communes de .....

e CORPS D'ARMÉE.

—

MANŒUVRES DE 189 .

—

Commission de règlement des dommages causés aux propriétés privées.

Instruction ministérielle
du 23 février 1889.

—

MODÈLE A *bis*.

A , le 189 .

Le Sous-Intendant militaire
président de la commission de règlement des dommages causés aux propriétés privées pendant les manœuvres d
à Monsieur le Maire de la commune de

MONSIEUR LE MAIRE,

J'ai l'honneur de vous informer qu'il vous sera présenté par la gendarmerie, le *quatrième* jour après le passage ou le stationnement des troupes dans votre commune, un état que vous aurez l'obligeance de signer et qui présentera le nombre exact des demandes d'indemnités qui vous auront été adressées dans les trois jours précédents.

À l'appui de cet état, vous voudrez bien remettre à la gendarmerie les réclamations *individuelles* formulées par les propriétaires intéressés.

Lesdites réclamations devront être *écrites* et présentées sous la forme d'état individuel du modèle ci-contre, indiqué par l'article 109 du décret du 2 août 1877.

NOM ET PRÉNOMS du RÉCLAMANT.	DATE de la réclamation.	Somme réclamée.	NATURE DU DOMMAGE.
			NOTA. — Indiquer avec soin, dans cette colonne, non seulement la nature des dégâts, mais le *lieu*, la *métairie* ou la *ferme* où ils ont été causés.

A , le 189 .
(Signature de l'intéressé).

Le jour du passage de la commission sera ultérieurement indiqué.

Vous voudrez bien également faire établir et conserver un état récapitulant toutes les réclamations des habitants de votre commu u e, et indiquant les endroits où auront été commis les dégâts.

Lorsque la commission se présentera, je vous serai obligé de mettre à sa disposition le garde champêtre qui, muni de l'état récapitulatif précité, pourra la guider sur le territoire de la commune, lui évitant ainsi des courses inutiles et, par suite, des pertes de temps.

Enfin, je crois devoir insister tout particulièrement pour vous prier d'inviter vos administrés à ne pas exagérer à dessein les chiffres de leurs réclamations, comme cela se produit chaque année d'une manière générale, et pour que, dans la mesure du possible, ils n'enlèvent pas les récoltes qui auraient pu être foulées ou endommagées, privant ainsi la commission de tout élément d'appréciation.

Je vous remercie d'avance, Monsieur le Maire, du concours que vous voudrez bien prêter à la commission pour lui faciliter l'exécution de sa mission, et vous prie d'agréer l'assurance de ma parfaite considération.

— 219 —

Instruction ministérielle
du 23 février 1882,

MODÈLE B.

DÉPARTEMENT _____

ARRONDISSEMENT _____

CANTON _____

COMMUNE D _____

Le territoire de la commune d
a été traversé ou occupé par [1]

pendant la journée du [2]

En raison des dommages causés aux propriétés privées par le
passage ou le stationnement des troupes, il a été fait à la mairie
par les ayants droit, et dans le délai de trois jours accordé par
la loi,

[3]   réclamation.

A   , le   189 .

Le Maire,

(1) Désigner le corps de troupe.
(2) Mettre le nom du jour et la date.
(3) Mettre Néant ou indiquer le nom
bre de réclamations.
Les réclamations relatives aux dégâts
et dommages occasionnés par les troupes
dans leurs logements ou cantonnements
doivent être adressées, à peine de déchéance, à l'officier laissé à la Mairie,
trois heures après le départ des troupes
(article 14 de la loi du 3 juillet 1877).
Les soustractions de paille, de bois, de
raisins et de denrées ou objets de toute
nature doivent être estimées séance tenante, et réglées par l'officier désigné ci-
dessus. A défaut de paiement immédiat,
il doit être établi un procès-verbal constatant le fait et évaluant la somme due.

*Monsieur le Sous-Intendant, Président de la commission de règle-
ment des indemnités.*

SERVICE MILITAIRE.

Monsieur le Sous-Intendant militaire,

Président de la Commission de règlement des dommages causés aux propriétés privées

pendant les Manœuvres

POSTE RESTANTE

Le Commandant de la brigade de
Gendarmerie de

<table>
<tr><td>⚜ CORPS D'ARMÉE.</td><td>Instruction ministérielle
du 23 février 1889.</td></tr>
<tr><td>MANŒUVRES DE 189 .</td><td>MODÈLE C.</td></tr>
</table>

COMPAGNIE DE GENDARMERIE DE

ARRONDISSEMENT

Brigade de

ÉTAT RÉCAPITULATIF des réclamations faites par les habitants des communes ci-dessous, après le passage ou le stationnement des troupes pendant les manœuvres.

NOMS DES COMMUNES.	NOMBRE de RÉCLAMATIONS dans chaque commune.	OBSERVATIONS.

Les avis relatifs à chaque commune ont été remplis et signés par les Maires, conformément aux renseignements ci-dessus.

À , le 189 .

Le Commandant de la brigade,

Monsieur le Sous-Intendant militaire, Président de la commission de règlement des indemnités, Poste restante à

SERVICE MILITAIRE.

Monsieur le Sous-Intendant militaire,

Président de la Commission de règlement des dommages causés aux propriétés privées

pendant les Manœuvres

POSTE RESTANTE

à

Le Commandant de la brigade de
Gendarmerie de

* CORPS D'ARMÉE.

—

MANŒUVRES DE 189 .

—

Commission de règlement des dommages causés aux propriétés privées.

Instruction ministérielle
du 23 février 1889.

MODÈLE D.

En exécution de l'article 109 du décret du 2 août 1877, le Sous-Intendant militaire Président de la commission des dommages causés aux propriétés privées pendant les manœuvres .

a l'honneur d'informer Monsieur le Maire de la commune de

que cette commission se présentera à la mairie de   dans la journée du   septembre prochain (1) pour statuer sur les réclamations qui ont été faites par les habitants à la suite de ces manœuvres.

Prière de vouloir bien en informer les intéressés.

(1) Quand le Président de la commission pourra le faire avec certitude, il indiquera l'heure exacte de l'arrivée de la commission.

A   , le   189 .

Le Sous-Intendant militaire,

Monsieur le Maire de la commune d

SERVICE MILITAIRE.

Monsieur le Maire

de la Commune de

Canton de .

Département de

LE SOUS-INTENDANT MILITAIRE,

° CORPS D'ARMÉE.

MANŒUVRES DE 189 .

Commission de règle-
ment des dommages cau-
sés aux propriétés pri-
vées.

Instruction ministérielle
du 23 février 1889.

MODÈLE E.

DÉPARTEMENT d

ARRONDISSEMENT d

CANTON d

COMMUNE d

Monsieur le Maire de la commune de
a présenté
aujourd'hui à la commission de règlement
des dommages causés aux propriétés pendant les manœuvres

un état individuel relatif à la réclamation
faite le   par M¹

M^r   demande une indemnité de

La commission a l'honneur de prier
Monsieur le Maire de vouloir bien informer
M^r   qu'elle ne peut
donner suite à sa réclamation [1]

A   , le   18

Pour les Membres de la commission,
Le Sous-Intendant militaire, Président,

[1] Indiquer les motifs.
Réquisitions

Instruction ministérielle
du 23 février 1889.

Modèle F.

° CORPS D'ARMÉE.

MANŒUVRES DE 189 .

*REGISTRE des communes occupées ou traversées par les troupes de
pendant les manœuvres.*

NUMÉROS D'ORDRE.	CANTONS.	COMMUNES.	BRIGADES de GENDARMERIE correspondantes.	BUREAU demandé pour l'envoi des avis poste restante	NOMBRE de réclamations indiqué par les maires.	OBSERVATIONS.

Loi du 3 juillet 1877.

Décret du 2 août 1877, art. 110.

Instruction ministérielle du 28 février 1889.

MODÈLE N° 1.

• CORPS D'ARMÉE.

(1)

(2)

Livre de détail des récoltes, produits ou travaux agricoles endommagés par les exercices ou manœuvres exécutés du   18 au   par l (2)   , conformément à l'article 28 de la loi du 24 juillet 1873.

Toutes les réclamations doivent être portées sur cet état, dont l'établissement est prescrit par l'article 110 du décret du 2 août 1877.

Conformément aux prescriptions de l'article 111, la commission y insère les renseignements nécessaires pour permettre d'apprécier la nature et l'étendue du dommage, toutes les fois que cette mesure lui paraît utile, et notamment dans les circonstances suivantes : 1° lorsque les ayants droit aux indemnités refusent de recevoir la somme offerte ; 2° lorsque ces mêmes ayants droit ne se présentent pas ; 3° lorsque les indemnités doivent être consignées ; 4° lorsque la demande d'indemnité lui semble dépourvue de fondement.

(1) Indiquer toujours la division et la brigade.
(2) Indiquer le corps ou la fraction de corps qui exécute les exercices ou manœuvres.

NUMÉROS d'ordre des dommages constatés.	NOMS ET DOMICILES des propriétaires, fermiers ou autres ayants droit.	COMMUNES sur le territoire desquelles les propriétés sont situées.	DÉFINITION du DOMMAGE.
1	2	3	4

MONTANT de L'INDEMNITÉ fixée par la Commission.	Le Maire soussigné certifie que les personnes inscrites dans la 2ᵉ colonne sont les véritables ayants droit.	Mention du paiement, du refus de recevoir, de l'absence de l'ayant droit ou de la consignation.	OBSERVATIONS DIVERSES.
5	6	7	8

Arrêté le présent livre de détail à la somme de

A   le   189

Les Membres de la Commission,

Loi du 3 juillet 1877.

Décret du 2 août 1877.

Instruction ministérielle
du 23 février 1882.

MODÈLE N° 2.

° CORPS D'ARMÉE.

(1

(2)

État des paiements effectués par le (3)   *dans la
journée du*   18   , *en présence de la
commission, pour dommages causés aux propriétés privées par
les exercices ou manœuvres d* (2).

Cet état, destiné à justifier les payements effectués, conformément aux
prescriptions de l'article 110, est établi en double expédition. Lecture devra
être donnée à chaque intéressé de la déclaration qu'il signe en émargeant.
Le maire est tenu de faire connaître à la commission les véritables ayants
droit aux indemnités. Dans le cas où des récoltes endommagées sont frappées
de saisie-brandon, il signale cet état de choses et remet copie du procès-
verbal de saisie. Les indemnités afférentes à ces récoltes sont réservées,
pour être consignées à la liquidation des comptes de la commission. Cette
consignation est faite, à charge par le saisi de fournir la déclaration contenue
dans l'état émargé.

(1) Indiquer toujours la division et la brigade.
(2) Indiquer le corps ou la fraction de corps qui a exécuté les exercices ou manœuvres.
(3) Indiquer le comptable chargé du payement.

Réquisitions   8.

NUMÉROS D'ORDRE		NOMS ET DOMICILES des propriétaires, fermiers ou autres ayants droits.	SOMMES DUES d'après le livre de détail modèle n° 1.	Les soussignés reconnaissent avoir reçu les sommes ci-contre, se déclarent entièrement indemnisés des dommages causés par les troupes, et renoncent à toute action ultérieure contre le département de la guerre.
des paiements.	des dommages.			
1	2	3	4	5
		A reporter.........		

NUMÉROS D'ORDRE		NOMS ET DOMICILES des propriétaires, fermiers, ou autres ayants droit.	SOMMES DUES d'après le livre de détail modèle n° 1.		Les soussignés reconnaissent avoir reçu les sommes ci-contre, se déclarent entièrement indemnisés des dommages causés par les troupes, et renoncent à toute action ultérieure contre le département de la guerre.
des paiements.	des dommages.				
1	2	3	4		5
		Report....			
		TOTAL........			

Annexé le présent état à la somme de

A   . le   189 .

Le (1)

CERTIFIÉ EXACT :
Les Membres de la commission.

(1) Indiquer ici le comptable chargé du paiement.

Loi du 8 juillet 1877.

Décret du 2 août 1877,
art. 112.

Instruction ministérielle
du 28 février 1889.

MODÈLE N° 3.

° CORPS D'ARMÉE.

(1)

(2)

ÉTAT des indemnités qui n'ont pas été acceptées séance tenante pour dommages causés aux propriétés privées, par les exercices ou manœuvres exécutés du   au   189 , par l (1)   sur le territoire de la commune d

Aux termes de l'article 112, une expédition de cet état doit être remise au maire chargé de mettre les propriétaires en demeure de les accepter ou de les refuser dans un délai de quinze jours. A l'expiration de ce délai, le maire transmet cet état au président de la commission avec les réponses qui lui sont parvenues.

Une deuxième expédition doit être annexée au livre de détail et rester entre les mains du fonctionnaire de l'intendance militaire, président de la commission, qui assure le paiement des indemnités refusées, mais en exigeant le désistement mentionné sur l'état modèle n° 2.

(1) Indiquer toujours la division et la brigade.
(2) Indiquer le corps ou la fraction de corps qui a exécuté les exercices ou manœuvres.

NUMÉROS D'ORDRE du livre de détail modèle n° 1.	NOMS ET DOMICILES DES PROPRIÉTAIRES, FERMIERS ou autres ayants droit.	DÉFINITION DU DOMMAGE.
1	2	3

MONTANT de L'INDEMNITÉ fixée par la Commission.	NOMS DES PROPRIÉTAIRES, FERMIERS OU AUTRES AYANTS DROIT		OBSERVATIONS DIVERSES,
	qui acceptent l'indemnité offerte.	qui refusent l'indemnité offerte.	
4	5	6	7

ARRÊTÉ le présent état à la somme de
et transmis au Maire de la commune d

A   le   189 .

Le Membre de la Commission,

ARRÊTÉ par le Maire de la commune d
et renvoyé au Président de la Commission,

A   , le   189 .

Le Maire de la commune d

Loi du 8 juillet 1877.

—

Décret du 2 août 1877

—

Instruction ministérielle
du 23 février 1880.

—

MODÈLE: Nº 4.

ᵉ CORPS D'ARMÉE.

RELEVÉ sommaire des dépenses effectuées dans le corps d'armée, par les commissions d'expertise, à l'occasion des dommages causés aux propriétés privées par les exercices ou manœuvres exécutés du   au   189 .

Ce relevé doit être adressé, le 15 octobre au plus tard, au Ministre (*Direction de la Cavalerie: Bureau de la Justice militaire*).

DÉSIGNATION des DIVISIONS, BRIGADES ou corps de troupe ayant manœuvré. 1	MONTANT des DÉGATS causés aux propriétés. 2	LOCATION DE VOITURES pour le transport des membres des commissions. 3	INDEMNITÉS aux MEMBRES. 4	FRAIS de BUREAU. 5	TOTAL des SOMMES employées. 6
TOTAUX					

VU ET TRANSMIS :

Le Général commandant le   e corps d'armée.

MONTANT DES SOMMES mises à la disposition de chaque commission	SOMMES RESTÉES DISPONIBLES et versées au Trésor.	NUMÉROS ET DATES des récépissés joints au présent état.	OBSERVATIONS.
7	8	9	10

A   , le   189 .

L'Intendant militaire, directeur du service de l'intendance
du   e corps d'armée,

EXTRAIT DE L'INSTRUCTION
du 18 février 1895.

TITRE III.
MANŒUVRES D'AUTOMNE.

CHAPITRE VII.
APPLICATION DE LA LOI SUR LES RÉQUISITIONS.

Exercice du droit de réquisition.

83. — Bien que les articles 5, 8 et 9 de la loi du 3 juillet 1877 constituent, en faveur de l'armée, un droit absolu au cantonnement chez l'habitant, ainsi qu'aux prestations énumérées dans les cinq premiers paragraphes de l'article 5 de la loi, on devra, en réclamant le concours des municipalités, faire appel à leur patriotisme, de manière à assurer l'application de la loi sur les réquisitions dans des conditions favorables au bien-être de la troupe.

On ne devra, en principe, user du droit de réquisition, pour les prestations prévues aux paragraphes 3, 4 et 5 de l'article 5 de la loi précitée, que lorsque les autres moyens dont dispose l'administration seront insuffisants pour procurer les ressources nécessaires.

Les affiches portant ouverture du droit de réquisition sont apposées par les soins du commandant de corps d'armée dans toute la région des manœuvres. Elles sont apposées également, lorsqu'il est nécessaire, dans les localités traversées par les troupes à l'aller et au retour.

Cantonnement. — Afin de ne pas imposer aux habitants une charge trop lourde, et par dérogation aux dispositions de l'article 16 de la loi, les troupes cantonnées ne peuvent pas exiger desdits habitants la fourniture gratuite du bois de chauffage, dont la distribution doit, en conséquence, être assurée par l'autorité militaire.

En outre, pendant la durée des manœuvres alpines, le logement des officiers et sous-officiers, le cantonnement de la troupe et des animaux, sont fournis, en vertu de conventions spéciales passées avec les communes, par le service de l'intendance, dans les conditions indiquées par l'annexe n° 13 de l'instruction. (V. page 248.)

Nourriture chez l'habitant. — Pour les isolés et les petits détachements, ainsi que pour les troupes de cavalerie, on peut, mais sans dépasser la limite de six hommes par feu, requérir la nourriture chez l'habitant, dans les conditions prévues à l'article 5 de la ci du 3 juillet 1877 sur les réquisitions militaires ; mais on n'aura lrecours à ce procédé que lorsqu'il sera impossible de pourvoir autrement à la subsistance de ces fractions de troupes, par exemple au moyen de l'indemnité journalière exceptionnelle.

Il doit être rappelé aux troupes que, lorsqu'elles sont nourries par l'habitant, celui-ci n'est pas tenu de leur fournir une autre alimentation que la sienne.

Carnets d'ordres de réquisition. — Afin de faciliter l'application de la loi du 3 juillet 1877, des carnets d'ordres de réquisition et de reçus des prestations fournies seront envoyés aussitôt que chaque corps d'armée aura fait connaître (Service intérieur; Bureau du Matériel de l'Administration centrale) le nombre d'exemplaires nécessaires.

Tous les chefs de corps, ainsi que tous les commandants de bataillon, d'escadron, de batterie ou de compagnie du génie, tous les médecins-chefs d'ambulance, doivent être pourvus, au cours des manœuvres, de carnets d'ordres de réquisition et de carnets de reçus des prestations fournies.

Exceptionnellement, tout chef de détachement, quel que soit son grade, susceptible d'opérer isolément, pourra être pourvu de ces mêmes carnets.

Commissions d'évaluation des indemnités dues pour prestations fournies. — En exécution des dispositions contenues dans l'article 24 de la loi et dans les articles 45 et 46 du décret du 2 août 1877, les commandants de corps d'armée ont mission de nommer, après entente avec les préfets, dans chacun des départements de leur région où des réquisitions pourront être exercées pendant les manœuvres, les membres de la commission qui sera chargée d'évaluer les indemnités dues aux personnes et aux communes pour le payement des prestations fournies.

Les membres n'ayant pas à se déplacer n'auront droit à aucune indemnité.

Aux termes des articles 50 et 51 du même décret, un fonctionnaire de l'intendance militaire, désigné par le Ministre, doit être chargé d'arrêter, d'après les propositions des commissions d'évaluation départementales, le chiffre des indemnités à allouer pour les prestations fournies. Lors des manœuvres d'automne, la mission dont il s'agit est remplie par l'intendant militaire du corps d'armée, pour tous les départements ressortissant à sa circonscription administrative.

Lorsque les commissions croiront devoir établir à l'avance, conformément à l'article 48, des tarifs pour les différents objets susceptibles d'être réquisitionnés, l'intendant du corps d'armée sera également chargé d'arrêter ces tarifs par délégation ministérielle.

Dégâts aux propriétés privées.

84. — On se conforme, pour le mode d'évaluation et de payement des indemnités pour dommages causés aux propriétés privées, pendant les manœuvres, aux dispositions contenues dans
l'instruction du 23 février 1889, émanant de la 2ᵉ direction (Bureau de la Justice militaire).

Les crédits inscrits au budget de la justice militaire ne doivent
supporter que les dépenses résultant des dégâts réellement causés
aux propriétés par le fait même des manœuvres ou exercices des
troupes, à l'exclusion de toutes autres.

Les commissions d'expertise doivent donc laisser à la charge
des corps, ainsi, d'ailleurs, que le prescrit l'instruction du 23 février 1889, les dépenses qui sont le résultat de dégradations faites
soit volontairement, soit accidentellement, dans les cantonnements
ou chez l'habitant, par les hommes de troupe (objets mobiliers dété-
riorés ou détruits, vitres de fenêtre brisées, arbres coupés, etc.).

En ce qui concerne les dégâts commis par des personnes étrangères à l'armée, les commissions d'expertise transmettent à l'autorité civile les procès-verbaux dressés par la gendarmerie conformément à l'article 31 ci-dessus (1), en y joignant les réclamations
des propriétaires intéressés.

Paille de couchage.

66. — Les troupes bivouaquées, officiers compris, ont droit à la
demi-ration de paille de couchage.

Les troupes qui doivent rester cantonnées sur un même point,
pendant plus de trois jours, ont droit à une ration de paille de couchage.

Pour les troupes cantonnées chez l'habitant pendant trois jours,
ou moins de trois jours (décision ministérielle du 13 mai 1888),
le directeur des manœuvres peut accorder des distributions quo-
tidiennes de paille de couchage comportant une ration entière ou
une demi-ration, mais seulement à titre tout à fait exceptionnel,
lorsqu'il en reconnaît la nécessité, eu égard à la situation du cantonnement, à l'état atmosphérique et à l'état des troupes.

---

(1) Art. 31. La présence d'un public nombreux pouvant gêner les opérations
et occasionner des dégâts qui restent, en somme, le plus souvent, à la charge
de l'État, il appartient aux directeurs de manœuvres de prendre les mesures
d'ordre et de police nécessaires pour éviter tout abus à cet égard.

Ils disposent à cet effet de la gendarmerie dans les conditions indiquées à
l'article 50 ci-après; au besoin, ils peuvent tirer des troupes de manœuvre
les sentinelles et les patrouilles nécessaires.

Art. 50. La gendarmerie doit constater par des procès-verbaux les dégâts
commis, pendant les manœuvres, par des personnes étrangères à l'armée. Ces
procès-verbaux sont envoyés au président de la commission des dégâts,
afin que les délinquants soient rendus responsables des dégâts dont ils sont
les auteurs.

La même faculté est accordée aux chefs de corps ou de détachement, isolés ou éloignés du quartier général, à charge d'en rendre compte sans délai au directeur des manœuvres.

La comptabilité de ces distributions extraordinaires est toujours appuyée des ordres en vertu desquels elles ont lieu.

La paille de couchage doit toujours être abandonnée aux habitants. S'il survenait un cas de maladie contagieuse, le médecin provoque, auprès du commandement intéressé, les mesures nécessaires en vue de l'incinération de la paille.

Lorsque deux détachements se succèdent sans interruption dans le même cantonnement, la paille du détachement partant peut être laissée au détachement suivant, sans préjudice de celle à laquelle celui-ci peut avoir droit pour son propre compte.

ANNEXE N° 13.
Manœuvres alpines.

Un officier est chargé, sur délégation de l'autorité militaire supérieure, de faire une reconnaissance détaillée des ressources de chaque commune. Il visite et classe, par ordre de mérite, de concert avec les maires, les ressources de chaque commune en quatre catégories.

Les locaux de la 1re catégorie sont destinés au logement des officiers supérieurs; ceux de la 2e catégorie à celui des officiers subalternes; ceux de la 3e catégorie à celui des sous-officiers; ceux de la 4e catégorie sont affectés aux brigadiers, caporaux et soldats, qui sont toujours cantonnés.

Il en forme une liste qui sert de base à la convention que le sous-intendant militaire passe avec les municipalités. Cette liste est mise à jour chaque année pendant la période des cantonnements.

Cette convention, établie d'après un modèle uniforme, stipule:

1° Que les logements et cantonnements seront désignés par le maire, en suivant l'ordre de la liste de classement;

2° Que le corps demeure libre de refuser les locaux qui ne lui paraîtraient pas remplir les conditions voulues d'aménagement;

3° Que le montant de l'indemnité sera décompté comme il suit:

Par journée d'occupation d'un logement de 1re catégorie 1 fr. 50, de 2e catégorie 1 franc, de 3e catégorie 0fr.20, de cantinière 1 franc, quel que soit le grade de l'occupant.

Par journée de cantonnement de brigadier, caporal ou soldat, 0 fr. 05.

Pour les animaux, l'indemnité est représentée par le fumier.

Les indemnités sont payées directement aux habitants par le corps ou le détachement, la veille du jour où il quitte la commune.

A cet effet, le corps établit, en double expédition: 1° des états d'effectif (modèles n° 1 et n° 1 bis annexés à l'instruction du 23 novembre 1886); 2° l'état des sommes dues aux habitants (modèle annexé à la présente instruction).

Les propriétaires, fermiers ou ayants droit se présentent, à une heure déterminée, à la mairie, où ils reçoivent, en présence du maire ou d'un de ses délégués, l'indemnité due et émargent l'état de paiement.

Les sommes nécessaires au paiement immédiat sont prélevées sur les fonds généraux de la caisse du corps.

Si les exigences du service l'y obligent, le corps demande immédiatement le remboursement de ses avances au sous-intendant militaire de la subdivision de région sur le territoire de laquelle il opère. Dans le cas contraire, il s'adresse à son retour au sous-intendant militaire de sa garnison, au moyen d'un relevé (Modèle n° 1 du décret du 14 janvier 1889) auquel il joint les états d'effectif et de l'état émargé des sommes payées aux habitants des communes avec lesquelles des conventions ont été passées.

Le sous-intendant militaire s'assure que les indemnités payées sont en concordance avec les conventions, vérifie les décomptes, les rapproche des états d'effectif et mandate au profit du corps, dans les huit jours qui suivent le dépôt des pièces justificatives, le montant du relevé, sur les fonds du service des lits militaires.

Si les ayants droit ne se présentent pas à l'heure fixée, le corps établit un extrait par commune de chacun des états de paiement faisant connaître les noms des ayants droit et les sommes qui leur sont dues ; cet extrait est certifié dans les mêmes formes que les états eux-mêmes.

Les sommes sont versées, au retour des manœuvres, entre les mains du trésorier-payeur général, auquel il est remis, en double expédition, un état récapitulatif desdits extraits, et qui émet autant de mandats sur le Trésor qu'il y a de receveurs municipaux intéressés.

Afin d'obtenir l'établissement de ces mandats, le corps fait une demande revêtue du visa de l'intendant militaire. Cette demande est formée sur l'une des expéditions du bordereau récapitulatif des extraits de paiement, laquelle est conservée par le trésorier-payeur général ; l'autre expédition est remise au corps avec les mandats, accompagnée d'une déclaration d'émission des mandats.

Le corps transmet alors à chaque receveur municipal l'extrait indicatif des sommes restant à payer avec le mandat qui le concerne, et ce dernier, après avoir encaissé le montant du mandat, paye chaque ayant droit et conserve dans sa comptabilité l'extrait émargé par les parties prenantes.

A l'appui de la demande ultérieure de remboursement des sommes qu'il a avancées, le corps produira la preuve non seulement que ces sommes ont été remises au trésorier-payeur général, mais encore qu'elles ont été encaissées par le receveur municipal de la commune à laquelle elles sont destinées. A cet effet, ce dernier fera parvenir au corps un duplicata de la quittance à souche qu'il aura délivrée au trésorier-payeur général au moment où il aura touché le mandat du Trésor.

Dans les communes où il n'a pas été passé de convention, on applique intégralement la loi sur les réquisitions.

Format ... { Hauteur..... 0ᵐ,375
{ Largeur..... 0ᵐ,245

ᵉ CORPS D'ARMÉE

___

(1)

___

(2)

___

ÉTAT des paiements effectués par le (3) à la suite du
séjour dans la commune d , canton d
département d , à titre d'indemnités de logement et
de cantonnement dues aux habitants pour l'occupation du
au

___

Cet état, destiné à justifier les paiements effectués, est établi en double
expédition. Lecture devra être donnée, à chaque intéressé, de la déclaration
qu'il signe en recevant la somme qui lui est due.

___

(1) Indiquer la division et la brigade.
(2) Indiquer le corps ou la fraction de corps.
(3) Conseil d'administration ou commandant de détachement.

Numéro d'ordre des cantonnements.	NOMS et DOMICILES des propriétaires, fermiers ou autres ayants droit.	NOMBRE DE JOURNÉES d'occupation des logements ou cantonnements.				DÉCOMPTE DES SOMMES DUES pour logement ou cantonnement.				Par leur émargement dans la présente colonne, les soussignés reconnaissent avoir reçu les sommes ci-contre, y inscrites en toutes lettres, et se déclarent entièrement indemnisés du logement et du cantonnement fournis.
		à 1 fr. 50 (1re catégorie).	à 1 fr. (2e catégorie).	à 0 fr. 50 (3e catégorie).	De brigadier ou de soldat, à 0 fr. 05.	à 1 fr. 50.	à 1 fr.	à 0 fr. 50.	à 0 fr. 05.	

TOTAUX....

Le maire soussigné certifie que les personnes qui ont émargé le présent état sont les véritables ayants droit.

ARRÊTÉ le présent état à la somme de

A   , le   189 .

L'Officier payeur,

Vu et vérifié exact :

Les Membres du conseil d'administration,

Vu et vérifié :

Le Sous-Intendant militaire,

EXTRAIT DU RÈGLEMENT

DU 20 NOVEMBRE 1889,

sur l'organisation et le fonctionnement du service des étapes aux armées. (*B. O.*, p. 1839.)

Recherche des ressources existantes.

Art. 95. Le commandant d'étapes recherche avec soin les ressources que peut offrir à l'armée le territoire de son commandement, notamment en ce qui concerne les vivres, les fourrages, les fours de boulanger, les moulins, les établissements industriels utiles à l'armée, les moyens de transport, les bâtiments susceptibles d'être aménagés en hôpitaux, en magasins ou en casernes, etc.

Il rend compte du résultat de ses recherches au commandant du gîte principal dont il relève ou au directeur des étapes.

Logement et cantonnement des troupes.

Art. 97. Pour assurer le logement des troupes, des détachements et des isolés de passage, le commandant d'étapes établit, de concert avec les autorités civiles, un état général des ressources existant dans la localité et dans les localités voisines, pour loger les officiers, les hommes et les chevaux.

Les isolés et les détachements d'un effectif peu considérable reçoivent un billet de logement. On cantonne les troupes de passage ayant un effectif important.

Des locaux spéciaux peuvent être aménagés pour abriter, dès leur arrivée, les isolés de passage, les prisonniers et les détenus.

On réserve généralement, hors de la localité, des emplacements pour parquer les voitures.

Lorsque les ressources du gîte d'étape sont insuffisantes, on loge ou l'on cantonne les troupes de passage dans les localités voisines comprises dans la zone du commandement d'étapes. Le commandant d'étapes prend, dans ce cas, les dispositions nécessaires pour que ces troupes soient prévenues en temps opportun et conduites à destination de manière à leur éviter des fatigues inutiles.

Alimentation des troupes.

Art. 98. En principe, les isolés et les petits détachements de passage sont nourris par l'habitant chez lequel ils sont logés. Les billets de logement (modèle n° 3) mentionnent les obligations du logeur sous ce rapport et servent de justification.

Les communes sont invitées à prendre les dispositions nécessaires pour fournir la nourriture aux hommes logés dans les locaux inoccupés.

Quand l'effectif des troupes ou détachements de passage logés ou cantonnés ne permet pas la nourriture par l'habitant, les distributions de vivres et de fourrages sont faites, sur les réquisitions du commandant d'étapes, par la municipalité. Celle-ci désigne les personnes chargées de fournir les subsistances, ou, selon le cas, forme un magasin qu'elle fait administrer.

Si le gîte doit servir aux communications de l'armée pendant un temps assez long, il peut être pourvu aux fournitures locales par voie d'entreprise et au moyen de conventions passées par le service de l'intendance.

Les bons de vivres et de fourrages établis par le chef de corps ou de détachement, et autant que possible sur le modèle n° 4, sont visés par le fonctionnaire de l'intendance et, à défaut, par le commandant d'étapes.

Le commandant d'étapes s'assure que les denrées distribuées sont de bonne qualité et que les quantités correspondent aux fixations réglementaires.

Transports.

Art. 99. Le commandant d'étapes est responsable de la continuité des transports sur les routes d'étapes. Il établit un contrôle des voitures attelées dans toutes les communes de sa circonscription, et il se tient toujours prêt à assurer les transports d'évacuation, d'approvisionnements, de correspondances postales, de bagages des corps, etc.

Il dispose d'un petit cadre militaire d'embrigadement pour la réquisition, la surveillance et l'administration des convois ou détachements de relais organisés dans son ressort.

Le commandant d'étapes procède comme l'indique la notice n° 5, quand il y a lieu d'organiser des convois ou des relais, ou lorsqu'il existe des marchés spéciaux ou des conventions verbales passés avec des entrepreneurs de transports.

Travaux d'entretien et de réparation des voies de communication.

Art. 100. Les travaux d'entretien et de réparation des lignes ferrées incombent exclusivement aux autorités militaires de chemins de fer, et ceux des lignes télégraphiques au service de la télégraphie militaire. En pays ennemi, les autorités civiles continuent à être chargées, sous la direction du service du génie, des travaux d'entretien des routes; les commandants d'étapes leur adressent à cet effet les réquisitions nécessaires.

Installation de magasins, d'établissements sanitaires, etc.

Art. 101. Les magasins, ainsi que tous autres établissements créés dans un gîte d'étape ou dans son rayon d'action relèvent du commandant d'étapes, dans les limites fixées à l'article 90.

Lorsque la direction des étapes de l'armée prescrit d'établir dans un gîte d'étapes un magasin, un hôpital, un dépôt de chevaux malades, etc., le commandant d'étapes, de concert avec le chef de l'établissement ou du service, désigne les locaux à occuper. En outre, il fournit aux intéressés les renseignements qu'il possède sur les ressources que présenterait la réquisition, au point de vue de la main-d'œuvre, des objets d'aménagement, des matériaux et des outils.

Réquisitions.

Art. 102. Dans le gîte d'étapes même, aucune réquisition n'est faite que par le commandant d'étapes ou sur son visa. Dans les autres localités de la circonscription d'étapes où fonctionnent des services des étapes, les chefs de ces services exercent des réquisitions conformément aux délégations qu'ils ont reçues. Quant aux commandants de troupe ou de détachement, ils ne peuvent faire de réquisitions sans autorisation préalable du commandant d'étapes, sauf les cas d'urgence pour les moyens de transport et la subsistance journalière.

Le commandant d'étapes assure la rentrée des amendes prononcées; il en rend compte à l'autorité dont il relève.

Police militaire.

Art. 104. Le commandant d'étapes réprime toutes les infractions, tous les désordres dont pourraient se rendre coupables les militaires de passage.

Il fait connaître aux commandants de troupe, de détachement ou de service, les punitions qu'il inflige aux militaires sous leurs ordres; il rend compte au commandant du gîte principal d'étapes, ou au directeur des étapes, des infractions commises par les officiers d'un grade supérieur au sien.

Tout militaire isolé, non pourvu de feuille de route, ou rencontré hors de la direction que lui assigne sa feuille de route, est arrêté et détenu; sa situation est examinée dans les vingt-quatre heures. Le commandant d'étapes, suivant le résultat de l'examen, met l'homme en route sur sa destination régulière, en le joignant autant que possible à l'un des détachements de passage; ou bien il le fait diriger, sous escorte, avec les pièces de l'enquête, sur la prison militaire établie au siège du conseil de guerre le plus voisin.

Après enquête sommaire, on met en liberté ou l'on dirige sur le même conseil de guerre les habitants ou les étrangers arrêtés pour crimes ou délits contre l'armée.

Police générale et administration civile.

Art. 105. Lorsque les autorités municipales se sont dissoutes, le commandant d'étapes confie l'administration locale à une commission qu'il désigne parmi les habitants notables.

Il surveille les hôtels et les auberges, se fait rendre compte immédiatement de l'arrivée des étrangers et ordonne l'arrestation de tout individu dépourvu de passeport ou de papiers établissant nettement sa situation.

Il exige la présentation de la carte d'identité dont doit être muni chacun des membres de la Société de secours aux blessés.

Une surveillance particulière est exercée sur la presse locale et sur les anciens employés des postes, du télégraphe, des forêts, etc.

Aucune réunion publique n'est tolérée sans autorisation préalable.

Police sanitaire.

Art. 106. Le commandant d'étapes fait surveiller la qualité des denrées vendues ou fournies par les habitants; il fait exécuter strictement les mesures de police sanitaire; il signale sans retard l'apparition de maladies épidémiques et il prend, sur les indications des médecins, les mesures provisoires nécessaires pour garantir les détachements de passage.

NOTICE N° 5

Organisation et emploi des moyens de transport dans le service des étapes.

CHAPITRE Iᵉʳ.

TRANSPORTS ÉVENTUELS SUR LES VOIES DE TERRE.

Division des transports.

Art. 1ᵉʳ. Sur les voies de terre, les moyens de transports dits *éventuels* qui ne rentrent pas dans l'organisation normale et permanente des services, sont destinés :

1° *Aux formations spéciales pour transports éventuels de matériel ;*
2° *Aux moyens complémentaires des transports permanents de matériel ;*
3° *Aux transports de troupes ;*
4° *Aux transports d'évacuation.*

I. — FORMATIONS SPÉCIALES POUR TRANSPORTS ÉVENTUELS DE MATÉRIEL.

Organisation des convois éventuels de réquisition sur les routes d'étapes.

Art. 2. Sur les routes d'étapes, les mouvements de matériel par convois de réquisition se font ordinairement de la station tête d'étapes de guerre au premier gîte principal d'étape ; de ce gîte au second gîte principal, et ainsi de suite jusqu'à la tête d'étapes de route ou jusqu'à la destination finale. Dans chaque gîte principal, le matériel est déchargé, reçu définitivement par l'agent comptable du service compétent, ou, selon le cas, reçu en transit et réexpédié.

Entre deux gîtes principaux, les transports peuvent s'effectuer :
Par convois proprement dits ;
Par relais alternatifs de voitures ou d'attelages.

Réquisitions

On emploie encore, dans certains cas, les transports par relais successifs.

Transport par convoi proprement dit.

Art. 3. Dans les transports par convoi proprement dit, les équipages font la totalité du trajet entre le point de départ et le point d'arrivée, à raison d'une étape par jour ; puis ils reviennent au point de départ, soit à vide, soit avec un chargement en retour (1). Lorsqu'ils reviennent à vide, ils peuvent à la rigueur doubler certaines étapes.

D'après les instructions qu'il a reçues du directeur des étapes, ou, en cas d'urgence, d'après celles que les chefs de service locaux lui communiquent, le commandant d'étapes en chaque point de départ requiert les équipages nécessaires dans la zone que la direction des étapes lui a assignée ; il les encadre ainsi qu'il est prescrit à l'article 99 du règlement et met ces moyens de transport à la disposition du service intéressé. Il désigne une escorte s'il est nécessaire, avise les commandants d'étapes des gîtes intermédiaires et de destination, pour que le logement, les vivres et les fourrages soient préparés ; il donne les ordres pour le retour.

Le cadre d'embrigadement participe à la réunion des équipages ; il paye la solde des conducteurs, distribue vivres et fourrages, veille à la ferrure des chevaux et à l'entretien des voitures, assure la discipline, fait exécuter les transports ordonnés et effectue les licenciements. On désigne généralement un brigadier pour 25 voitures ; un sous-officier pour 50 ; un officier pour 200. Le plus élevé en grade ou le plus ancien dans le grade est le chef du convoi.

Le chef du convoi reçoit de l'expéditeur le matériel ou les approvisionnements qu'il a charge de transporter et dont mention est faite sur son *carnet de transports* (modèle n° 8).

Quand cela est possible, un sous-officier ou un soldat du service intéressé, faisant l'office de convoyeur, accompagne le convoi jusqu'à sa destination. Les factures d'expédition sont envoyées à l'avance par la poste ou remises au convoyeur ; à défaut, elles peuvent être confiées au chef de convoi.

Transports par relais alternatifs de voitures ou d'attelages.

Art. 4. Dans les transports par relais alternatifs de voitures, on décharge à chaque gîte intermédiaire et l'on recharge sur de nou-

(1) En n'imposant quatre étapes à franchir et un jour de repos au gîte principal de destination, le convoi reviendra seulement le neuvième jour à son point d'organisation.

Il convient de ne pas entraîner au delà de cette limite les mêmes équipages ; il vaut mieux s'astreindre, de distance en distance, à décharger le matériel et à réorganiser de nouveaux convois, surtout si les transports ont, dans une même direction, une certaine continuité.

velles voitures réunies à cet effet. Si le mouvement doit être journalier, le commandant d'étapes de chaque gîte organise *deux détachements semblables* de voitures qui, dans la même direction, font un service alternatif et reviennent au point d'origine le lendemain de leur départ. Le transbordement est fait par une corvée avec le concours des conducteurs. On fait ainsi parcourir aux approvisionnements deux étapes par jour à l'allure du pas.

Dans les transports par relais alternatifs d'attelages, les approvisionnements ou le matériel restent chargés sur les mêmes voitures comme dans les transports par convoi proprement dit ; mais les attelages sont relayés en chaque gîte intermédiaire. En chaque gîte, le commandant d'étapes organise deux détachements de *chevaux et conducteurs* (sans voitures) devant faire le service alternatif; mais, en outre, le commandant d'étapes du point d'origine réunit la totalité des voitures. Ce mode n'est exécutable que dans les pays où les voitures à requérir sont attelées et conduites de la même manière. N'exigeant aucun transbordement, il est moins pénible et plus rapide que le relais de voitures; en bonne saison et sur de bonnes routes, on peut franchir au pas jusqu'à trois étapes en vingt-quatre heures.

Chaque détachement de relais est placé sous le commandement d'un chef de convoi et sous la surveillance d'un cadre dont le rôle et l'importance sont déterminés à l'article 3. En chaque gîte, le chef du convoi qui arrive fait au nouveau chef de convoi la remise du matériel transporté.

Chaque expédition par relais de voitures ou d'attelages doit être accompagnée jusqu'à destination par un même agent du service intéressé, porteur des factures d'expédition, qui se met en relations avec les chefs de convois successifs.

Dans un transport par relais d'attelages, chaque chef de convoi fait au suivant la remise des voitures, que le commandant d'étapes du lieu de destination renvoie par le retour des relais au point où elles ont été réunies.

Transports par relais successifs.

Art. 5. Au lieu d'établir un service alternatif de va-et-vient entre deux mêmes localités pour chaque relais, on peut, dans certains cas, faire continuer la marche des relais dans la même direction, en faisant journellement avancer chaque relais d'une étape dans le sens du mouvement général.

Pour un même nombre d'attelages à chaque relais, ce mode donne un rendement double du précédent, parce qu'il n'y a pas de temps perdu pour le retour à vide (1). Ou bien, pour un rendement égal, il n'exige qu'un seul détachement au lieu de deux.

----

(1) Dans ce mode, le temps nécessaire au retour à vide est entièrement

Seulement, pour des transports journaliers de matériel ayant le même point de départ, il faut organiser chaque jour en ce point un nouveau convoi de voitures franchissant la première distance de relais, ce qui limite, dans la pratique, à quelques jours les possibilités d'expéditions journalières dans ces conditions (1).

Emploi des divers modes de transport.

Art. 6. Le mode de transport par convoi proprement dit a l'inconvénient de faire supporter dans la pratique la charge de la réquisition au point de départ et à son voisinage immédiat, et de ralentir le mouvement. Par contre, l'organisation des transports dans ces conditions est simple, puisqu'elle se fait en un seul point et n'exige dans les gîtes intermédiaires aucune autre disposition que la réunion des vivres et des fourrages. Enfin, elle donne lieu à moins de pertes, manquants ou avaries, parce que le chef du convoi et les conducteurs ne changeant pas, leur responsabilité reste constamment engagée. Ce mode est à préférer pour des transports intermittents et qui ne sont pas urgents. Si la ligne de communication n'offre pas une certaine sécurité, il est indispensable d'assurer les transports par grands convois escortés.

Le mode de transport par relais alternatifs (de voitures ou d'attelages) expose l'administration à des pertes, manquants ou avaries plus considérables. Mais il accélère le mouvement et divise les charges de la réquisition, tout au moins pour les chevaux et les conducteurs; il ne répugne pas à l'habitant qui fait toujours le

---

reporté à la fin du service. Si les expéditions se font consécutivement pendant trois jours, chaque détachement aura avancé de trois distances de relais et à ce moment, ou bien on les licenciera, ou bien on les renverra à leur point de formation.

(1) Ce mode pourra être employé fréquemment pour les transports de pain à effectuer entre une boulangerie de campagne immobilisée pendant quelques jours et les convois auxiliaires ou administratifs qui en seraient éloignés de quelques étapes.

Il s'appliquera également, avec une légère variante, lorsqu'on voudra ravitailler par une boulangerie fixe des colonnes de convois en mouvement et qui s'éloignent *successivement*. Ainsi, par exemple, une boulangerie de campagne et un convoi auxiliaire sont actuellement établis au même lieu. On sait que le convoi va s'avancer à une, deux, trois étapes et l'on désire que la boulangerie reste stationnaire. Les convois de pain pourront se faire comme il suit :

Au siège de la boulangerie, on organise un détachement n° 1 pouvant porter un jour de pain, qui part le premier jour, fait l'étape et prend le contact avec le service à ravitailler. Le deuxième jour, un détachement n° 2 d'égale force part de grand matin, est relayé à la première étape par le détachement n° 1 arrivé la veille, lequel amène vers le soir le pain à la deuxième étape et prend le contact avec le service à ravitailler. De même pour le détachement n° 3 qui partirait le deuxième jour au soir ou le troisième au matin, serait relayé à la première étape par le détachement n° 2, et à la deuxième étape par le détachement n° 1.

Cette organisation pourrait fonctionner même sur une ligne qui ne serait pas encore jalonnée par des commandements d'étapes établis.

va-et-vient dans la même direction sans s'éloigner beaucoup de son domicile. De plus, les habitants, étant intéressés à la nourriture de *leurs propres chevaux*, réunissent sans difficulté, au gîte d'étape, les fourrages nécessaires.

L'organisation des relais alternatifs est toujours assez compliquée et n'est possible qu'avec un service d'étapes bien constitué en chaque gîte et avec une ligne de communication offrant une certaine sécurité.

Sauf pour les transports pressés, ce mode n'est avantageux que pour les expéditions suivies, c'est-à-dire ayant une régularité relative. De deux modes de relais, on devra toujours préférer le relais d'attelage, qui évite les transbordements.

Les transports par relais successifs doublent le rendement par rapport aux relais alternatifs ; on les emploiera pour les transports *pressés* et *intermittents*, tels que les transports du pain fabriqué par des boulangeries immobilisées quelque temps. Ce mode ne serait pas praticable pour des expéditions qui se continueraient au delà de quelques jours.

Transports par marchés.

Art. 7. Les services d'étapes peuvent trouver des circonstances favorables pour assurer certains transports de matériel par des marchés spéciaux ou par des conventions verbales passés avec des entrepreneurs de transports, ce qui est toujours préférable à la réquisition. Ces circonstances se présentent fréquemment pour les transports locaux (camionnages, transports d'annexes, etc.) ayant une certaine régularité, et aussi quelquefois pour des transports sur les routes d'étapes, lorsque celles-ci seront assez sûres.

Les marchés spéciaux ou les conventions verbales sont passés, avec l'autorisation du directeur des étapes, par les chefs de service compétents ou par les officiers et fonctionnaires sous leurs ordres.

Le commandant d'étapes est informé des marchés spéciaux ou des conventions verbales passés dans sa circonscription, et il ne dispose par voie de réquisition des moyens de transport ainsi affectés aux services d'entreprise que si ceux-ci ne sont pas employés ou si l'ordre de priorité des transports l'exige.

Les dispositions qui précèdent ne sont pas applicables aux marchés *généraux,* qui, dans certains cas, peuvent être passés dans des conditions analogues aux transports généraux de l'intérieur, et qui assurent les transports du matériel de tous les services. Ces marchés généraux sont passés par le service de l'intendance.

I'. — Moyens complémentaires des transports permanents de matériel.

Extension des convois auxiliaires.

Art. 8. Lorsque, sur le territoire national, il y a lieu de compléter par des réquisitions temporaires la portion permanente des convois auxiliaires d'une armée (art. 19 du règlement), le directeur des étapes adresse les demandes nécessaires aux commandants des régions dont relève ce territoire ; il leur fait connaître l'effectif à fournir, le genre de voitures, le nombre de chevaux et de bâches, enfin, les points et les dates auxquels ces équipages devront être livrés au service des étapes.

Le commandant du territoire répartit les équipages à fournir entre les subdivisions de région. Il notifie les contingents départementaux aux autorités militaires locales chargées de la sous-répartition, il fixe les points de rassemblement et les jours d'arrivée en chacun de ces points.

Il invite chaque commune à envoyer un délégué au point de rassemblement pour la remise et l'estimation ; il fait connaître que la solde, les vivres et les fourrages seront assurés à partir du lendemain du jour fixé pour le rassemblement.

Le directeur des étapes fait diriger, en temps utile, par chaque convoi auxiliaire, un cadre de conduite à chacun des centres de rassemblement.

Ce cadre reçoit les équipages que lui remettent les délégués communaux et, de concert avec ceux-ci, procède à l'estimation dont le récépissé fait mention. Il répartit les voitures entre les compagnies, établit le contrôle, donne aux conducteurs le signe de reconnaissance qui a été prescrit, appose sur chaque voiture une marque indicative, requiert ou achète les bâches complémentaires et dirige les voitures, par l'itinéraire fixé, soit sur les cantonnements du convoi auxiliaire correspondant, soit au lieu de chargement de ces nouveaux équipages.

Il est procédé de la même manière pour les fractions du territoire ennemi comprises dans la zone des étapes, mais relevant d'un commandement territorial particulier.

Dans celles qui sont entièrement sous les ordres du directeur des étapes, les réquisitions générales sont faites par analogie avec ce qui vient d'être dit.

Si les ressources de la zone attribuée à l'armée ne suffisent pas, le directeur des étapes rend compte au directeur général des chemins de fer et des étapes, qui prend ou provoque les mesures nécessaires pour assurer l'envoi des équipages faisant défaut.

Si le cours des opérations entraîne l'armée très loin de la contrée où les moyens complémentaires ont été requis, il est prudent de ne pas garder trop longtemps les mêmes équipages. Le licenciement des anciens et la réquisition des nouveaux se font simultanément, mais par fractions successives.

Compléments temporaires des transports permanents des divers services.

Art. 9. Les services autres que les convois auxiliaires (parc d'artillerie, parc du génie, boulangeries de campagne, hôpitaux de campagne, service télégraphique, etc.) peuvent aussi, à certains moments, exiger des réquisitions *temporaires* comme complément des transports permanents. Enfin, des réquisitions *journalières* sont encore nécessaires pour les besoins accidentels (détachements en marche, missions spéciales, etc.).

Les réquisitions temporaires sont prescrites :

Soit par le directeur des étapes, sur la demande du chef de service compétent ;

Soit, en cas d'urgence, par le commandant d'étapes, sur la demande de l'officier ou du fonctionnaire chargé du service local ; il en est rendu compte au directeur des étapes et au chef de service.

Ces moyens de transport sont commandés et administrés par le cadre permanent attaché au service qui les emploie. L'officier ou le sous-officier commandant remplit à l'égard des équipages de réquisition les fonctions d'un chef de convoi, définies à l'article 3 ci-dessus.

Les réquisitions journalières sont faites par le commandant d'étapes du lieu, sur la demande du service intéressé. Les équipages sont commandés et administrés, comme il vient d'être dit, par le cadre attaché au service. A défaut de cadre de transports, un officier, un employé militaire ou un sous-officier désigné dans le personnel du service, a les attributions d'un chef de convoi pour l'administration des équipages requis.

Les équipages requis par le commandant d'étapes pour des besoins accidentels définis au premier alinéa ci-dessus sont administrés par le chef de convoi du gîte d'étape ou par l'un des militaires en remplissant l'emploi et présent dans la localité. A leur défaut, le commandant d'étapes a les obligations d'un chef de convoi.

III. — TRANSPORTS DE TROUPES

Variétés des combinaisons de transports.

Art. 10. Les transports de troupes sur voies de terre ne se font que par relais de voitures ; suivant l'effectif à transporter et les possibilités d'échelonnement des diverses colonnes, ils peuvent être organisés par relais successifs ou par relais alternatifs. Le premier de ces deux modes est toujours préférable.

Les voitures à 2 colliers transportent généralement 8 hommes ; celles à 4 colliers, 12 hommes ; il y a avantage à employer les premières quand on a le choix.

La force de chaque relais peut être portée jusqu'à 200 voitures à la fois (1,600 hommes environ) ; il y aurait difficulté à en faire mouvoir un plus grand nombre avec ordre et célérité, surtout si elles sont attelées de plus de deux chevaux.

Si l'on devait transporter des troupes plus nombreuses sans possibilité de les échelonner davantage, il faudrait disposer concurremment des relais sur des routes différentes.

Les distances de relais sont franchies aux allures combinées du pas et du trot.

IV. — TRANSPORTS D'ÉVACUATION.

Transports d'évacuation.

Art. 11. Pour les évacuations sur les routes d'étapes, on utilise, quand il est possible, les convois ou les relais voyageant à vide et en retour. Il y a ordinairement avantage à accélérer la marche des convois d'évacuation en doublant les étapes par le moyen des relais, si, à destination, les évacués doivent trouver un gîte confortable. Les équipages sont commandés et administrés par leur cadre normal.

A défaut de transports existants ou disponibles, la direction des étapes organise des convois spéciaux d'évacuation, auxquels elle assigne un cadre d'embrigadement et un chef de convoi particulier. A défaut de ce dernier, l'un des officiers ou sous-officiers que le service de santé a désignés pour accompagner l'évacuation a les attributions d'un chef de convoi.

V. — ADMINISTRATION DES TRANSPORTS PAR REQUISITION.

Solde, vivres et fourrages.

Art. 12. En toutes circonstances, même en pays ennemi, il est alloué aux conducteurs une solde journalière que fixe le commandant de l'armée. Cette solde, conjointement avec la ration de vivres, permet aux conducteurs de subsister; elle pourvoit, en outre, à la ferrure et au petit entretien de l'équipage.

Néanmoins, il n'est pas alloué de solde pour les réquisitions journalières, dites de *cantonnement*, ou n'exigeant pas un service de plus de vingt-quatre heures.

La solde est payée, comme le prêt, à terme échu et tous les cinq jours, ou en fin de service, par le chef de convoi, au moyen des fonds d'avance qui lui sont remis comme il est dit à l'article 15 ci-après, ou bien avec ceux dont il disposerait au titre d'autres services, mais dont il serait remboursé.

Les vivres et les fourrages sont dus et assurés par l'administration dans les mêmes circonstances que la solde. Les bons sont établis par chaque chef de convoi.

Loyer des équipages.

Art. 13. Le loyer d'un équipage n'est jamais payé au conducteur, qui peut le dissiper au détriment du propriétaire En fin de service, le chef du convoi délivre un *certificat de service* individuel, extrait d'un carnet à souche (modèle n° 9).

Au moyen de ce certificat, les communes pourront se faire payer ultérieurement dans la forme prescrite par la loi du 3 juillet 1877, si l'on est en territoire national, ou dans les conditions prescrites par l'intendant de l'armée, si l'on est en territoire ennemi et si la réquisition doit être payée.

Comptable des transports éventuels.

Art. 14. L'administration des équipages de réquisition, dans toute la zone des étapes et à quelque service que ces équipages soient employés, est centralisée auprès du fonctionnaire chef du service de l'intendance des étapes par un *comptable des transports éventuels des étapes* que désigne le Ministre ou le commandant de l'armée, sur la proposition de l'intendant de l'armée.

Ce comptable reçoit du Trésor des fonds d'avances et il en justifie; il fait les avances nécessaires à ses divers délégués; il leur adresse ses instructions, centralise leurs opérations, et rend un compte trimestriel dans une revue générale de liquidation spéciale.

Si les transports éventuels prennent une grande extension, le service de ces transports sur les routes d'étapes d'une même armée peut être réparti entre plusieurs comptables.

Délégués du comptable des transports.

Art. 15. Le comptable des transports est représenté par un délégué à toute station tête d'étapes de guerre, à toute tête d'étapes de route, à tout gîte principal d'étape et à tout autre point où il est nécessaire. Ce délégué est désigné par le directeur des étapes, sur la proposition du chef du service de l'intendance, parmi les personnels employés au lieu dont il s'agit; il cumule ses fonctions avec celles dont il est chargé à d'autres titres.

Le délégué est, pour toutes les relations administratives, l'intermédiaire entre le comptable des transports et les divers chefs de convoi (ou militaires en remplissant l'emploi) institués dans le ressort conformément aux articles 3, 4, 9 et 11 de la présente notice. Il fonctionne sous l'autorité et la surveillance du sous-intendant militaire du lieu.

Il reçoit les fonds dont le comptable lui fait la remise ou l'envoi et au moyen desquels il fait lui-même les avances nécessaires à chaque chef de convoi pour le payement de la solde.

Il reçoit des chefs de convoi les feuilles de prêt justifiant les paiements et les adresse au comptable des transports avec lequel il liquide tous les mois son compte courant.

Il reçoit également les contrôles mensuels prescrits à l'article 16 ci-après et les fait parvenir au comptable des transports.

Il fait adresser par le sous-intendant militaire aux chefs de convoi les instructions utiles à la bonne tenue de la comptabilité ou à l'exécution des redressements.

Chef de convoi.

Art. 16. Le chef de convoi établit les feuilles de prêt et les bons de perception en nature au titre des transports éventuels des étapes de l'armée; ces documents relatent toujours le nom du chef de convoi et la désignation du commandement d'étapes.

Chaque chef de convoi tient un contrôle mensuel (modèle n° 10) des équipages administrés par ses soins. Les mutations qui y figurent font ressortir les droits à la solde, aux vivres et aux fourrages, ainsi que les journées dues pour le loyer; en territoire national, il relate également, pour mémoire, l'estimation des équipages au moment de leur réception.

Le contrôle mensuel fait l'office de feuille de journées; il reçoit la destination mentionnée à l'article 15.

CHAPITRE II (1)

PREMIERE PARTIE

ORGANISATION ET EMPLOI DES MOYENS DE TRANSPORT SUR LES CANAUX ET RIVIÈRES CANALISÉES

I. — CONSIDÉRATIONS GÉNÉRALES.

Les voies navigables doivent être considérées comme des auxiliaires des voies ferrées et des routes de terre, qu'elles peuvent suppléer dans certaines limites et pour certains besoins, mais qu'elles ne sauraient complètement remplacer. En raison de sa lenteur, ce mode de transport ne peut, en général, être employé, soit pour ravitailler les troupes dans une marche en avant soutenue, soit pour créer rapidement dans la zone de l'arrière les magasins éventuels dont les circonstances de guerre font reconnaître la nécessité.

Au contraire, il peut rendre de grands services pour la constitution et le ravitaillement des magasins permanents sur les lignes de communication, pour les transports de munitions, de vivres et de matériel lourd, à destination des armées de siège déjà établies autour des places fortes, ou nécessaires pour des travaux à exécuter dans la zone de l'arrière. Il peut encore être utilisé pour les évacuations des malades et blessés (2).

II. — ORGANISATION D'UNE LIGNE DE TRANSPORT PAR EAU.

Toute voie navigable qui doit être suivie par des convois est constituée en ligne de communication.

La direction du service et du mouvement sur une ligne de communication par eau ou sur un réseau navigable est assurée par une *commission de navigation* composée de : un *commissaire militaire*, officier supérieur du service d'état-major, et un *commissaire technique*, ingénieur des ponts et chaussées du service de la navigation.

Ces deux membres sont assistés d'un personnel auxiliaire mili-

---

(1) Le présent texte du chapitre II remplace celui qui était annexé à la décision ministérielle du 29 février 1888.

(2) Ainsi qu'il est prescrit par le règlement sur le service de santé en campagne, les hommes atteints de maladies épidémiques ou contagieuses ne doivent pas être évacués, même par voie d'eau.

taire et technique, qui comprend, toutes les fois qu'il y a lieu, des représentants des services militaires intéressés (artillerie, génie, intendance, santé).

La commission de navigation possède, pour l'organisation et l'exécution du service, les pouvoirs les plus étendus. Elle remplit toutes les fonctions attribuées par le règlement sur les transports stratégiques au directeur des chemins de fer aux armées et aux commissions de réseau ou de chemins de fer de campagne.

Les dispositions de ce règlement relatives aux transports de matériel et aux évacuations par chemins de fer, ainsi qu'aux relations entre les organes de ce service et les autorités territoriales ou d'étapes, sont applicables pour les transports par voie d'eau.

L'action de la commission de navigation peut s'exercer simultanément dans la zone de l'intérieur comme dans celle de l'arrière.

Pour la première zone, elle relève du Ministre et pour la deuxième des autorités d'étapes. Lorsqu'une ligne de communication ne doit assurer le service que d'une seule armée, la commission de navigation est subordonnée au directeur d'étapes de cette armée. Lorsque cette ligne doit assurer simultanément le service de plusieurs armées, la commission est subordonnée au directeur général des chemins de fer et des étapes, dans les conditions fixées par le décret du 10 octobre 1889 pour le service des chemins de fer.

La commission est le seul organe ayant qualité pour prescrire et faire exécuter des transports.

Elle a pour agents d'exécution :

A. — Au point de vue militaire :

Dans la zone de l'intérieur, les *sous-commissions de navigation*;
En territoire ennemi ou dans la zone de l'arrière des armées, les *commandements de port*, qu'elle juge utile de faire installer aux extrémités ou le long de la ligne de communication.

Le personnel lui est fourni par le Ministre de la guerre ou le service des étapes, suivant l'emplacement où ces organes doivent siéger.

B. — Au point de vue technique :

1° Dans la zone de l'intérieur, le personnel ressortissant au ministère des travaux publics (ingénieurs, conducteurs, préposés et gardes de navigation, éclusiers, mécaniciens du service), qui est attaché en temps de paix aux voies navigables utilisées ou, s'il y a lieu, emprunté à d'autres voies momentanément sans emploi;

2° Dans la zone de l'arrière, en territoire national, le même personnel et celui du génie des étapes ;

3° *En territoire ennemi*, le personnel du service du génie des étapes ou le personnel civil fourni sur la demande du Ministre de la guerre par l'administration nationale des travaux publics.

Dans la zone de l'arrière, la ligne de communication est jalonnée par des commandements de port espacés convenablement et installés soit dans les localités qu'elle traverse, soit aux points importants du parcours. A défaut de commandement d'étapes, le service des étapes peut être confié au commandant de port. Dans ce cas, le commandant de port relève, au point de vue de ce service, de l'autorité d'étapes de la circonscription à laquelle il appartient.

Lorsque ces commandements sont isolés, leur personnel est celui déterminé pour les commandements de gîte principal ou de gîte ordinaire d'étapes de route, suivant les localités.

Dans la zone de l'intérieur, il est établi des sous-commissions de navigation seulement aux points les plus importants du parcours et à l'origine de la ligne ou des lignes de transport, c'est-à-dire aux points où doivent s'effectuer les chargements ou déchargements de bateaux.

Chaque sous-commission se compose d'un officier supérieur ou capitaine, autant que possible du service des chemins de fer et des étapes, et d'un fonctionnaire des ponts et chaussées. Chaque sous-commission est assistée d'un personnel auxiliaire déterminé par la commission.

Chaque ligne de communication par eau comporte un ou plusieurs *ports de rassemblement* (1), un ou plusieurs *ports têtes d'étapes de guerre*. Des magasins et des engins d'embarquement y sont installés.

La commission de navigation peut donner aux sous-commissions ou aux commandants de port une délégation permanente ou temporaire pour satisfaire directement aux demandes de transport qui leur seraient adressées. Elle est juge de l'étendue à donner à cette délégation ainsi que de l'opportunité de sa concession ou de son retrait.

Les demandes de transport sont adressées à la commission ou à ses agents, dans la même forme que pour les transports à effectuer par voie ferrée.

III. — CHOIX, AMÉNAGEMENT ET EMPLOI DES BATEAUX.

Les bateaux nécessaires pour les mouvements sont fournis soit par des entrepreneurs avec lesquels des contrats de transport sont alors passés, soit loués aux propriétaires, soit enfin requis. (Art. 5 §§ 4 et 5, de la loi du 3 juillet 1877; art. 14, 17 et suivants du décret du 2 août 1877.)

Dans ce dernier cas, la réquisition doit porter non seulement sur les bateaux, mais encore sur le personnel nécessaire à leur

---

(1) Ces *ports de rassemblement* jouent, dans le service des voies navigables, le même rôle que les *gares de rassemblement* dans le service des chemins de fer.

service (1) et sur les accessoires et agrès qui doivent normalement accompagner lesdits bateaux, d'après les usages locaux.

On se procure, par les mêmes moyens, les autres accessoires (bâches, matériel de couchage, de chauffage, etc.), qui ne seraient pas fournis par l'administration militaire.

Les bateaux choisis doivent autant que possible être de dimensions telles qu'ils puissent effectuer le trajet complet sur la ligne de communication sans donner lieu à des transbordements.

En général, les bateaux loués ou requis reçoivent un aménagement spécial ; ils doivent en plus être soumis à une désinfection complète, notamment pour la cale, lorsqu'ils sont destinés à des transports de personnel. Des chantiers spéciaux seront installés à cet effet par les soins de la commission de navigation ou de ses agents, en ayant recours dans la plus large mesure possible aux ressources locales.

La composition de ces chantiers, le nombre et la profession des ouvriers à y employer dépendent essentiellement de la nature des transports auxquels les bateaux sont destinés et, par suite, de l'aménagement qu'ils doivent recevoir.

IV. — PERSONNEL A EMPLOYER.

Suivant que le mouvement ne devra s'effectuer que de jour ou sera continu, le nombre des mariniers à placer sur chaque bateau sera de 2 ou de 3 au moins. Dans les mêmes conditions, celui des hommes nécessaires pour diriger la manœuvre de chaque écluse, sera de 1 ou de 2 au moins.

V. — ORGANISATION DES CONVOIS.

Les bateaux seront réunis par convois de 4 ou 6 au plus, suivant la nature de leur chargement ; chaque convoi de matériel est accompagné d'un convoyeur, fourni au point de départ par le personnel auxiliaire de la commission ou de la sous-commission de navigation et, s'il y a lieu, d'une escorte armée.

Les bateaux de chaque convoi marchent aussi rapprochés que le permettent les nécessités techniques du mouvement. Dans les haltes, les convois sont toujours groupés.

Les bateaux sont remorqués toutes les fois que les ressources disponibles et la nature des voies à suivre le comportent.

Dans le cas contraire, ils sont halés par des chevaux de trait. En général, deux chevaux sont employés pour chaque bateau.

(1) Lorsque la location ou la réquisition porte sur des bateaux habités par des mariniers avec leur famille, il y aura, en général, tout avantage à permettre à celle-ci de continuer à demeurer à bord.

Un se sert de préférence des animaux et des conducteurs qui sont employés en temps de paix à ce service.

Le halage est organisé par relais, espacés de 28 kilomètres environ. L'organisation de ces relais est faite d'après les principes du chapitre Ier ci-dessus.

Chaque relais comprend :

1° Un nombre d'attelages égal au nombre maximum des bateaux qui doivent être mis en mouvement dans un sens pendant la journée ;

2° Une réserve égale au cinquième ou au sixième du chiffre précédent.

Les animaux requis sont harnachés ; les cordes de traction sont fournies par les bateaux eux-mêmes, qui en sont pourvus avant le départ.

DEUXIEME PARTIE

VI. — DISPOSITIONS SPÉCIALES POUR LES ÉVACUATIONS DE MALADES ET DE BLESSÉS.

L'embarquement et le débarquement des malades et blessés sont assurés par le service de santé.

Les bateaux sont aménagés en salles de malades, conformément aux indications de la notice n° 11 (chapitre II) annexée au règlement sur le service de santé en campagne. (Décret du 31 octobre 1892, B. O., pagination spéciale.) Ils sont toujours désinfectés avant de recevoir les hommes et après chaque transport. L'opération est exécutée sous la direction d'un médecin.

Chaque bateau reçoit au minimum deux infirmiers.

Chaque convoi est placé sous le commandement d'un médecin assisté du personnel suivant :

1° Un deuxième médecin, lorsque le nombre de bateaux est supérieur à quatre ;

2° Un médecin auxiliaire ;

3° Un pharmacien auxiliaire ;

4° Un officier ou adjudant d'administration comptable ;

5° Deux infirmiers.

Des infirmeries sont organisées le long de la ligne d'évacuation, à une distance minima d'environ quatre heures de marche les unes des autres, dans les maisons d'écluse ou, à défaut, à proximité des écluses, sous des tentes ou des baraques. Il n'y a pas lieu d'y prévoir de salles pour les malades qui, en principe, ne doivent pas être débarqués.

Elles sont destinées :

1° A fournir aux convois le personnel et le matériel médical qui deviendrait nécessaire ;

2° A assurer l'alimentation du personnel transporté ;

3° A recevoir les morts ;

4° A fournir le combustible, quand il y a lieu.

Chacune d'elles comprend :

1 médecin ;

1 comptable ;

4 infirmiers, dont 2 pour le service de santé proprement dit et 2 pour le service de la cuisine et de la tisanerie.

Elles sont organisées par le service de santé.

Leur personnel et celui des convois d'évacuation sont fournis :

1° Par les éléments militaires du service de santé, au départ et dans la zone située à proximité du théâtre des opérations (1) ;

2° Par les sociétés françaises de la Croix-Rouge sur le reste du territoire.

Le directeur général des chemins de fer ou des étapes (ou le directeur des étapes de l'armée) détermine, d'après les propositions du médecin chef du service de santé des étapes, les points à partir desquels le personnel militaire est relevé par celui des sociétés civiles précitées, ainsi que les dispositions d'après lesquelles le premier rejoint les unités auxquelles il appartient.

Les médecins des infirmeries ont pour mission de venir, avec leur personnel, momentanément en aide à ceux des convois, pour les soins à donner aux malades ou blessés ; ils accompagnent, s'il est nécessaire, les convois jusqu'à l'infirmerie suivante. Pour assurer le retour de ce personnel à son poste normal, ainsi que les corvées nécessaires aux infirmeries, notamment pour les vivres, chaque infirmerie est pourvue d'une voiture légère à un cheval. Cette voiture est fournie par voie de réquisition.

Le chef de l'infirmerie fournit, en outre, à celui du convoi, sur sa demande, les médicaments, objets de pansement et matériel du service de santé qui peuvent être devenus nécessaires. Un approvisionnement spécial est constitué, en conséquence, aux points principaux de la ligne d'évacuation et réparti entre les diverses infirmeries, suivant les besoins.

En cas de décès d'un homme évacué, le corps est déposé à la première infirmerie rencontrée, dont le comptable est chargé d'assurer l'inhumation. L'acte de décès est établi par le comptable du convoi, qui en remet une copie à celui de l'infirmerie.

---

(1) Les infirmiers peuvent être pris dans la catégorie des services auxiliaires.

EXTRAIT DE L'INSTRUCTION

DU 11 JANVIER 1893,

sur l'alimentation des troupes en temps de guerre.

(*B. O., n° 47.*)

DES DIVERS PROCÉDÉS D'ALIMENTATION

30. *Principes généraux.* — L'alimentation des armées en campagne ne saurait être assujettie à des règles fixes : aussi n'exposera-t-on que les principes généraux dont l'application variera selon les circonstances et les vues du commandement.

Les mesures prises pour assurer l'alimentation des troupes en campagne doivent toujours tendre à la réalisation des conditions ci-après :

Ne jamais entraver la liberté des opérations, éviter les fatigues aux troupes et aux équipages, ménager le plus possible les vivres transportés à la suite des colonnes et ceux des magasins destinés à les renouveler et réduire au strict minimum le nombre des voitures employées aux ravitaillements.

On devra s'efforcer de vivre le plus possible sur le pays, en conservant intacts les vivres portés sur l'homme ou sur le cheval et les réserves roulantes marchant à la suite des troupes.

C'est seulement lorsque les ressources locales seront insuffisantes, lorsque les chemins de fer ou les canaux, fleuves, rivières, ne pourront plus ravitailler directement les trains régimentaires que l'on devra vivre sur les convois ravitaillés sur place, ou réapprovisionnés par les envois de l'arrière.

En résumé : on exploitera le pays comme si l'on ne devait rien attendre de l'arrière, mais, en même temps, on organisera les convois et les ravitaillements par l'arrière comme si l'on ne devait rien tirer du pays traversé.

SECTION I

FOURNITURE DIRECTE PAR L'HABITANT OU LES COMMUNES

31. *Nourriture chez l'habitant.* — Le procédé d'alimentation qui satisfait le plus complètement aux conditions énoncées dans l'article précédent consiste à faire fournir par l'habitant la nourriture en même temps que le cantonnement.

Le droit de prescrire ce mode de subsistance pour les grandes unités en temps que mode normal, est réservé aux généraux commandants d'armée ou de corps d'armée ; il peut cependant être délégué par eux aux chefs de corps ou de détachement opérant isolément.

La nourriture chez l'habitant peut aussi être ordonnée directement par les commandants des cantonnements si le temps leur manque pour provoquer et recevoir en temps utile les ordres de l'autorité qui a qualité pour les donner.

Enfin ce procédé d'alimentation doit être normalement employé pour les petits détachements (isolés, postes de correspondance, estafettes, vélocipédistes, télégraphistes, etc.).

Quand des fractions importantes doivent vivre chez l'habitant, le cantonnement est réglé de concert avec la municipalité pour éviter une répartition trop inégale des charges.

Dans un pays qui n'a pas été occupé, on peut, sans difficulté, imposer la nourriture à raison de 4 à 6 hommes par feu et, en cas de nécessité, à raison de 4 à 6 hommes par habitant.

La nourriture est demandée par demi-journée ou par journée entière, ordinairement sous forme de réquisition. Néanmoins, elle peut donner lieu à des conventions amiables, et, dans ce cas, elle est assimilée aux achats (1).

La composition des repas pour la troupe et pour les officiers ainsi que le prix de remboursement, s'il y a lieu, sont fixés par l'autorité militaire ; les municipalités sont chargées d'en donner avis aux populations (2).

En général, officier et soldat doivent se contenter de la table de leur hôte, du moment qu'il leur est offert, en tenant compte des habitudes locales, une nourriture équivalente à la ration réglementaire.

La nourriture demandée à l'habitant devra le plus souvent, pour les détachements importants, être associée à des distributions régulières de pain. Dans ce cas, les communes et les habitants sont prévenus à l'avance ; il en est tenu compte pour l'établissement du tarif des journées ou demi-journées de nourriture, et pour la délivrance des reçus s'il y a lieu (nourriture sans pain).

Au lieu de faire nourrir les hommes par l'habitant, on peut prescrire aux communes de préparer dans un local spécial un certain nombre de repas pour de petits détachements (troupe en exploration ou en avant-garde, prisonniers, malades, blessés, petites garnisons des gîtes d'étapes, etc.).

(1) On emploie alors le bon ou certificat de demi-journée de nourriture. (Modèle n° 6 de l'instruction du 12 avril 1889. B. O., p. 887.)

(2) Cette notification peut être faite directement par l'autorité militaire aux populations, au moyen d'affiches dont disposent les états-majors. (Modèle n° 5 de l'instruction du 12 avril 1889.)

SECTION II

32. *Dispositions générales*. — L'exploitation directe des ressources locales a surtout pour objet le ravitaillement des trains régimentaires.

L'ordre journalier fixe les conditions de l'exploitation des ressources locales et détermine, s'il y a lieu, des zones spéciales d'exploitation réservées à chaque unité. A défaut de cette indication, les zones d'exploitation correspondent aux zones de cantonnement. Autour de chaque place forte, le Ministre détermine une zone dite « zone immédiate de ravitaillement », dont les ressources sont, en totalité ou en partie, réservées pour les besoins de la place. L'étendue de cette zone et, s'il y a lieu, la limite dans laquelle des prélèvements de denrées peuvent y être opérés pour les besoins des troupes et services en opérations sont portées à la connaissance de l'armée par la voie de l'ordre.

On peut admettre qu'un territoire ou une localité rurale (non encore traversé) peut nourrir sans difficulté, pendant un jour et même deux jours, une troupe de passage trois ou quatre fois plus nombreuse que la population. Dans les communes industrielles, l'alimentation sera plus difficile.

Lorsqu'une localité est occupée par un seul corps, l'officier d'approvisionnement de ce corps est chargé de l'exploitation, à moins d'ordres contraires.

Lorsqu'en outre de ce corps, il existe de petites unités telles que batteries, détachements du génie, ambulance, etc., l'officier d'approvisionnement du corps principal exploite au profit commun et avec le concours des autres officiers d'approvisionnement, sous l'autorité unique du commandant du cantonnement.

Le service de l'intendance exploite directement les localités qui présentent des ressources considérables, celles qui sont occupées par plusieurs corps (avec le concours des officiers d'approvisionnement), celles qui se trouvent en dehors des zones d'exploitation assignées aux troupes du corps d'armée.

Les ressources de l'exploitation locale qui excéderaient les besoins des trains régimentaires sont consacrées au ravitaillement des convois administratifs et de la boulangerie de campagne. Les bestiaux servent au recomplètement du troupeau de ravitaillement.

L'exploitation des ressources locales comporte deux modes : les achats et les réquisitions. Les coupes de bois, l'enlèvement des récoltes sur pied ou en terre constituent des mesures exceptionnelles.

33. *Achats*. Toutes les fois qu'on le peut, on achète. Au besoin, en pays ennemi, on se procure, par des contributions de guerre, l'argent nécessaire (1).

Le paiement est fait immédiatement par les officiers d'administration des subsistances ou par les officiers d'approvisionnement.

Lorsque les différentes unités d'un corps sont réparties dans des cantonnements trop éloignés les uns des autres pour que l'officier d'approvisionnement puisse effectuer tous les achats, le chef de corps peut en charger les commandants d'unités (compagnie, escadron, batterie). Ceux-ci achètent et payent directement au moyen des avances reçues de leur corps, ou prélevées, si possible, sur le boni d'ordinaire.

Les achats sont traités, de préférence, avec les municipalités. En pays ennemi, on doit toujours contraindre les municipalités à centraliser les fournitures. On ne doit s'adresser directement aux particuliers qu'en cas d'absolue nécessité. Dans le premier cas, la commune est considérée fictivement comme un créancier unique; dans le second, on paye directement aux particuliers qui ont fourni.

En principe, les prix de la mercuriale établie avant l'arrivée des troupes servent de base pour les conventions amiables, sauf à augmenter légèrement s'il est nécessaire. Si des tarifs de réquisition sont établis, ce qui a lieu souvent en temps de guerre, on prend ces tarifs pour base des conventions. Si les prix demandés sont inadmissibles, on procède par voie de réquisition.

On régularise dans la forme des achats les fournitures que les municipalités ont pu faire à des corps ou détachements, sans en avoir été requises et sans que des prix aient été débattus ni consentis par les parties prenantes.

34. Réquisitions. — Si l'on ne peut acheter on a recours à la réquisition. Les réquisitions sur le territoire national sont effectuées et régularisées d'après les formes de la loi sur les réquisitions et du décret qui y fait suite.

Le droit d'exercer des réquisitions est délégué dans les corps de troupe, en principe, aux officiers d'approvisionnement, et, lorsque c'est nécessaire, aux capitaines commandant les compagnies, escadrons ou batteries, ou aux commandants de détachements. A cet effet, ces officiers reçoivent du chef de corps, soit des carnets d'ordres et de reçus de réquisition portant délégation du droit de requérir, soit des feuilles détachées de ces carnets, en raison des besoins prévus.

Il est établi, autant que possible, des tarifs de réquisition applicables à une zone déterminée, notamment pour les denrées alimentaires, les combustibles et les moyens de transport. Un tarif de

_____

(1) Les contributions en argent ne peuvent être ordonnées qu'en pays ennemi et par le général commandant en chef les armées ; elles sont levées à la diligence des fonctionnaires de l'intendance. (Loi du 28 nivôse an III. — Service en campagne, art. 101.)

réquisition est nécessairement établi pour les journées et demi-journées de nourriture.

Lorsque plusieurs communes sont requises de contribuer à une fourniture dont les produits sont concentrés en un même lieu, chaque commune fait accompagner par un délégué les fournitures qu'elle livre, et il est donné un reçu distinct à chacune d'elles.

Il arrive quelquefois qu'après avoir reçu et exécuté un ordre de réquisition les autorités locales demandent la transformation de cette réquisition en achat à l'amiable, afin de bénéficier du payement immédiat. Cette opération peut être consentie sous la condition que l'ordre de réquisition soit restitué et que les reçus des prestations fournies n'aient pas été délivrés. Cet ordre est annexé au carnet à souche des ordres de réquisition (1).

En pays ennemi, on se conforme aux ordres du général en chef; les réquisitions y sont exercées et constatées autant que possible en suivant les formes prescrites pour le territoire national.

35. *Réquisitions exécutées de vive force.* — Lorsque les autorités locales ne défèrent pas aux ordres de réquisition ou si elles ont pris la fuite, les réquisitions sont exécutées de vive force. Mais c'est un procédé généralement peu productif. On n'y aura recours qu'en cas d'absolue nécessité.

« Les ordres les plus sévères sont donnés pour que les saisies soient exactement limitées aux prestations nécessaires, et les détachements chargés de leur exécution sont, autant que possible, commandés par des officiers (2). »

Il convient, dans tous les cas, de prendre note et de rendre compte des quantités obtenues en vue de toutes réclamations qui pourraient être faites à ce sujet.

36. *Coupes de bois, récoltes sur pied ou en terre.* — A l'intérieur, il n'est permis à aucun corps d'abattre ou de faire abattre des bois sans ordre du commandant militaire du cantonnement et sans désignation des lieux où les coupes peuvent être faites: ces coupes ne constituent, du reste, qu'un cas particulier de la réquisition et on doit y procéder dans les formes légales.

Dans certaines circonstances urgentes, on est contraint de consommer des récoltes sur pied ou en terre, notamment des fourrages verts, des pommes de terre non arrachées, de l'avoine sur

_____

(1) On aura soin de mentionner sur la souche que la réquisition a été convertie en achat.

(2) Service en campagne (art. 103).

pied. D'accord avec la municipalité, on suppute les rendements probables eu égard à l'état de maturité des récoltes et l'on en déduit les surfaces à allotir à un régiment, à un bataillon, à un groupe de batteries, etc. Chaque corps ou chaque fraction coupe ou récolte, par le moyen de ses corvées ou avec le concours d'habitants ou d'outils requis à cet effet. On fait ensuite dans chaque corps ou groupe le partage des produits.

De pareilles opérations sont toujours la cause de pertes importantes pour le pays. L'essentiel est d'apporter de la méthode et d'exiger une grande discipline pour éviter le gaspillage.

Il est donné reçu à la municipalité dans les formes ordinaires.

37. *Concours de la cavalerie; personnel envoyé à l'avance en vue de l'exploitation locale; avis préalables aux municipalités.* — La cavalerie de sûreté qui précède le corps d'armée, concourt à l'exploitation du pays pour les besoins généraux. Dans son rayon d'action, elle fait préparer par les communes les vivres que les colonnes en marche prélèveront à leur passage. Elle reçoit, à cet effet, des instructions du général commandant le corps d'armée.

Lorsque les zones de marche sont fixées pour plusieurs jours, un fonctionnaire de l'intendance, désigné par l'intendant du corps d'armée, marche avec la cavalerie de sûreté.

Il a pour mission de donner avis aux communes des quantités et de la nature des denrées (particulièrement pain, bétail, avoine, fourrages et bois) qu'elles devront mettre à la disposition des troupes à leur arrivée ; de veiller à ce qu'elles fassent le nécessaire dans ce but ; de préparer, s'il y a lieu, les moyens de rassembler ces denrées aux points fixés par le commandement ; en général, de requérir les voitures qui peuvent être momentanément nécessaires pour assurer le ravitaillement des trains régimentaires ; enfin, de renseigner le général commandant le corps d'armée et l'intendant militaire du corps d'armée sur les ressources qui pourront être utilisées dans chaque cantonnement.

Le commandant de la cavalerie et, en son absence, les chefs de corps ou de détachements de cavalerie, doivent tout leur concours au sous-intendant pour lui permettre d'exécuter les ordres et instructions qu'il a reçus. Ils doivent notamment assurer sa sécurité, lui procurer toutes les facilités pour faire parvenir aux communes les avis préalables ou les ordres de réquisition, et lui donner les moyens de les obliger à en préparer l'exécution en temps utile.

À défaut de fonctionnaire de l'intendance, le général commandant le corps d'armée peut désigner un officier.

MODES DIVERS DE RAVITAILLEMENT

41. *Dispositions générales.* — Les trains régimentaires sont ravitaillés dans la plus large mesure par l'exploitation locale; si ce procédé est impossible ou insuffisant, on a recours aux magasins de l'arrière dont les approvisionnements sont amenés par voie de fer ou d'eau jusqu'aux cantonnements ou à proximité.

C'est seulement lorsque ces deux solutions sont inapplicables que le ravitaillement des trains régimentaires se fait au moyen des vivres des convois administratifs.

42. *Ravitaillement des trains régimentaires par chemins de fer.* — Dès que cela lui est possible, l'intendant du corps d'armée fait connaître, par télégramme, au commandant d'étapes de la tête d'étapes de guerre (1) dans la limite d'un jour de vivres :

1° La quantité de vivres nécessaires ;

2° Par ordre de préférence, les gares sur lesquelles ces vivres pourraient être expédiés (2) ;

3° L'heure approximative à laquelle ces vivres devront arriver.

Après entente avec la commission de gare pour le choix des gares, la formation et le départ des trains, et avec le sous-intendant de la tête d'étapes de guerre pour le chargement des wagons, le commandant d'étapes télégraphie les dispositions arrêtées à l'intendant du corps d'armée. Ce dernier provoque les ordres nécessaires pour le rassemblement et le ravitaillement des trains régimentaires.

Si les stations de débarquement des vivres sont dans la zone des cantonnements, les trains régimentaires viennent s'y ravitailler directement.

Si elles sont trop éloignées pour que les trains régimentaires puissent rejoindre leur corps en temps utile, des voitures sont requises par les soins de l'intendance pour porter les vivres débarqués jusqu'aux centres désignés pour le ravitaillement des trains régimentaires.

Dans ce cas, si un échelon du train régimentaire est ravitaillé trop tard pour prendre sa place normale dans la colonne, il ne se met en route qu'une fois son ravitaillement terminé.

Le ravitaillement par chemin de fer des trains régimentaires peut n'avoir lieu que tous les deux jours, en chargeant simultanément les deux échelons de ces trains.

Cette solution permet de ne faire aucun ravitaillement les jours où l'emploi des voitures de réquisition est indispensable par suite de l'éloignement des stations et lorsque, d'autre part, on est assuré

---

(1) Les têtes d'étapes de guerre ont toujours un jour complet de vivres à la disposition de chacun des corps d'armée qu'elles desservent

(2) C'est le commandant de corps d'armée qui désigne ces diverses gares, soit pour l'ensemble du corps d'armée, soit pour chaque division, et les éléments non endivisionnés. Quant à la commission de gare de la station tête d'étapes de guerre, elle fait connaître quelles sont, parmi ces gares, celles qui peuvent être utilisées pour débarquer les vivres.

Ces gares constituent des stations annexes de la station tête d'étapes de guerre, les transports par chemins de fer ne se terminant pas forcément à la station tête d'étapes de guerre.

de pouvoir, le lendemain, charger facilement les deux échelons des trains.

43. Ravitaillement des trains régimentaires par voies navigables (canaux, fleuves, rivières). — Le chargement et le transport des vivres sur bateaux sont opérés par le service des étapes, conformément aux instructions données par le général commandant d'armée, qui fixe également les conditions dans lesquelles ces vivres serviront aux ravitaillements.

Si le tracé de la voie navigable est parallèle à la direction de la marche des colonnes, les bateaux, formant des magasins flottants, se tiennent à hauteur des troupes. Les ports situés dans les zones de cantonnement de chaque jour servent alors de centres de ravitaillement des trains régimentaires.

Si ce tracé est perpendiculaire à cette direction, les bateaux chargés sont mis en mouvement en temps utile pour se trouver dans les zones de cantonnement en même temps que les troupes.

Les ports de débarquement de vivres servent alors également de centres de ravitaillement des trains régimentaires.

Si ces ports sont trop éloignés des cantonnements pour que les trains régimentaires viennent s'y ravitailler directement, des voitures sont requises par les soins de l'intendant pour charger les vivres débarqués dans ces ports et les pousser jusqu'aux centres désignés pour le ravitaillement des trains régimentaires.

44. Ravitaillement des trains régimentaires par les convois administratifs. — Lorsque le ravitaillement des trains régimentaires doit être forcément assuré par les convois administratifs, une section de ravitaillement de chacun de ces convois prolonge son mouvement dès que, par suite de l'arrivée des troupes au cantonnement, les routes sont devenues libres, c'est-à-dire dans la soirée ou dans la nuit, et s'avance jusqu'au centre de ravitaillement indiqué dans l'ordre journalier.

L'emplacement et le nombre de ces centres (généralement trois par corps d'armée) sont fixés de manière à faciliter et à accélérer les ravitaillements sans imposer des fatigues excessives aussi bien aux trains régimentaires à desservir, et qui ont déjà fait une étape, qu'aux sections de ravitaillement des convois administratifs.

Suivant l'heure d'arrivée des convois administratifs aux centres assignés, le ravitaillement des trains a lieu le soir, pendant la nuit ou dans la matinée du lendemain.

Le ravitaillement, pour éviter des transbordements, doit se faire, en principe, par échanges de fourgons à vivres. On n'échange jamais les attelages ni les accessoires des voitures, et les échanges ne se font qu'entre voitures du même modèle.

45. Ravitaillement en viande fraîche. — La viande à charger sur les voitures spéciales est, chaque fois que cela est possible, achetée ou requise sur place par les officiers d'approvisionnement ou les services administratifs, selon que les uns ou les autres sont chargés de l'exploitation locale.

Lorsqu'on trouve des bestiaux sur place dans la zone des cantonnements des corps, ce sont ceux-ci qui abattent. Cette disposition, outre qu'elle facilite la tâche de l'administration, permet aux officiers d'approvisionnement de n'abattre qu'au moment même où la viande doit être chargée sur les voitures. Dans ce cas, le service de l'intendance doit mettre à la disposition des corps de troupe le personnel administratif du troupeau toutes les fois qu'il peut le faire sans inconvénient. A défaut de bœufs ou vaches, on ne doit jamais hésiter à exploiter toutes les ressources locales qui peuvent exister en moutons, porcs, etc.

Si les petites unités ne peuvent se procurer la viande aux boucheries locales, elles la reçoivent abattue soit de l'administration, soit de l'officier d'approvisionnement du corps de troupe le plus important cantonnant dans la même localité.

Si les ressources locales sont insuffisantes, la viande est fournie par le troupeau de ravitaillement. Ce troupeau marchant, en général, à la suite des trains régimentaires, la livraison des bestiaux sur pied aux officiers d'approvisionnement se fera en cours de route, ou au moment de la dislocation des trains se rendant dans leurs cantonnements respectifs, ou encore aux centres de ravitaillement des trains régimentaires.

Lorsque l'administration doit abattre, l'ordre journalier l'indique. Dans ce cas, les centres d'abat, où les officiers d'approvisionnement se rendent avec les voitures spéciales pour prendre livraison de la viande abattue, doivent se confondre, autant que possible, avec les centres de ravitaillement des trains régimentaires.

Les issues non vénales provenant de l'abat des animaux sont toujours enfouies, à la diligence de l'administration ou des corps qui ont fait l'abat.

Les issues vénales sont remises au comptable des subsistances ou, en cas d'impossibilité, à la mairie.

A défaut de ressources locales, le recomplètement du troupeau de ravitaillement est fait au moyen du parc de bétail du corps d'armée, qui est lui-même ravitaillé par le parc de bétail d'armée, à la diligence du service des étapes.

46. *Ravitaillement des convois administratifs*. — Le ravitaillement des convois administratifs (y compris les voitures portant les vivres du personnel) est assuré, en ce qui concerne le pain, par les produits de la boulangerie de campagne ou par la fabrication locale, ou enfin (lorsque ces moyens de production font défaut ou sont insuffisants) par le service des étapes.

Pour les autres vivres, ce ravitaillement se fait par les soins du personnel administratif de chaque convoi, au moyen des ressources locales non utilisées pour les trains régimentaires ou, en cas d'insuffisance, au moyen des approvisionnements du service des étapes qu'on amène par voie ferrée ou d'eau, ou par les convois auxiliaires, dans les conditions fixées par le règlement sur le service des étapes.

FONCTIONNEMENT DE L'ALIMENTATION DANS LES DIVERSES
PÉRIODES DE LA GUERRE

48. Marches en avant. — Les procédés qui viennent d'être exposés trouvent leur application principalement dans la période des marches en avant et de stationnement de courte durée.

Les diverses autres périodes nécessitent certaines dispositions spéciales.

49. Combats. — En général, les jours de combat, les hommes et les chevaux sont obligés de consommer leurs vivres de réserve. Il y a donc lieu, dès que la période des engagements devient imminente de s'assurer que ces vivres sont au complet, et de les faire recompléter.

Pendant le combat, les trains régimentaires sont maintenus en dehors de la zone d'action des troupes ; les convois administratifs sont laissés en arrière, à une distance telle qu'ils ne puissent compromettre la marche en cas de retraite.

Si l'on couche sur les positions, on profite de la nuit, toutes les fois que c'est possible, pour faire avancer une section des trains régimentaires jusqu'aux bivouacs, afin d'assurer les distributions. Les vivres de réserve et les vivres des trains régimentaires sont reconstitués le plus tôt possible : on ne porte dans ce but, en avant, que les éléments des convois administratifs rigoureusement indispensables.

On profite, autant que possible, du stationnement forcé des convois administratifs, les jours de combat, pour opérer leur recomplétement en faisant avancer les échelons nécessaires du convoi auxiliaire.

En cas de succès, si l'armée se reporte en avant, les trains et convois reprennent leur échelonnement normal.

50. Poursuite. — Pendant une poursuite active, la rapidité de la marche ne permet pas aux ravitaillements de l'arrière d'arriver avec régularité jusqu'aux troupes.

Le mode de subsistance à préférer devra être celui de la nourriture par l'habitant, afin d'assurer à la troupe une plus grande liberté d'action et un repos indispensable.

A défaut de ressources locales, on augmentera le plus possible le nombre de jours de vivres marchant à la suite immédiate des troupes. La grande difficulté sera de faire marcher les voitures aussi rapidement que les troupes : on y parviendra en doublant les attelages et en établissant des relais avec les chevaux des voitures qui se seront vidées.

51. *Marches rétrogrades.* — Pendant les marches rétrogrades, la nécessité d'écarter de la zone d'action immédiate des troupes combattantes tout véhicule qui n'est pas absolument indispensable s'impose au plus haut degré.

Les convois administratifs ainsi que la boulangerie de campagne précèdent le corps d'armée, au moins à un jour de marche ; ces convois conserveront le plus longtemps possible leur caractère de réserve roulante.

Les ressources que le pays pourra donner, même en employant la force, seront presque toujours insuffisantes. Ce sera surtout par des dépôts de vivres, échelonnés le long des lignes de marche, qu'on pourra assurer l'alimentation.

Ces dépôts de vivres seront constitués par le service des étapes, au moyen de denrées qu'on aura tirées des magasins dont l'évacuation s'impose, ou amenées par chemins de fer, par voies navigables, ou encore provenant des convois auxiliaires.

Au besoin, on constituera ces dépôts au moyen des vivres des convois administratifs, tout en s'attachant à garder intactes une ou deux sections de chacun de ces convois, en vue d'une reprise de la marche en avant.

Les trains régimentaires assureront les distributions tant que ce sera possible ; précédant ensuite les colonnes, ils iront se ravitailler aux dépôts de vivres préalablement constitués sur la direction générale suivie par les troupes.

L'alimentation des arrières-gardes sera assurée d'après les mêmes principes ; mais leur application dans ce cas présente des difficultés que le commandement devra s'attacher à prévoir et à résoudre, en profitant de toutes les circonstances.

52. *Périodes de stationnement ; cessation de l'intervention des corps.* — Dès qu'une fraction de l'armée reçoit l'ordre de stationner pour une période de plusieurs jours, il y a lieu, aussitôt que cela devient possible, de faire cesser l'intervention des corps de troupe dans l'exploitation du pays et de centraliser le service dans toute la zone des cantonnements entre les mains de l'administration militaire. La mission des officiers d'approvisionnement se limite alors à la répartition, entre les sous-unités, des distributions collectivement faites. En outre, ils concourent dans leurs cantonnements à la transmission ou à la surveillance des ordres adressés par l'administration, soit aux municipalités, soit aux personnes avec lesquelles des marchés ou des conventions ont été passés.

Dès que l'on stationne, même pour peu de temps, on rapproche les boulangeries de campagne, qui fonctionnent dans l'intérieur ou a proximité de la zone des cantonnements, concurremment avec les boulangeries locales.

Dispositions particulières à la cavalerie.

DIVISIONS DE CAVALERIE INDÉPENDANTE

53. *Moyens d'action.* — Les divisions de cavalerie indépendante ne disposent que de moyens d'action réduits.

Les régiments (outre les vivres de débarquement) n'emportent comme vivres de réserve que cinq rations de sucre et de café et un repas d'avoine (2 kilogr.).

Les éléments autres que les régiments (c'est-à-dire artillerie, états-majors et services), ont, outre les vivres de débarquement, deux jours de vivres et un jour d'avoine de réserve.

Les vivres régimentaires pour tous les éléments de division sans distinction d'armes ou de services, comprennent un jour de vivres et d'avoine.

Les voitures de vivres des trains régimentaires peuvent, sur l'ordre du général, ou être laissées à la disposition des corps dans les mêmes conditions que pour les autres troupes ou être réunies en un seul groupe formant le convoi de réserve de la division. Ce convoi a un cadre de conduite fourni par un des régiments de la division; il est commandé par un officier de ce régiment.

Les divisions de cavalerie n'ont, en principe, ni convoi administratif ni troupeau ; mais un convoi éventuel, constitué avec des voitures de réquisition, peut leur être affecté.

54. *Cavalerie indépendante en exploration.* — Plus que toute autre troupe, la cavalerie indépendante, lorsqu'elle opère en avant de l'armée, doit vivre sur le pays.

Elle combine, à cet effet, les divers modes d'exploitation qui ont été développés au chapitre VII, sections I et II. Pour alléger les chevaux, ils ne portent pas, en général, de vivres du jour ; les distributions sont faites, par conséquent, à l'arrivée au cantonnement, pour la soirée et la matinée du lendemain.

Chaque commandant d'escadron est pourvu d'un carnet d'ordres et de reçus de réquisitions et reçoit de l'officier payeur des avances de fonds ; il remet journellement aux officiers de peloton (quand ils doivent opérer isolément) les sommes et le nombre d'imprimés présumés devoir leur être nécessaire. Ces officiers de peloton opèrent de même à l'égard des sous-officiers chefs de détachements placés sous leurs ordres.

Les cavaliers isolés, estafettes, etc., qui doivent être nourris chez l'habitant, reçoivent de l'officier qui les envoie en mission, des imprimés d'ordres de réquisition et de reçus et des bons de de demi-journées de nourriture remplis à l'avance autant que possible (1). Dans des circonstances tout à fait exceptionnelles

---

(1) Modèle n° 6 de l'instruction du 12 avril 1889.

laissées à l'appréciation de cet officier, ils peuvent également recevoir l'indemnité représentative en argent.

Là où le service administratif ne peut fonctionner, chaque officier d'approvisionnement assure l'exploitation locale dans la zone qui lui a été assignée ; les escadrons ou pelotons détachés font de même.

Lorsque, par suite du rassemblement ou du séjour de plusieurs divisions de cavalerie dans une même région, l'exploitation des ressources locales devient plus difficile, les distributions sont assurées par les trains régimentaires, en se conformant, autant que possible, aux dispositions du chapitre VII.

Le ravitaillement des trains se fait, suivant les circonstances et les ordres du commandement, par des achats ou réquisitions opérés, soit par les officiers d'approvisionnement, soit par le personnel administratif de la division.

En cas d'absolue nécessité, les commandants de troupe de cavalerie peuvent demander secours au corps d'armée le plus voisin.

55. Cavalerie indépendante rentrant dans les lignes de l'armée. — Lorsque les divisions de cavalerie rentrent dans les lignes de l'armée, leur alimentation est assurée par le même procédé que pour les autres troupes.

En conséquence, les régiments de cavalerie reçoivent au moins un jour complet de vivres de réserve, et le nombre de voitures de leur train régimentaire est augmenté de manière à pouvoir porter deux jours de vivres.

Enfin, et dans le cas exceptionnel où cette situation devrait se prolonger, il leur est attribué, au besoin, un convoi administratif chargé de quatre jours de vivres et avoine.

Ce convoi, composé de voitures de réquisition, est formé sur l'ordre du général commandant l'armée. Il est licencié dès que la division se porte en avant.

Il est, en outre, constitué un troupeau représentant deux jours de vivres pour la division.

56. Cavalerie de corps. — Les dispositions qui précèdent sont également applicables aux régiments de cavalerie de corps chargés du service de sûreté.

Toutefois, comme ils disposent normalement de deux jours de vivres et d'avoine dans les trains régimentaires et de quatre jours de vivres et d'avoine dans le convoi administratif du quartier général du corps d'armée, il n'est pas nécessaire de leur attribuer des voitures de réquisition, quand, exceptionnellement, ils rentrent dans l'intérieur du corps d'armée.

MESURES A PRENDRE ET INSTRUCTIONS A DONNER PAR LES FONCTIONNAIRES DE L'INTENDANCE POUR L'EXÉCUTION DES ORDRES DU COMMANDEMENT EN MATIÈRE D'ALIMENTATION.

58. *Instructions au personnel, ordres et avis préalables aux municipalités.* — Pour l'exécution des ordres du commandement en matière d'alimentation, les fonctionnaires de l'intendance ont à prendre les mesures énumérées ci-après :

Ordres et avis préalables aux municipalités.

Il y a toujours avantage, surtout pour la préparation du pain, le rassemblement ou l'achat du bétail, ainsi que le bottelage du foin, à envoyer aux communes un ordre préalable de réquisition des prestations à fournir.

Quand ces ordres ou avis n'ont pu être envoyés à l'avance, les officiers d'administration ou d'approvisionnement font le nécessaire dès qu'ils arrivent; quand le pays est sûr, ils peuvent au besoin devancer les colonnes par des moyens rapides.

Le sous-intendant fait connaître :

A l'officier d'administration du service d'exploitation :

L'heure du passage du groupe d'exploitation au point initial, les localités que l'intendance exploite et le service à y assurer;

A l'officier du troupeau :

Le fractionnement du troupeau, l'heure de passage du troupeau au point initial, les centres d'abat, s'il y a lieu.

Si la viande est abattue par l'administration, le sous-intendant indique les lieux et heures du ravitaillement ou de la distribution (1).

Si le bétail doit être réparti sur pied entre les corps, le sous-intendant indiquera les lieux et heures de cette répartition.

Le sous-intendant militaire adresse :

A l'officier du train des équipages militaires commandant le convoi :

La copie ou l'extrait de l'ordre de mouvement et les ordres complémentaires relatifs à la composition et à la marche des sections chargées, soit de ravitailler les trains régimentaires, soit de se recompléter sur l'arrière;

Au comptable du convoi :

Les ordres techniques utiles au ravitaillement des trains régimentaires ou du convoi administratif.

Dans le cas de convois et tous ces ordres sont donnés par le sous-intendant délégué aux convois.

Les ordres relatifs à la marche de la boulangerie de campagne,

_____

(1) Quand la viande est transportée sur les voitures spéciales, soit ... ...

aux envois de pain qu'elle doit faire aux convois administratifs, s'il y a lieu, sont donnés par l'intendant du corps d'armée ou par le sous-intendant qu'il a délégué à la boulangerie.

Les sous-intendants militaires font connaître aux officiers d'approvisionnement les ordres préalables qu'ils ont adressés aux municipalités ; ils les renseignent sur les prix d'achat et sur tous les détails techniques du service. Ils les dirigent et les surveillent dans l'accomplissement de leur mission et s'appliquent à lever toutes les difficultés que les circonstances feraient naître.

ANNEXE

donnant la composition des rations de vivres et indiquant les substitutions et suppléments de rations en ce qui regarde les vivres. (Décision ministérielle des 19 mai 1890 et 17 octobre 1890.)

DENRÉES.	CAMPS de MANŒUVRES.	RATION FORTE de campagne.	RATION NORMALE de campagne.
Pain...........................	0k 750g	0k 750g	0k 750g
ou biscuit.....................	0 550	0 600(1)	0 600
ou pain biscuité...............	0 700	0 700	0 700
Riz............................	0 030	0 100	0 060
ou légumes secs................	0 060	0 100	0 060
Sel...........................	0 016	0 020	0 020
Sucre.........................	0 021	0 031	0 021
Café torréfié (2).............	0 016	0 024	0 016
Viande fraîche................	0 300	0 500	0 400
ou lard salé..................	0 240	0 300	0 240
ou conserves de viande........	0 200	0 250	0 200
Graisse de saindoux...........	»	0 030	0 030
Potage condensé (3)...........	»	0 025	0 025
Vin (4).......................	0l 25c	0l 25c	0l 25c
Eau-de-vie (4)................	0 0025	0 0025	0 0025

(1) 3 galettes en moyenne.
(2) 0k,015 quand le café est en tablettes ; 0k,019 de café vert peuvent être distribués en remplacement de café torréfié.
(3) Le jour où il est consommé des conserves de viande.
(4) A titre exceptionnel.

L'ordre qui accorde des suppléments de rations doit préciser les corps, fractions de corps, détachements ou services auxquels le supplément s'applique. Les ordres concernant le changement de rations, ainsi que les allocations extraordinaires, sont toujours notifiés par le commandement aux fonctionnaires de l'intendance, qui en tiennent enregistrement avec mention des corps ou fractions auxquels les allocations s'appliquent.

Dans la période active, il sera assez rare que les ordinaires puissent se procurer le pain de soupe que l'administration ne pourra pas davantage assurer ; la composition de la ration forte, en ce qui regarde les autres vivres, a été calculée dans cette prévision.

La ration simple de liquide de 0^l,25 de vin, 0^l,50 de bière, 0^l,0625 d'eau-de-vie est accordée de droit à tout homme de troupe bivouaqué.

Tarif des suppléments extraordinaires.

Les suppléments extraordinaires le plus habituellement susceptibles d'être alloués sont :

La ration de liquides ou un tiers de ration de pain (0^k,250) ou un cinquième de ration de viande (0^k,100).

On peut aussi, dans certains cas, allouer une fraction déterminée, 1/2, 1/3, 1/4 de la ration forte ou normale.

Ces suppléments peuvent, d'ailleurs, être remplacés par tous autres aliments équivalents existant sur les lieux.

TARIF DES SUBSTITUTIONS.

On peut remplacer la ration de viande de bœuf par :	RATION FORTE. (0 k. 500.)	RATION NORMALE. (0 k. 400.)
Veau, mouton, porc, lapin, volaille, cheval, poisson frais	500	400
Boudin, œufs, fromage mou	375	300
Morue salée	300	250
Lard fumé et lard salé	300	240
Cervelas, viande fumée, viande d'Amérique ou d'Australie fumée ou marinée et salée, thon mariné, hareng salé, sardines salées	250	200
Fromages de Gruyère ou de Hollande, Chester, Neufchâtel, Roquefort, Parmesan	250	200
Saucisse ou saucisson fumé, caviar, hareng fumé	200	150
Sardines à l'huile	150	100
Morue sèche, poudre de viande	125	100
Lait de vache	3 litres.	2l 1/2.

On peut remplacer la ration de légumes secs ou de riz par :	RATION FORTE. (100 gr.)	RATION NORMALE. (60 gr.)
	grammes.	grammes.
Pommes de terre..............................	750	450
Navets, carottes, choux.......................	1.000	600
Choucroute...................................	600	360
Navets confits................................	600	360
Semoule, orge perlé..........................	100	60
Châtaignes ordinaires ou décortiquées..........	150	90
Conserves de légumes (julienne, choux, épinards, carottes, navets)............................	120	70
Conserves de légumes en boîtes (haricots, flageolets, petits pois)...............................	120	70
Fruits secs..................................	200	120
Farine de froment............................	100	60
Pâtes d'Italie (nouilles, macaroni, vermicelle, etc.).....	100	60
Farine de maïs...............................	100	60
Farine de haricots, lentilles, pois.............	90	50
Fromage de Gruyère ou de Hollande.............	70	40
Fromage mou.................................	110	60

La ration réglementaire de café peut être remplacée par 5 grammes de thé, et la ration de graisse de saindoux par 40 grammes de graisse de bœuf.

On peut remplacer 250 grammes de pain ou 200 grammes de biscuit par :

Farine de froment, de maïs, de riz, de légumes............. 0ᵏ180
Pâtes d'Italie, semoules 0 180
Pommes de terre... 1 300

DÉCISION PRÉSIDENTIELLE

DU 16 MAI 1894.

TARIFS DÉTERMINANT :

1° *Le nombre de rations de fourrages à allouer aux officiers de tous grades sur le pied de guerre;*

2° *Le nombre de rations de vivres et de chauffage à attribuer aux officiers, employés militaires, agents des divers services et hommes de troupe en campagne.*

1° NOMBRE DE RATIONS DE FOURRAGES

A ALLOUER AUX OFFICIERS DE TOUS GRADES.

DÉSIGNATION DES GRADES ET EMPLOIS.	Pied de paix.	Algérie et Tunisie.	Pied de guerre.	OBSERVATIONS.
ÉTATS-MAJORS.				Les fixations du pied de guerre du présent tarif ont été déterminées en prenant pour bases les indications des tableaux d'effectifs de guerre. Il doit, en effet, être admis en principe que, en temps de guerre, le droit aux rations de fourrages existe pour tous les chevaux dont les officiers sont effectivement pourvus dans la limite du nombre prévu par lesdits tableaux d'après le grade, l'arme ou le service.
Etat-major général. Maréchal de France.............	8	10	10	Comme conséquence, pour toutes les positions particulières qui n'ont pas pu être prévues dans le présent tarif ou qui viendraient à se produire ultérieurement, le droit aux rations de fourrages sera déterminé par les tableaux d'effectifs de guerre.
Général de division commandant un groupe d'armées....			10	
Général de division..........	*6	*6	6	Les rations de fourrages ne sont dues que pour le nombre de chevaux dont les officiers de tous grades sont effectivement possesseurs dans la limite de leurs droits respectifs.
Général de brigade...........	4	4	4	Le Ministre de la guerre a droit à 10 chevaux.
Service d'état-major (¹). Colonel et lieutenant-colonel....	3	3	3	Le gouverneur militaire de Paris a droit à 12 chevaux.
Chef d'escadron..............	3	3	3	Le gouverneur militaire de Lyon a droit à 10 chevaux.
Capitaine....................	2	3	3	Les officiers attachés à la personne de M. le Président de la République peuvent avoir un cheval en sus du nombre fixé par le présent tarif pour les officiers de leur grade.
Lieutenant..................	2	2	2	
Officiers d'ordonnance. Capitaines des corps de troupe ou armes à cheval...	2	2	2	Les officiers généraux du cadre de réserve et en retraite, les colonels en retraite, pourvus dès le temps de paix d'une lettre de service les affectant à un commandement actif en campagne, ont droit en temps de paix à une ration de fourrages.
Capitaines des corps de troupe ou armes à pied....	1	1	2	
Lieutenant et sous-lieutenant de toutes armes.....	1	1	2	Les capitaines, lieutenants et sous-lieutenants de toutes armes détachés à l'état-major particulier du Ministre ont droit à leurs rations de fourrages sur le pied de paix.
Intendance militaire. Intendant général............	4	6	6	Les officiers en retraite employés dans les Ecoles militaires et les autres établissements militaires, à l'exception des commandants des Ecoles militaires préparatoires de la cavalerie, de l'artillerie et du génie, n'ont pas droit aux rations de fourrages; il en est de même pour les officiers comptables des Ecoles militaires et des établissements de remonte.
Intendant militaire.........	3	4	4	
Sous-intendant militaire de 1er et 2e classe.......	2	3	3	
Sous-intendant militaire de 3e classe	1	2	2	
Adjoint à l'Intendance......	1	2	2	

État-major particulier de l'artillerie.	Colonel................	3	3	3
	Lieutenant-colonel......	3	3	2
	Chef d'escadron........	2	2	2
	Capitaine (†)...........	2	2	1
	Garde principal ou garde.	1 (A)	1 (A)	»
État-major particulier du génie.	Colonel................	3 (B)	3	3
	Lieutenant-colonel......	3 (B)	2	2
	Chef de bataillon.......	2 (B)	2	1
	Capitaine..............	2 (C)	1	1
	Lieutenant.............	2 (C)	1	1
	Adjoint principal ou adjoint.	1 (C)	1 (A)	»
CORPS DE TROUPE.				
Colonel ou lieutenant-colonel	d'infanterie...........	2	2	2
	de cavalerie..........	3	3	3
	d'artillerie {Colonel........	3	3	3
	{Lieutenant-colonel...	2	2	2
	du génie.............	2	2	2
	du train des équipages...	2	2	2
Chef de bataillon ou d'escadron	d'infanterie breveté....	2	2	2
	d'infanterie...........	1	1	1
	de cavalerie..........	2	2	2
	d'artillerie...........	2	2	2
	du génie breveté.......	2	2	2
	du génie.............	1	1	1
	du train des équipages...	2	2	2
Major	de toutes armes breveté..	2	2	2
	de cavalerie..........	2	2	2
	d'artillerie...........	2	2	2
	des autres armes.......	1	1	1

(*) Les officiers brevetés conservent, pendant l'accomplissement du stage d'état-major auquel ils sont astreints, le nombre de chevaux que les règlements et les instructions attribuent aux officiers brevetés de leur grade et de leur arme. (Circ. du 14 juin 1882, p. 32e, et dép. minist. du 20 décembre 1894. — 5e direction. — 3e bureau.)

(†) Ont droit à deux chevaux, sur le pied de paix, les capitaines d'artillerie détachés des corps de troupe ou appartenant à l'état-major particulier et remplissant les fonctions d'aide de camp du Ministre de la guerre; — employés à l'École d'application et dans les commissions d'expériences — instructeurs à l'École des sous-officiers de l'artillerie et du génie et adjoints aux directeurs de Vincennes et de Versailles.

(A) Les gardes d'artillerie et les adjoints du génie en Algérie n'ont pas droit à une ration de fourrages en temps de paix. Ils ont droit à une ration en temps de guerre, sauf les exceptions prévues aux tableaux d'effectifs de guerre.

(n) Les capitaines supérieurs de l'état-major particulier du génie employés dans les places fortes où l'on exécute des travaux de défense peuvent avoir, pendant la durée des travaux, un cheval en sus du nombre indiqué ci-contre.

(c) Les capitaines et lieutenants du génie réglementairement attachés aux places fortes où l'on exécute des travaux de défense peuvent avoir, en temps de paix, une deuxième monture.

— 294 —

DÉSIGNATION DES GRADES ET EMPLOIS.	Pied de paix.	Algérie, ou Tunisie.	Pied de guerre.	OBSERVATIONS.
d'infanterie	1	1	1	Les capitaines appartenant au cadre complémentaire des corps d'infanterie ne sont pas montés en temps de paix.
du génie	1	1	1	N'ont droit qu'à une seule ration sur le pied de paix :
de cavalerie	1	1	1	1° Les capitaines des corps de troupe de cavalerie et d'artillerie détachés pour suivre les cours à l'École supérieure de guerre;
des régiments d'artillerie	2	2	2	2° Les capitaines d'artillerie détachés dans les établissements, sauf les exceptions indiquées.
des bataillons d'artillerie à pied	2	»	2	N'ont pas droit aux rations de fourrages, quelle que soit la position :
Capitaine — d'une compagnie d'ouvriers d'artillerie	1	1	1	1° Les capitaines trésoriers et d'habillement des corps de toutes armes;
d'une compagnie de sapeurs-conducteurs	»	1	1	2° Les capitaines-majors des bataillons de chasseurs à pied et des bataillons d'infanterie légère d'Afrique.
d'une compagnie du train des équipages	1	2	2	Ont droit à une ration de fourrages les capitaines appartenant au cadre complémentaire des corps d'infanterie (Décis. présid. du 9 septembre 1894) :
major d'un bataillon d'artillerie à pied	1	2	2	Détachés au ministère de la guerre;
major du train des équipages	1	»	1	Brevetés servant dans leur arme, sauf dans le cas où ils rempliraient des fonctions dont les titulaires ne sont jamais montés, comme celles de capitaine-major dans les bataillons (formant corps et d'officier d'habillement ou de trésorier dans les régiments;
	1	»	1	Détachés à l'École normale de tir (cadre permanent);
Adjoint au chef de corps	»	»	1	Capitaines instructeurs commandants de compagnie à Saint-Maixent;
Adjoint au chef de bataillon	»	»	1	Capitaines employés dans leurs corps comme capitaines de tir.
Officier payeur ou officier des détails	»	1 (D)	1	
d'infanterie — Officier d'approvisionnement	»	1 (D)	1	(a) Les officiers payeurs et d'approvisionnement en Algérie n'ont pas droit à une ration de fourrages en temps de paix.
Commandant une compagnie en cas de mobilisation	»	»	1	
Âgé de 50 ans	»	»	1	
Faisant fonctions d'adjudant-major dans les régiments de zouaves	»	»	1	

Lieutenant et s-lieutenant	de cavalerie	1	1	2
	d'artillerie	1	1	1
	d'une compagnie d'ouvriers d'artillerie	»	1	1
	d'une compagnie de sapeurs-conducteurs du génie	1	1	1
	d'une compagnie de sapeurs-mineurs du génie	1	1	1
	d'une compagnie d'ouvriers du chemin de fer	»	»	1
	du train des équipages militaires	1	1	1
	adjoint aux officiers comptables { dans la cavalerie	»	1	1
	{ dans l'artillerie	»	»	1

SERVICE DE SANTÉ.

Médecin inspecteur général		2	4	4
Médecin et pharmacien inspecteur		2	3	3
Médecin et pharmacien principal		1	2	2
Médecin-major de 1re classe	du service hospitalier	1	1	1
	des régiments { d'infanterie	1	2	2
	{ d'artillerie	2	2	2
	{ du génie	1	2	2
	de formation de campagne	»	»	2
Médecin-major de 2e classe	des régiments { de cavalerie (1)	1	1	2
	{ d'artillerie	1	2	2
	{ du génie	1	2	2
	des escadrons du train des équipages militaires	1	2	2
	des écoles	»	»	»
	de formation de campagne	»	2	2
Médecin aide-major	des régiments { d'infanterie	1	1	1
	{ de cavalerie	1	1	1
	{ d'artillerie	1	1	1
	{ du génie	1	1	1

Les lieutenants et sous-lieutenants des batteries de montagne en Algérie et en Tunisie ont droit à deux montures.

Les lieutenants et sous-lieutenants de l'artillerie et du génie instructeurs à l'École des sous-officiers de l'artillerie et du génie ont droit à un cheval.

Les lieutenants et sous-lieutenants du génie détachés avec leur troupe pour les travaux de défense peuvent, par décision spéciale, recevoir un cheval en temps de paix.

Les lieutenants et sous-lieutenants, trésorier, officier d'habillement des bataillons d'artillerie à pied ou du train des équipages, n'ont pas droit aux rations de fourrages, quelle que soit la position.

(1) Les médecins-majors de 2e classe des régiments de chasseurs d'Afrique et de spahis n'ont droit qu'à une ration de fourrages. (Décis. présid. du 9 septembre 1894).

DÉSIGNATION DES GRADES ET EMPLOIS.	Pied de paix	Algérie et Tunisie	Pied de guerre	OBSERVATIONS.
Médecin aide-major *(Suite.)* { des escadrons du train des équipages...	1	1	1	
des écoles...	1	1	»	
des diverses formations de campagne.	»	»	1	
Pharmacien-major attaché aux directions du service de santé...	»	»	1	
SERVICES ADMINISTRATIFS.				
Officier d'administration principal du service des subsistances militaires...	»	2	2	Sauf les exceptions prévues aux tableaux d'effectifs de guerre.
Officier d'administration des autres grades du service des subsistances militaires...	»	1	1	
Officier d'administration attaché à la direction du service de santé d'un corps d'armée mobilisé...	»	»	1	
Officier d'administration du service de santé faisant fonction d'officier d'approvisionnement dans les ambulances...	»	»	1	
SERVICE VÉTÉRINAIRE.				
Vétérinaire { principal de 1er ou de 2e classe...	1	2	2	
en 1er ou en 2e...	1	1	1	
Aide-vétérinaire...	1	1	1	
TRÉSORERIE ET POSTES.				
Payeur général...	»	»	1	Sauf les exceptions prévues aux tableaux d'effectifs de guerre.
Payeur principal et payeur particulier...	»	»	1	
Payeur adjoint...	»	»	1	

TÉLÉGRAPHIE MILITAIRE.

Directeur de télégraphie militaire..............	2	n	»
Sous-directeur de télégraphie militaire........	2	2	»
Chef de section...............................	1	2	»
Sous-chef de section..........................	1	1	»
Chef de poste................................	1	1	»

CERCLES ET BUREAUX ARABES.

Chef de bataillon ou d'escadron..............	2	2	»
Capitaine, lieutenant, sous-lieutenant de toutes armes.......................................	2	2	»

DOUANES ET FORÊTS (E).

INTERPRÈTES MILITAIRES.

Interprète principal...........................	2	2	»
Interprète et interprète auxiliaire.............	1	1	»

A CHEVAL.

Aumônier militaire...........................	1	»	»

SERVICE DE LA REMONTE.

Colonel ou lieutenant-colonel commandant de circonscription de remonte et directeur des établissements hippiques en Algérie............	2	2	2
Chef d'escadron commandant un dépôt de remonte.	2	2	2

SERVICE DE LA JUSTICE MILITAIRE (f).

Pendant les périodes d'exercices en temps de paix à l'intérieur, en Algérie et en Tunisie, les fonctionnaires de la télégraphie militaire désignés ci-contre ont droit à une ration de fourrages s'ils sont pourvus d'une monture.

(E) Les officiers de douaniers appelés à l'activité en cas de mobilisation ont droit, s'ils sont pourvus de montures, aux rations de fourrages prévues pour les officiers des grades correspondants dans l'infanterie.

Il en est de même des officiers de chasseurs forestiers dans les mêmes conditions.

Toutefois, en ce qui concerne ce dernier personnel employé en Algérie, les dispositions du décret du 2 avril 1892 et de l'instruction du 4 du même mois restent applicables; les divers agents ou préposés peuvent utiliser pour leur service du temps de guerre les montures dont ils font usage en temps de paix; ils ont droit, dans ce cas, aux allocations de fourrages réglementaires.

(f) L'officier commandant l'atelier de travaux publics à Bougie a droit à un cheval.

DÉSIGNATION DES GRADES ET EMPLOIS.	Pied de paix.	Algérie et Tunisie.	Pied de guerre.	OBSERVATIONS.
RÉSERVE DE L'ARMÉE ACTIVE.				(F) Les officiers de réserve ont droit, quand ils amènent des chevaux en cas d'appel à l'activité ou de convocation pour des manœuvres, exercices ou revues, au nombre de rations déterminées pour les officiers de même grade et de même arme de l'armée active sur le pied de paix, et, en cas de mobilisation, au nombre de rations déterminé pour ces mêmes officiers sur le pied de guerre
Officiers de tous grades et de toutes armes.......	(F)	(F)	(F)	
ARMÉE TERRITORIALE.				(G) Les officiers de l'armée territoriale ont droit également, en cas de mobilisation, au nombre de rations déterminé pour les officiers de leur grade et de leur arme sur le pied de guerre. En cas d'appel ou de convocation, ils reçoivent les rations de fourrages jusqu'à concurrence du nombre de chevaux qu'ils sont autorisés à amener d'après les instructions spéciales sur les convocations de l'armée territoriale.
Officiers de tous grades et de toutes armes..	(G)	(G)	(G)	
GENDARMERIE.				
Garde républicaine de Paris. Colonel............	3	»	3	
Lieutenant-colonel d'infanterie.....	2	»	2	
Lieutenant-colonel de cavalerie....	2	»	2	
Chef de bataillon d'infanterie	1	»	2	
Chef d'escadron de cavalerie......	2	»	2	
Capitaine.................	1	»	1	
Lieutenant et sous-lieutenant......	1	»	1	
Légions de gendarmerie. Colonel et lieutenant-colonel.....	2	2	2	
Chef d'escadron.............	2	2	2	
Capitaine..............	1	2	2	
Lieutenant et sous-lieutenant.....	1	2	2	
Capitaine commandant d'arrondissement en Algérie.........	»	2	»	
Lieutenant ou sous-lieutenant commandant d'arrondissement en Algérie...............	»	2	»	

PRÉVÔTÉS.			
Général, grand prévôt d'une armée	4	»	»
Colonel, grand prévôt d'une armée	3	»	»
Lieutenant-colonel ou chef d'escadron, prévôt de corps d'armée	3	»	»
Capitaine de gendarmerie, vaguemestre	2	»	»
Capitaine, prévôt d'étapes	2	»	»
Capitaine, trésorier greffier	1	»	»
Capitaine ou lieutenant faisant fonctions de prévôt de division	2	»	»
Lieutenant ou sous-lieutenant adjoint	1	»	»
Lieutenant ou sous-lieutenant de la force publique des divisions de cavalerie	1	»	»

Nota. — Sont abrogés les décisions et tarifs antérieurs relatifs à la détermination du nombre des rations de fourrages.

2° RATIONS DE VIVRES ET CHAUFFAGE.

GRADES.	NOMBRE DE RATIONS PAR JOUR ET PAR GRADE.				OBSERVATIONS.
		Chauffage.			
	Vivres.	Cuisson des aliments.	Préparation du café.	Chauffage d'hiver.	
Général commandant un groupe d'armées..................	16	16	»	16	Les agents mobilisés des divers services (trésorerie, postes et télégraphes, douanes et forêts) ont droit au nombre de rations de vivres et de chauffage prévues pour les officiers et hommes de troupe suivant la correspondance de grade
Général commandant une armée.....................	12	12	»	12	
Général commandant un corps d'armée................	8	8	»	8	
Généraux de division, de brigade et assimilés..........	4	8	»	8	
Officiers supérieurs et assimilés.....................	3	6	»	6	
Capitaines et assimilés.........	2	4	»	4	
Lieutenants ou sous-lieutenants et assimilés..............	1 ½	3	»	3	
Employés militaires sous-officiers.....................	1	2	»	2	
Sous-officiers de troupe.......	1	2	1	2	
Hommes de troupe...........	1	1		1	
Personnel non désigné au présent tarif...............	1	1	»	1	

ANNEXE

donnant la composition des rations de fourrages et indiquant les substitutions en ce qui regarde les fourrages.

La composition de la ration de fourrages est à l'étude.

En cas de mobilisation et jusqu'à l'élaboration du tarif définitif on appliquerait le tarif du 12 octobre 1887, *B. O.*, p. 295. (Dépêche minist. du 9 mai 1890.)

SUBSTITUTIONS.

§ 1er. — *Denrées normales.*

FOIN.

Sainfoin..	Poids pour poids.
Luzerne (première coupe et regain)........	Poids pour poids.
Paille...	Double du poids.
Avoine ou orge...............................	Moitié du poids.
Carottes et panais...........................	Trois fois le poids.

PAILLE DE FROMENT.

Paille { de seigle, d'avoine, d'orge }........	Poids pour poids.
Foin et fourrages artificiels...............	Moitié du poids.
Avoine ou orge..............................	Quart du poids.
Carottes et panais..........................	Deux fois le poids.

AVOINE (OU ORGE).

Foin et fourrages artificiels..............	Double du poids.
Paille (froment, seigle, avoine ou orge).....	Quatre fois le poids
Orge (dans la proportion autorisée)........	Poids pour poids.
Son..	Moitié en sus.
Farine d'orge................................	8/10 du poids.
Maïs concassé...............................	2/5 en sus.
Carottes et panais..........................	Six fois le poids.

Fourrages artificiels. — Le sainfoin et la luzerne peuvent être distribués en remplacement de foin, jusqu'à concurrence de la moitié de la ration réelle.

Paille de seigle, d'avoine et d'orge. — Ces pailles peuvent être données en remplacement de la paille de froment jusqu'à concurrence des 2/5 de la ration réelle.

Orge à l'intérieur. — L'orge n'est substituée à l'avoine que par exception et sans dépasser, pour les chevaux de race française, le quart de la ration ; pour les chevaux de race arabe, cette proportion peut être augmentée.

Fourrages verts. — 40 kilogrammes de fourrages verts à l'écurie représentent 12 kilogrammes de foin. Une journée de cheval à la prairie équivaut à une quantité de fourrages verts correspondant au taux de la ration déterminée pour chaque arme.

§ 2. — *Denrées similaires.*

Les denrées mentionnées ci-après ne peuvent pas remplacer, d'une manière absolue, celles qui entrent dans la composition normale des rations; mais il convient de prévoir le cas où on est dans la nécessité de les faire distribuer, vu l'insuffisance ou le manque absolu des denrées habituelles. Sous cette réserve, la commission d'hygiène hippique recommande :

1° Comme pouvant remplacer l'avoine, les grains suivants : l'orge, le seigle, le blé, le maïs, le sarrasin, les vesces, les féverolles; quoique la valeur nutritive de ces grains ne soit pas tout à fait la même, ils peuvent se substituer à l'avoine, poids pour poids, et entrer pour 1/4 dans la ration. Les vesces constituant un grain dangereux, ne devront être données que très exceptionnellement, en petites quantités, 1/4 ou 1/5, et pendant quelques jours seulement.

2° Comme pouvant être substitués au foin : le trèfle, la spergule, les vesces, le millet, le trèfle incarnat. La valeur nutritive de ces divers fourrages étant à peu près la même et assez rapprochée de celle du foin, ils pourraient se substituer à cette denrée également poids pour poids dans la proportion du tiers.

La commission signale encore, parmi les denrées agricoles susceptibles d'être employées dans l'alimentation, les gerbes non battues et les carottes.

Les gerbes des céréales (blé, seigle, orge, avoine) dans la proportion de 12 à 15 kilogrammes, selon l'arme, équivalent à une ration complète d'hiver.

Les carottes peuvent être admises d'après les bases suivantes : 6 kilogrammes de carottes pour 1 kilogramme d'avoine; 3 kilogrammes de carottes pour 1 kilogramme de foin; 2 kilogrammes pour 1 kilogramme de paille. Toutefois, cette dernière substitution ne devra pas dépasser 3 kilogrammes de la denrée fourragère par cheval et par jour.

ANNEXE N° 3

donnant la composition des rations de chauffage.

1° CUISSON DES ALIMENTS ET PRÉPARATION DU CAFÉ.

Ration individuelle d'ordinaire aux troupes en station, logées ou cantonnées chez l'habitant.	Bois......... 1k,00 ou charbon (1). 0k,50	
Ration individuelle d'ordinaire, aux troupes campées, baraquées ou bivouaquées.	Bois......... 1k,20 ou charbon (1) 0k,50	
Ration individuelle pour la préparation du café.	Bois......... 0k,05 ou charbon (1). 0k,03	

2° CHAUFFAGE D'HIVER (INTÉRIEUR).

Ration individuelle de chauffage d'hiver aux troupes campées ou baraquées (région tempérée, froide ou très froide).	Bois...... 1k,20 ou charbon (1).... 0k,60	
Ration individuelle de chauffage aux troupes bivouaquées (2), quelle que soit la région.	Bois...... 1k,20 ou charbon (1)... 0k,60	

Le commandement peut accorder des suppléments de ration.

Les sous-officiers et parties prenantes traitées comme tels ont droit à la double ration.

(1) Plus un fagot de 500 grammes par 20 rations.

(2) La ration de bivouac peut être accordée par le commandement en dehors des périodes réglementaires de chauffage d'hiver.

DÉCRET

du 12 mars 1890

déterminant les règles générales du ravitaillement de la population civile des places fortes. (B. O., p. 540.)

Art. 1er. Toutes les mesures d'exécution nécessaires pour assurer, en cas de siège, la subsistance de la population civile des places fortes, tant du corps de place que des communes englobées dans le périmètre de défense, doivent être préparées, dès le temps de paix, pour la partie de cette population que l'autorité militaire estime pouvoir conserver dans l'enceinte de la place.

Art. 2. Pour subvenir aux besoins des populations en vivres, fourrages, combustibles et autres denrées on procédera :

1° Par des achats ou réquisitions à exécuter dans la partie de la zone immédiate de ravitaillement qui se trouve sur le territoire placé sous le commandement du gouverneur de la place ;

2° Par des achats ou réquisitions à exécuter sur le territoire national, en dehors des limites de ce commandement, soit dans la zone immédiate de ravitaillement, soit dans les centres de ravitaillement distincts de cette zone et désignés d'avance ;

3° Par des achats en dehors du territoire national ;

4° Par des approvisionnements permanents, quand la formation d'approvisionnements éventuels par les moyens prévus aux alinéas 1°, 2° et 3° ci-dessus aura été reconnue insuffisante par le Ministre de la guerre.

Ces approvisionnements permanents sont constitués et entretenus dès le temps de paix, en conformité des crédits votés par les Chambres.

Art. 3. Les dépenses relatives à la constitution des approvisionnements éventuels, au moment de la mobilisation, seront effectuées sur ordonnancement ou réquisition de l'administration militaire, suivant le mode arrêté de concert entre les Ministres de la guerre et des finances, et imputées provisoirement, sauf restitution ultérieure, à un compte général, hors budget, classé parmi les services spéciaux du Trésor, sous le titre de : *Dépenses des approvisionnements de siège.* Ce compte sera soldé progressivement par l'inscription en recette :

1° Des versements opérés dans les caisses du Trésor par les villes et communes, à des époques périodiques à déterminer, suivant les circonstances, pour la valeur des denrées que les municipalités auront reçues de l'administration militaire et livrées à la population civile ;

2° Des ordonnances délivrées sur le budget de la guerre correspondant à la valeur des denrées qui auront été affectées aux besoins de l'armée;

3° Des ordonnancements effectués sur le même budget, au profit du Trésor, pour balancer la différence entre les prix de revient des denrées et les prix de remboursement.

Les dépenses résultant de la constitution, de l'entretien et du renouvellement des approvisionnements permanents créés par le Ministre de la guerre sont à la charge du budget de la guerre, qui sera remboursé de ses cessions aux villes et communes comme il est dit au paragraphe 1° du présent article et à l'article 8 ci-après.

Art. 4. Le Ministre de la guerre a, dans ses attributions, le service des approvisionnements, éventuels ou permanents, destinés à la population civile des places fortes. Il détermine la nature et l'importance des approvisionnements éventuels, les procédés par lesquels ils doivent être réalisés, les zones ou centres de ravitaillement affectés à chaque place pour les diverses denrées. Il désigne les places dans lesquelles il y a lieu d'entretenir des approvisionnements permanents, fixe la nature et l'importance de ces approvisionnements et en assure la constitution et l'entretien, dans les limites des crédits votés par les Chambres.

Ces dispositions ne font pas obstacle aux mesures qui pourraient être prises dans le même but, pendant le temps de paix, par les municipalités, dans les limites de leurs attributions, à la charge par elles d'en donner connaissance à l'autorité militaire.

Art. 5. Les approvisionnements permanents constitués et entretenus par les soins directs de l'administration militaire font partie du matériel du département de la guerre et sont administrés et gérés d'après les règles en vigueur dans ce département. Ils font l'objet de rubriques distinctes dans les états de situation et de comptabilité.

Pour les approvisionnements permanents constitués et entretenus par des compagnies ou des entrepreneurs qui tiennent simplement les denrées à la disposition de l'administration militaire, en vertu de conventions spéciales, les procédés de surveillance, comprenant des inspections périodiques et inopinées, ainsi que le mode et la périodicité du renouvellement, sont réglés par ces conventions.

Art. 6. Dès que l'ordre général de mobilisation est donné, les places de première urgence procèdent immédiatement, et sans autre avis, à la formation de leurs approvisionnements éventuels, dans les conditions et dans les zones de ravitaillement précédemment déterminées par le Ministre de la guerre.

Le Ministre de la guerre peut, d'ailleurs, si les circonstances l'exigent, prescrire le ravitaillement immédiat d'une place de première urgence, sans que l'ordre général de mobilisation soit donné. Avis en est alors adressé par lui à toutes les autorités qui doivent concourir à ce ravitaillement sur l'ordre du gouverneur de la place ; ce dernier n'emploie, dans ce cas particulier, que le procédé des achats, à l'exclusion des réquisitions.

Les places de deuxième urgence attendent un ordre spécial du Ministre de la guerre, même en cas de mobilisation, pour procéder à leur ravitaillement.

Art. 7. Dès que le ravitaillement d'une place est prescrit soit par un ordre spécial du Ministre, soit comme conséquence de l'ordre général de mobilisation, le gouverneur de cette place passe immédiatement aux mesures d'exécution consignées sur le journal de ravitaillement de la place, approuvé d'avance par le Ministre de la guerre.

En ce qui concerne la partie de la zone de ravitaillement placée sous son commandement, il dirige et surveille l'exécution de ces mesures, il fait passer les marchés et solder les réquisitions, dans les conditions prévues par l'article 27 de la loi du 3 juillet 1877, par l'autorité administrative sous ses ordres.

Si la place doit recourir à des centres de ravitaillement placés en dehors de son commandement, le gouverneur de la place prévient les autorités militaires ou civiles qui ont été désignées d'avance dans ces centres, d'exécuter les achats ou réquisitions dont elles doivent posséder le détail dès le temps de paix. Il délègue, dans ce but, aux autorités civiles, s'il y a lieu, les droits de réquisition nécessaires pour l'acquisition et le transport des denrées. L'ordonnancement des dépenses est fait, dans ce cas, par l'autorité administrative militaire du lieu de livraison du matériel ou des denrées auxquels ces dépenses sont relatives.

Quant aux achats à effectuer à l'étranger, le Ministre de la guerre seul les ordonne et les fait exécuter. Les moyens propres à assurer ces achats ainsi que les règles relatives aux payements auxquels ils donneront lieu sont déterminés, dès le temps de paix, par une entente entre les départements ministériels intéressés.

Art. 8. Les approvisionnements destinés à la population civile, permanents ou éventuels, restent en la possession de l'autorité militaire à partir du moment où ils sont constitués par elle jusqu'à ce que le gouverneur donne l'ordre de les distribuer aux habitants par suite de l'épuisement complet des ressources locales. Ils sont alors délivrés directement, au fur et à mesure des besoins, à l'autorité municipale, qui est chargée d'en assurer la répartition entre les habitants et d'en recouvrer le montant. Le remboursement par la municipalité a lieu aux prix fixés par le dernier tarif publié du service des subsistances militaires, qui devra comprendre, dans ce but, toutes les denrées entrant dans l'approvisionnement des places fortes.

Art. 9. Si la place, après avoir été ravitaillée, n'est pas menacée d'un investissement ultérieur, les approvisionnements qui y ont été rassemblés restent à la disposition du Ministre de la guerre, qui appréciera s'ils doivent être conservés dans la place en totalité ou en partie, ou s'ils peuvent être employés au ravitaillement des armées qui tiennent la campagne, ou s'ils peuvent être cédés aux municipalités contre remboursement, comme il est dit à l'article 8.

Art. 10. Le Ministre de la guerre est et demeure chargé de l'exécution du présent décret, qui abroge toute disposition contraire.

Fait à Paris, le 12 mars 1890.

Signé : CARNOT.

CIRCULAIRE

DU MINISTRE DE LA MARINE

relative aux réquisitions dans les eaux maritimes
(insérée J. M., p. 1302, 1er sem. 1888).

J'ai été consulté sur la question de savoir à qu'elle autorité doivent être adressées, dans les eaux maritimes, les réquisitions relatives à l'emploi temporaire de navires, bateaux ou embarcations de toute nature, et de tout ou partie de leurs équipages, lorsqu'il y a lieu d'exercer ces réquisitions en dehors d'un chef-lieu de quartier, c'est-à-dire hors de la résidence d'un commissaire de l'inscription maritime.

Aux termes de l'article 23 de la loi du 23 juillet 1877, les réquisitions dont il s'agit « se font par l'intermédiaire de l'administration de la marine sur les points du littoral où elle est représentée » ; de plus, d'après l'article 43 du règlement d'administration publique du 2 août 1877, rendu en exécution de cette loi, lesdites réquisitions sont adressées au représentant de la marine s'il y en a un dans la localité.

Or, en dehors des chefs-lieux de quartier, les syndics des gens de mer sont les représentants de la marine et se trouvent, en conséquence, substitués aux maires pour les réquisitions de l'espèce, à titre de suppléants des commissaires de l'inscription maritime. C'est donc aux syndics des gens de mer que doivent, dans ce cas, être adressées les réquisitions militaires.

Cette solution est, du reste, conforme à l'esprit de la loi du 3 juillet 1877, qui a jugé l'intervention de l'autorité maritime indispensable en pareille circonstance et qui, dans l'article 68 du décret précité du 2 août suivant, a spécifié qu'en l'absence d'un représentant de la marine, l'autorité militaire devrait s'adresser directement au capitaine du navire, sans passer par l'autorité municipale.

LOI

du 18 décembre 1878

ayant pour but de dispenser du timbre et de l'enregistrement les actes faits en exécution de la loi sur les réquisitions militaires. (*J. M.*, p. 553.)

Le Sénat et la Chambre des députés ont adopté, le Président de la République promulgue la loi dont la teneur soit :

ARTICLE UNIQUE. — Les procès-verbaux, certificats, significations, jugements, contrats, quittances et autres actes faits en vertu de la loi du 3 juillet 1877 sur les réquisitions militaires et exclusivement relatifs au règlement de l'indemnité, seront dispensés du timbre et enregistrés *gratis*, lorsqu'il y aura lieu à la formalité de l'enregistrement.

La présente loi, délibérée et adoptée par le Sénat et par la Chambre des députés, sera exécutée comme loi de l'État.

Fait à Versailles, le 18 décembre 1878.

Signé : M^{al} DE MAC-MAHON,
Duc de Magenta. •

Le Ministre des finances,
   Signé : Léon SAY.

Utilisation des locaux scolaires pour le logement et le cantonnement des troupes

(Dépêche ministérielle du 29 mars 1893, N° 1323. État-major de l'armée, 1er bureau.)

Mon cher Général, des divergences d'interprétation s'étant élevées sur les conditions dans lesquelles les locaux scolaires pourraient être occupés pour le logement ou le cantonnement des troupes, soit au moment des appels du temps de paix, soit en cas d'une mobilisation, un accord a dû intervenir entre les départements de l'instruction publique, de l'intérieur et de la guerre, pour régler définitivement la question et écarter, à l'avenir, toute contestation à ce sujet.

J'ai l'honneur de vous faire connaître ci-après les bases de cet accord :

Aux termes de la loi du 3 juillet 1877 (art. 13), il appartient aux municipalités de veiller à ce que la charge du logement et du cantonnement soit répartie avec équité sur tous les habitants. Dans ces conditions, l'utilisation et l'emploi des locaux scolaires se feront de la façon suivante, soit pendant les appels du temps de paix, soit en cas de mobilisation, toutes les fois que les municipalités jugeront devoir y recourir :

1° Les écoles de filles continueront à bénéficier des dispositions du décret et du règlement d'administration publique du 23 novembre 1886, concernant les établissements occupés par des femmes ou des filles vivant seules ;

2° Les établissements scolaires de garçons seront, quelle qu'en soit la nature, mis à la disposition des troupes, chaque fois que les municipalités jugeront devoir y recourir pour le logement ou le cantonnement.

Il est d'ailleurs entendu que cette occupation ne pourra jamais s'étendre à la partie des locaux effectivement habités par les élèves présents. En outre, les autorités municipales devront, avant de fixer la quantité d'hommes que peut recevoir un établissement pendant la période de scolarité, consulter son directeur, afin de n'y loger que le nombre d'hommes compatible avec le fonctionnement du service scolaire.

D'autre part, il sera rappelé que la présence de literie et de mobilier disponibles dans un établissement scolaire n'implique, en aucune façon, leur mise à la disposition des troupes simplement cantonnées ;

3° Les dégâts causés par les militaires dans les bâtiments scolaires seront estimés dans les mêmes formes que ceux dont aurait à se plaindre un particulier et les imputations qui en résulteront seront mises à la charge du département de la guerre.

Ces dispositions, que MM. les Ministres de l'intérieur et de l'instruction publique ont été priés de porter à la connaissance du personnel sous leurs ordres, annulent et remplacent toutes les instructions qui ont pu vous être adressées jusqu'à ce jour, relativement à cet objet.

Je vous serai obligé de vouloir bien donner les ordres nécessaires pour en assurer, à l'avenir, l'exécution en ce qui vous concerne.

Signé : Gal LOIZILLON.

TABLE DES MATIÈRES

PREMIÈRE PARTIE
Exposé des principes.

TITRE Ier
CONDITIONS GÉNÉRALES DANS LESQUELLES S'EXERCE LE DROIT DE REQUÉRIR

Mobilisation générale.

Mobilisation partielle.

Rassemblements exceptionnels de troupe.

TITRE II
DES PRESTATIONS A FOURNIR PAR VOIE DE RÉQUISITION .....

TITRE III
DU LOGEMENT ET DU CANTONNEMENT..............

TITRE IV
DE L'EXÉCUTION DES RÉQUISITIONS................

TITRE V
DU RÈGLEMENT DES INDEMNITÉS................

TITRE VI
DES RÉQUISITIONS RELATIVES AUX CHEMINS DE FER........ ..

TITRE VII

TITRE VIII

TITRE IX

Loi du 3 juillet 1877 et règlement d'administration publique du 2 août 1877.

MODELES SPÉCIAUX A LA GENDARMERIE

DEUXIÈME PARTIE

Instruction du 1er août 1879.

ANNEXE A

ANNEXE B

ANNEXE C

ANNEXE D

ANNEXE E

TITRE Ier

MOBILISATION PARTIELLE OU TOTALE

TITRE II

DES PRESTATIONS A FOURNIR PAR VOIE DE RÉQUISITION

TITRE III

LOGEMENT ET CANTONNEMENT

TITRE IV

DE L'EXÉCUTION DES RÉQUISITIONS

TITRE V

DU RÉGLEMENT DES INDEMNITÉS

TITRE VI

DES RÉQUISITIONS RELATIVES AUX CHEMINS DE FER

TITRE VII

RÉQUISITIONS DE L'AUTORITÉ MARITIME

TITRE VIII

DISPOSITIONS RELATIVES AUX CHEVAUX, MULETS ET VOITURES EN CAS DE MOBILISATION ET AUX PIGEONS VOYAGEURS

TITRE IX

DISPOSITIONS SPÉCIALES AUX GRANDES MANŒUVRES

ANNEXE F

LOGEMENT ET CANTONNEMENT

TROISIÈME PARTIE
Renseignements divers.

Des diverses commissions.

Service militaire des chemins de fer.

Instruction ministérielle sur le règlement des dommages causés aux propriétés privées pendant les manœuvres.

Extrait de l'instruction sur l'alimentation des troupes en temps de guerre.

Règlements divers.

Paris et Limoges. — Imprimerie militaire Henri CHARLES-LAVAUZELLE.

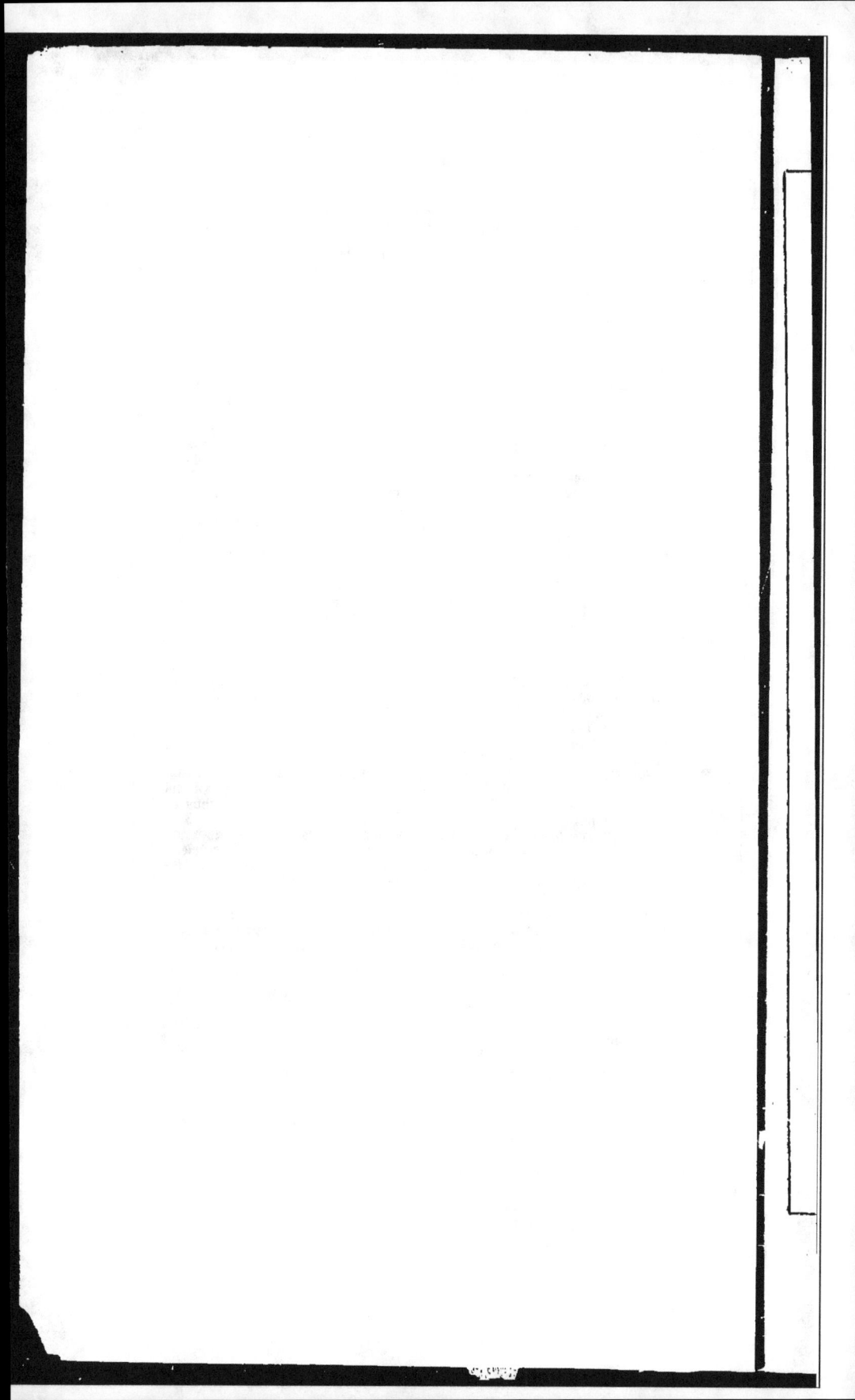

Librairie militaire Henri CHARLES-LAVAUZELLE.

Paris, 11, place Saint-André-des-Arts.

Décret du 29 mai 1890, portant règlement sur la solde et les revues (2e édition) :
Texte avec tableaux, annexes, formulaire des mutations, et tous les modèles. Volume in-8o de 598 pages, broché........................... 3 50
Le même, sans les modèles, volume in-8o de 244 pages, broché........ 1 50
Formulaire des mutations, seul............................... » 25

Décret du 27 décembre 1890, portant revision des **tarifs de solde** (6e édition, annotée et mise à jour jusqu'au 1er juin 1895, suivie des différents tarifs applicables aux troupes salariennes). — Vol. in-8o de 148 pages. 1 50

Décret du 14 janvier 1889, portant règlement sur **l'administration et la comptabilité des corps de troupe** (4e édition, annotée et mise à jour, accompagnée de nombreux tableaux, annexes, et de tous les modèles). — Volume in-8o de 444 pages, broché........................... 3 »
Le même, édition officielle, format des théories, sans les modèles. — Volume in-32 de 272 pages, cartonné............................. 1 »

Décret du 10 juin 1889, sur la **comptabilité des corps de troupe en campagne,** précédé d'un rapport au Président de la République et de l'instruction pour l'application de ce décret, contenant tous les modèles et la nomenclature des ouvrages nécessaires en campagne (5e édition, mise à jour). — Brochure in-8o de 64 pages..................... 1 »

Règlement du 30 août 1884 sur le **service de l'armement,** accompagné des modèles et de diverses annexes. (4e édition, annotée et mise à jour, 1895.) — Vol. in-8o de 304 p., broché. 2 50; relié toile anglaise. 3 50

Tarif provisoire des prix des réparations, approuvé le 6 septembre 1887 (armes modèle 1874 et modèle 1866-74; fusil modèle 1884, fusil modèle 1885 et modèle 1874-1885, fusil modèle 1886; carabine de cavalerie et de cuirassiers modèle 1890, mousqueton d'artillerie modèle 1892, carabine de gendarmerie modèle 1890, revolver modèle 1873; armes blanches, bicyclettes et nécessaires d'escouade. (6e édition, annotée, mise à jour et complétée par toutes les feuilles additionnelles ou rectificatives parues, septembre 1895.) — Volume in-8o de 212 pages, broché......................... 1 50

Règlement du 30 juin 1856 sur le **service du casernement** (4e édition entièrement refondue, annotée et mise en concordance avec les dispositions en vigueur). — Volume in-8o de 294 pages, avec modèles, planches et tableaux, broché............................... 3 »

Règlement provisoire du 20 juin 1888 sur **l'entretien du casernement par les corps occupants,** complété par la décision ministérielle du 23 décembre 1890, suspendant le fonctionnement de la masse de casernement en temps de guerre (2e édition). — Brochure in-8o........ » 50

Règlement du 30 septembre 1886 pour l'exécution du service des **lits militaires** (3e édition entièrement refondue, mise à jour et complétée par un chapitre spécial concernant le matériel du couchage auxiliaire). — Volume in-8o de 330 pages, broché........................... 4 »

Règlement et instruction du 16 novembre 1887 sur le service de **l'habillement dans les corps de troupe,** modifiés par le décret du 18 mars 1889 et la note ministérielle du 5 août 1894; ouvrage accompagné des modèles, tableaux, tarifs, et des modèles et annexes joints au décret du 14 janvier 1889 concernant l'habillement (7e édition, annotée et mise à jour jusqu'en décembre 1894, par le Major M*** S***). — Volume in-8o de 342 pages, broché. 2 »; relié toile anglaise....................... 3 »

Instruction ministérielle du 22 novembre 1887, relative à la formation et au renouvellement dans les magasins administratifs des approvisionnements de toute nature du service de l'habillement et du campement. — Brochure in-8o de 76 pages.......................... » 40

Instruction ministérielle du 30 janvier 1892 sur la manière de manutentionner et d'entretenir les effets dans les magasins (2e édition). — Brochure in-8o... » 25

www.ingramcontent.com/pod-product-compliance
Lightning Source LLC
Chambersburg PA
CBHW061114220326
41599CB00024B/4039